读客®

轻学术文库

既严肃严谨又轻松好看的学术书

图字：30-2022-091号
审图号：琼S（2023）013号
图书在版编目（CIP）数据
江户时代江户城 /（美）艾米·斯坦利
(Amy Stanley) 著；闫佳译. —— 海口：海南出版社，
2024.1
书名原文：Stranger in the Shogun's City：A
Japanese Woman and Her World
ISBN 978-7-5730-1226-5

Ⅰ.①江… Ⅱ.①艾…②闫… Ⅲ.①日本 – 中世纪
史 – 江户时代 Ⅳ.①K313.360.9

中国国家版本馆CIP数据核字(2023)第128890号

江户时代江户城
JIANGHU SHIDAI JIANGHU CHENG

作　　者	［美］艾米·斯坦利	
译　　者	闫　佳	
责任编辑	徐雁晖　　胡守景	
特约编辑	王　偲　　丁　虹	
封面设计	王　晓	
封面插画	张　遥	
印刷装订	天津联城印刷有限公司	
策　　划	读客文化	
版　　权	读客文化	
出版发行	海南出版社	
地　　址	海口市金盘开发区建设三横路2号	
邮　　编	570216	
编辑电话	0898-66822026	
网　　址	http://www.hncbs.cn	
开　　本	880毫米×1230毫米 1/32	
印　　张	10.5	
字　　数	206千	
版　　次	2024年1月第1版	
印　　次	2024年1月第1次印刷	
书　　号	ISBN 978-7-5730-1226-5	
定　　价	79.90元	

如有印刷、装订质量问题，请致电010-87681002（免费更换，邮寄件付）
版权所有，侵权必究

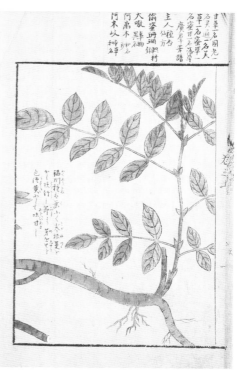

插图1：岩崎常正，《本草图谱》（本草図譜）¹，1828年序刊本书影

岩崎常正（1786—1842），又名岩崎灌园、岩崎源三，三河国（今日本爱知县）人，江户时代后期本草学者。《本草图谱》是江户时代内容最为全面的植物图鉴。

1　图片的原文名统一按照现代日语、现代英语标注。另，部分插图原名不明，因此，本书仅对这部分插图作简介，不标注图名及原文名。——编者注

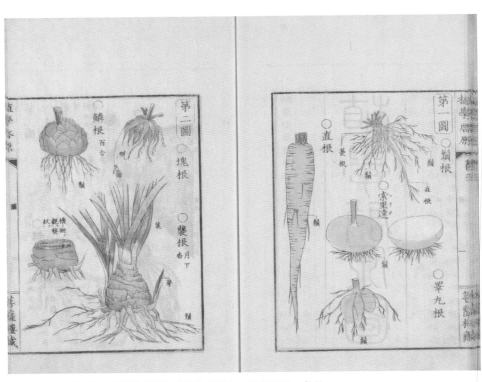

插图2：宇田川榕庵，《植学启原》（植学啓原），刊年不明，书影

宇田川榕庵（1798—1846），美浓国（今日本岐阜县、爱知县）人，江户时代后期兰学家。《植学启原》是日本第一部近代植物学著作。

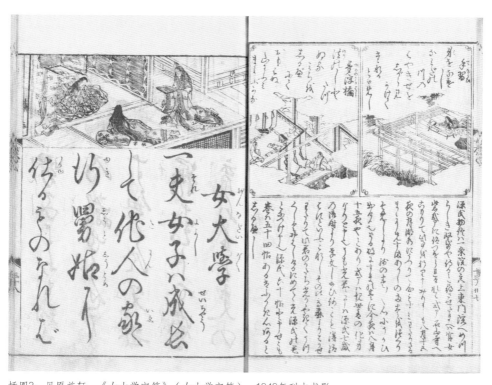

插图3：贝原益轩，《女大学宝箱》（女大学宝箱），1848年刊本书影

贝原益轩（1630—1714），筑前国（今日本福冈县）人，江户时代儒学家，《女大学》的作者。《女大学宝箱》是在《女大学》基础上增补插图、附录的新版本。

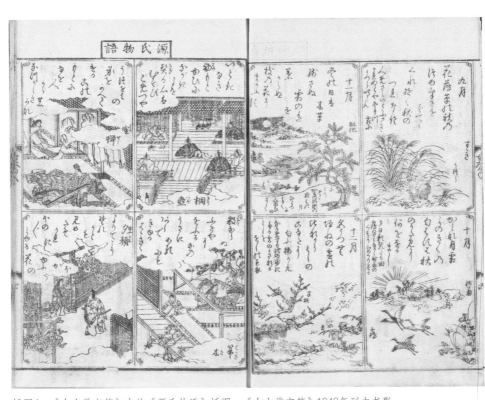

插图4：《女大学宝箱》中的《源氏物语》插图，《女大学宝箱》1848年刊本书影

插图5：西川祐信，《绘本常盘草》（絵本常盤草），1731年刊本书影

西川祐信（1671—1750），山城国（今日本京都府）人，江户时代前中期著名浮世绘画家。《绘本常盘草》是他创作的画本，描绘了江户时代社会各阶层的女性形象。

插图6：织物残片，江户时代，约18世纪

插图7：绘者不明，描绘捕鲸景象的画作，江户时代，单色木刻版画

插图8：矶田湖龙斋，《相亲》（見合），出自《风流婚姻略式》（風流婚姻畧
式），约1770年，木刻版画

矶田湖龙斋（1735—1790），江户时代中期著名浮世绘画家。

插图9：农耕作月次图屏风（農耕作月次図屏風），江户时代中期

这是一对屏风，每架屏风包括六扇画面。屏风上绘制着从一月到十二月的农事活动。

插图10：渡边华山，《荒岁流民救恤图》（荒歳流民救恤図）（节选），1838年刊本书影（左、右）

渡边华山（1793—1841），通称渡边登，号华山。三河国田原藩藩士，江户时代后期汉学家、兰学家、政治家、画家。《荒岁流民救恤图》描绘了江户时代后期天保饥馑（发生于天保四年至天保七年，即1833—1836）的种种惨状和赈灾的情形。

插图11：歌川丰春，《浮世绘江户八景之图》（浮绘江戸八景之図），约1780年，木刻版画

歌川丰春（1735—1814），相模国（今日本神奈川县）人，江户时代中期著名浮世绘画家，"歌川派"创始人。《浮世绘江户八景之图》是以江户城八处名胜为主题的浮世绘作品，图上的江户八景分别为：隅田川秋月、金龙山落雪、三廻落雁、品川归帆、两国夕阳、上野晚钟、观音晴岚、衣纹坂夜雨。

"江户名所"是浮世绘的热门题材，同类作品还有《名所江户百景》《江户近江八景》等。

插图12：加贺藩主宅邸前的赤门，遗址现位于东京大学。

插图13：神田明神祭礼上的街区花车。

《神田明神祭礼绘卷》（神田明神祭禮絵卷）（节选），江户时代后期（左上、左下、右上、右下）

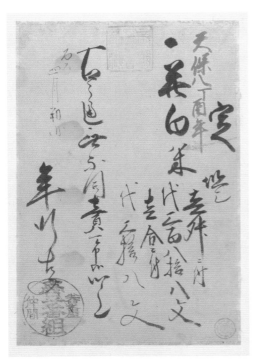

插图14：《江户小舟町春米问屋定书》（江户小舟町春米問屋定書）（节选），1837年写本

译文（从右至左）：

谨定

（红字）天保八丁酉年

一、春白米　每一升

价格三百八十八文

每一合

价格三十八文

销售与右所书无异，逐一说明，以上。

酉之

四月朔日

奉行处　　（印章）春米屋一番组仲间

江户时代，商户需要张贴告示，公示所贩售商品的种类与价格，这种告示叫作"定书"。

这一时期，"春米问屋"及"春米屋一番组仲间"指米商行会组织，"奉行处（奉行所）"是官署名。这份文书反映了江户小舟町的米商行会在官方监管下拟定米价的情况。

小舟町地处江户时代重要物资集散地日本桥一带，与幕府将军所居江户城相距不远。天保八年（1837）四月，天保饥馑余波未平，大盐平八郎起义刚刚发生。

插图15（1）：《绘草纸店》（絵草紙店），出自《画本东都游》（画本東都遊），
1802年刻本书影

葛饰北斋（1760—1849），江户（今日本东京都）人，江户时代末期著名浮世绘画家。
图上是葛饰北斋浮世绘作品中的小商户。

插图15（2）：描绘商店前女子的画作，
约1780年，立轴，水墨设色绢本

图上是葛饰北斋浮世绘作品中的小商铺。

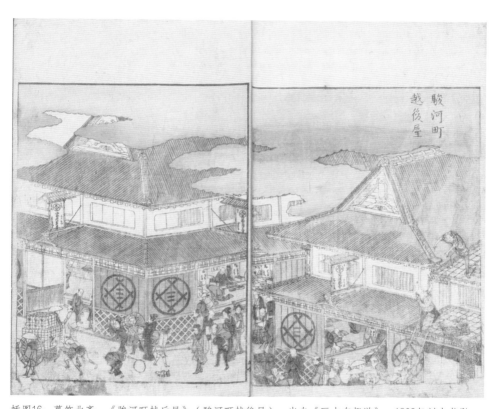

插图16：葛饰北斋，《骏河町越后屋》（駿河町越後屋），出自《画本东都游》，1802年刻本书影

《画本东都游》是葛饰北斋以江户城世俗生活为主题的浮世绘画本，其中《骏河町越后屋》一幅，展现了位于江户城骏河町的三井越后屋的热闹景象。

插图17：菱川师宣，描绘吉原景象的画作，江户时代前中期，木刻版画

菱川师宣（1618—1694），江户时代前中期画家，安房国（今日本千叶县）人，被认为是日本浮世绘的开创者。其画作多以吉原风俗为题材。吉原位于江户城，是德川幕府所允许的妓院集中地。

插图18（1）：葛饰北斋笔下的日本桥。

《江户日本桥》（江戸日本橋），出自《富岳三十六景》（冨嶽三十六景），1830—1832，木刻版画

插图18（2）：葛饰北斋笔下的日本桥。

《日本桥》（日本橋），出自《画本东都游》，1802年刻本书影

插图19：鸟居清长，《武士家的女儿和侍女及年轻的侍从》（武家の息女と侍女と若党），出自《风俗东之锦》（風俗東之錦），约1820年，木刻版画

鸟居清长（1752—1815），江户人，江户时代中期著名浮世绘画家。

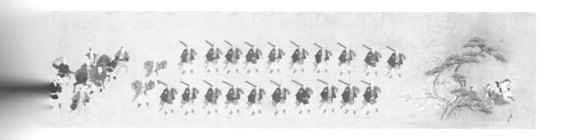

插图20：菱川派画家，《参勤交代图》（参勤交代図），约1700年，手卷，绢本水墨设色描金

菱川派是菱川师宣所开创的浮世绘画派。"参勤交代"是日本江户时代德川幕府所颁布的政治制度，规定各地的藩主、大名必须定期自费前往江户参谒将军并居留一段时间，其正室与继承人则需长留江户。

插图21：洼俊满，《新年试笔图》（書初め図），1793年，木刻版画

洼俊满（1757—1820），江户时代后期浮世绘画家。"書初め"是日本的风俗，即在新年的第一天用毛笔书写文字或绘画，以祈求好运。

在江户时代的日本，新年是最重要的节日。而常野人生的几次重要转折，同样都发生在新年时分。

插图22：浮世绘中的人偶。

洼俊满，《换身物语》（とりかへばや物语）（节选），江户时代晚期，木刻版画

插图23：浮世绘中扮演女性角色的男性歌舞伎演员。

寿阳堂岁国，《在后台的歌舞伎演员中村芝翫之图》（中村芝翫 楽屋之図），
1826年，木刻版画

插图24：浮世绘中扮演女性角色的男性歌舞伎演员。

初代歌川贞升，《扮作女侠阿桥的歌舞伎演员岚德三郎》（女伊達 お橋 嵐德三
郎），1838年，木刻版画

插图25：歌川丰春，《浮世绘"颜见世"之夜的堺町、茸屋町歌舞伎剧院之图》（浮絵堺町茸屋町顔见世夜芝居之図），约1780年，木刻版画

在江户时代，歌舞伎剧场在每年十月与演员、剧作者签订合约，在每年十一月一日至十二月十日与签约的新年班底进行亮相演出。十一月的歌舞伎表演也因此被称为"颜见世"，即"公开演员"。"颜见世"是江户时代歌舞伎界最盛大的活动。

堺町、茸屋町是江户城的歌舞伎剧院聚居地，也是离常野家最近的剧院区。

插图26：《浅草海苔》（浅草海苔），出自《画本东都游》，1802年刻本书影

江户时代，江户居民在浅草附近的隅田川制作且在浅草观音寺贩售的干海苔，被称为"浅草海苔"。图上是葛饰北斋笔下售卖江户名产"浅草海苔"的小店。

插图27：歌川国贞，《助六由缘江户樱》（助六所缘江戶桜），1832年，木刻版画

《助六由缘江户樱》是江户时代的歌舞伎名剧，也是市川海老藏家传的名作。该剧以江户时代的市井风俗为题材，讲述了侠客助六前往花街吉原寻觅宝刀的故事。图中从左到右，分别为岩井半四郎饰演的花魁扬卷、市川海老藏饰演的助六，以及松本幸四郎饰演的宝刀主人意休。

插图28：江户时代的菜谱书。

醍醐散人（编），《料理谈合集》（料理谈合集），1801年写就，刊年不明，书影

插图29：月冈芳年，《新形三十六怪撰 四谷怪谈》（新形三十六怪撰 四ツ谷怪谈），1902年，木刻版画

月冈芳年（1839—1892），江户人，幕末至明治前期的浮世绘画家。《四谷怪谈》是江户时代剧作家根据元禄时代传说改编的怪谈故事，于1825年首次被改编成歌舞伎演出。它讲述了江户四谷町的伊右卫门和妻子阿岩的悲剧故事，首演地点正是常野家附近的中村座芝居（见插图24）。

候處年來相立候義に血膿骨面已故取捨に成候事

右ハ去丗十二月廿六日落着と云　文政十三亥年記

明治三十五年十月再校了

大鹽平八郎檄文

四海困窮せば天禄永く絶えん小人に國家を治めしめば菑害並び至ると昔の聖人深く天下後世の人の君人の臣を戒め置かれし所なり東照神君も鰥寡孤獨において尤も憐みを加ふるは是仁政の基と被仰置候處慶此二百四五十年太平の間に追々上の驕奢とて段々下を虐げ金銀を貪り取る事の甚しく其上年來諸役人小前百姓共へ對し金銀を取立役人以下諸役人共不正の取計ひ度々に候へ共是皆己が奢のみを心掛け天下の大勢に拘り候へ共何れも上を恐れ隱すのみにて一人も歎き訴ふる者無之是より天下困窮致し候に付小前百姓共難儀致し候處を相顧みず剰へ此節米價彌高直に相成候處大阪の奉行並諸役人共萬物一體の仁を忘れ得手勝手の政道を致し江戸へ廻米を致し天子御在所の京都へは廻米の世話も不致候のみならず五升一斗の米をも扣宿へ自分の田地所持致さざる者共は調達方に差支へ餓死も難計との時節に至り天下の百姓困窮致し候に付此節大坂の金持共年來諸大名へ貸附候利足金並に新田等數多所持致し……

（本文続く）……大坂市中遊民を大切に致し候へ共万物一體の天道聖人の御心に叶ひ難く何れの御代にても右之通にて下民を困窮致させ候得ば天災地妖を以て御戒め被成候得共一向其意を悟り不申……天下一同に困窮に及び候に付我等同志の者申合せ下民を惱し苦しめ候諸役人を先づ誅伐致し引續き驕に長じ居候大坂市中金持の町人共を誅戮に及び申すべく候間……一命を抛ち此度有志の者と申合せ……右之者共の穴藏に貯め置候金銀錢並諸藏屋敷内に隱し置候俵米………大坂市中に騷動起り候と聞傳へ候はば……早く大阪へ向ひ馳參ずべく候……大坂の城中金庫の金を取出し分散致し遣すべく候………

（本文続く）……の金米に道々成程輕く致し都て申渡候年貢諸役等を其上成程輕く致し……天照皇太神の御心にも相叶ひ候はば下民の心安堵致し申すべく候……攝河泉播の百姓共は申すに及ばず天下國家を憂ひ……此度の一擧に與し……右一同申合候上は日時相定め大坂市中に騷動を起し……泰天命致天討候

插图30：大盐平八郎檄文，《史籍集览》（史籍集览），1906年刊本书影

插图31：绘者不明，《水野忠邦公御肖像》（水野忠邦公御肖像）

插图32：为永春水，《春色梅儿誉美》（春色梅児誉美），1887年刊本书影

《春色梅儿誉美》是一部面向女性读者的通俗恋爱小说，也是为永春水的代表作，在江户时代颇为流行。它讲述了美男子丹次郎和情人们的纠葛，以及他如何在众多女性的帮助下洗清冤屈的故事。

插图33：海军准将马休·卡尔布莱斯·佩里，1856—1858年摄。

THE AMERICAN EXPEDITION, UNDER COMMODORE PERRY, LANDING IN JAPAN.

插图34：《1853年7月14日佩里指挥的美国舰队登陆日本》（The American expedition, under Commodore Perry, landing in Japan, July 14, 1853），1853年，石版画

插图35：绘者不明，《安政大地震绘 安政年间百姓的繁华》（安政大地震絵 世は安政民之賑），
1855年瓦版大报

插图36：绘者不明，《安政大地震绘 安政二年十月二日夜大地震与鲶鱼的问答》（安政大地震絵 安政二年十月二日夜大地震鯰問答），1855年瓦版大报

插图37：黄昏时分，人们穿过东京新宿区街道的景象。

地图1：江户时期日本国家地图

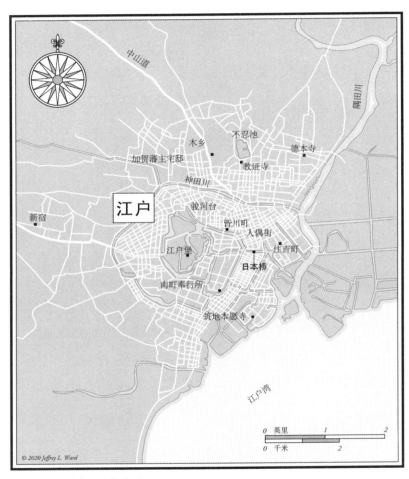

地图2：江户时期江户城地图

图片出处

日本国立国会图书馆：插图1、2、3、4、10、13、14、29、30、32、35、36。

日本东京都立图书馆：插图27。

日本东京都立大学图书馆藏水野家文书：插图31。

日本古典籍数据库：插图28。

美国大都会艺术博物馆：插图5、6、7、8、9、11、15（1）、15（2）、16、17、18（1）、18（2）、19、20、21、22、23、24、25、26、33。

美国国会图书馆：插图34。

视觉中国：插图12、37。

常野世界里的人物

常野的家人

重建常野的家族，是本书最艰巨的任务之一，因为林泉寺保留的记录中没有族谱。这里列出的关系，是根据相关人员的出生和死亡记录，以及信中提及的称谓（如"兄长"）重建的。

常野的父母

惠闻（1768—1837）：常野的父亲，林泉寺的住持。

治摩（逝于1841年）：常野的母亲。

常野的兄弟姐妹

井泽幸笃（生卒年月不详）：常野的哥哥，可能是常野的父亲前一段婚姻所生的同父异母的哥哥。他被在高田村从医的井泽家族收养，后来他也成了一名医生。

义融（1800—1849）：常野的哥哥，继承了父亲林泉寺住持的职位。

清美[1]（生卒年月不详）：好像是常野的妹妹，嫁给了附近村庄的一名僧人。

义龙（1807—1876）：常野的弟弟。

义麟（生卒年月不详）：常野的弟弟，他强奸了义融的第一任妻子，遭到家人的短暂驱逐。

义仙（逝于1848年）：常野最小的弟弟，后来到江户进修。

梅香（生于1815年）：常野的妹妹，出生不久就离开了人世。

俊野（1817—1844）：常野的妹妹。

伊野（逝于1840年）：常野的妹妹。

义融的家人

义融的第一任妻子：在林泉寺的档案里没有留下名字，1828年嫁给义融，次年离异。

佐野（1804—1859）：义融的第二任妻子，常野的嫂子，辉白和其他四名子女的母亲。

辉白（1832—1887）：义融和佐野的儿子，他继承了父亲的住持职位。

大竹（生于1840年）：义融和佐野的女儿，常野曾有意收养她。

净愿寺的住持（婚姻存续期为1816—1831）：常野在出羽国大石

1　本书原文是"Kiyomi"，对应的日文拼写为"きよみ"，但书中没有附上对应的汉字，这里译者选取了该发音所对应的最常见的汉字。——译者注（如无特殊说明，后文注释均为译者注）

田的第一任丈夫。

小出八兽右门（婚姻存续期为1833—1837）：常野的第二任丈夫，越后国大岛村的富农。

加藤弥右卫门（婚姻存续期为1837—1838）：常野的第三任丈夫，越后国高田城的镇民。

井泽博辅（后改名为平藏，婚姻存续期为1840—1844，1846—1853）：常野的第四任丈夫，两人在江户结合。井泽博辅原本是越后国蒲生田村人，后为武士之家效力。

越后

矶贝传八：林泉寺的内勤，也是当地信徒。

山崎九八郎：常野在饭室村的叔叔。

智鉴：常野前往江户路上的同伴，高田城外子安村神惠院的一名年轻僧人。

江户

惣八：米店老板，智鉴的亲戚，越后人。

矶贝安五郎：常野家乡的朋友，林泉寺信徒，冬天在江户做工讨生活。

甚助：常野的租屋管理员，神田皆川町的放贷人。

文七和三津：常野在筑地的姑丈和姑姑。

松平友三郎（1821—1866）：常野的第一任雇主，旗本，后名松平信义，当上了龟山藩主。

五代目岩井半四郎（1776—1847）：著名的歌舞伎演员，住吉町别院宅邸（常野1840年曾在这里短暂工作过）的业主。

井泽半左卫门（化名武田やから，武田五郎）：博辅的弟弟，一个出身卑微、品行不端的人。

宿仪助：常野的朋友，针灸医生，出羽国人。

藤原雄藏：博辅的老朋友，在本乡侍奉武士。

本书作者关于英文译文的一段注

　　经常阅读日本历史书的读者会注意到，尽管英语作品里根据惯例会保留一些日语词汇不做翻译，但我在本书中还是翻译了每一个日语词。就度量衡而言，我将"koku"译作"石"[1]，"ryō"译作"两"，"bu"译作"分"，"shu"译作"朱"，[2]"mon"译作"文"[3]。我还将所有按日本传统计算的年龄翻译成了西式算法。例如，1853年，常野去世，按孩子一出生就算一岁的日式算法，她去世时应是50岁，但我把她的年龄写作49岁。为了便于读者阅读，我还将所有日本纪年转换为公历纪年，尽管这有时不够准确，因为两者并不是完全对应的。例如，我将天保十三年十二月写成1842年12月，而此时在欧洲和美国已经是1843年。最后，我写到的许多人都曾改过名字，或者有过不止一个名字，为了前后一致，也为了便于阅读，我始终使用他们在文献中第一次出现的名字来指代。

1　日本江户时代武士俸禄的单位。
2　这里的两、分和朱，是金币的单位，4朱金等于1分金，4分金为1两金，也即1枚小判。
3　铜钱的单位，4000文铜钱等于1两金币。

序　言

　　1801年1月1日，新世纪的第一天，美国总统约翰·亚当斯（John Adams）开启了刚刚竣工、还透着寒意的白宫大门，迎接公众的到访。大西洋对岸，伦敦教堂的钟声敲响，宣告大不列颠和爱尔兰联合，一面全新的旗帜——联合杰克旗（如今的英国国旗）——首次升起。同样是在这一天，拿破仑正在苦心谋划对欧洲的征战计划，而巴黎人照旧庆祝传统新年，毫不理会也不承认这一节日的法兰西共和日历。18世纪业已结束，而革命的浪潮仍然汹涌。展望未来，美国报业不仅为自己也为世界各地的人民做出了大胆的预测：如今，历史的浪潮已经从专制走向自由，从迷信走向启蒙，从君主制走向共和制，接下来的100年，"世界注定会发生更大的变化"。但越过欧洲大陆崎岖不平的平原和山脉，在浩瀚无垠的海洋对岸，却并未迎来值得庆祝的新时代，也没有什么理由举杯欢庆或展望未来。在日本群岛上，人们奉行的是农历，只有很少人知道这一年是公历1801年。对大多数人来说，当时是宽政十二年，不是一个世纪的开端，而只是一个时期的中间阶段。

远离大西洋对岸纷扰的革命，日本这艘航船正在自己的"大平安"[1]海域平静地前行。此时的日本远离战争已有近200年。欧洲因宗教问题屡次发生血腥冲突，中国的明朝早在一场规模撼动整个大陆的灾难中崩溃瓦解，西方的国王们也纷纷丢了脑袋，新的国家兴起，伟大的海上帝国随着时局起起伏伏。而此时，日本国内平静无波，而且这种平静似乎是没有尽头的。

　　大多数西方人眼里的1801年1月1日，在日本人看来，不过是一个普通寻常的冬至日，也就是1800年11月17日。在城里，优雅的妇女们穿着层层棉袍；守更人扫视着地平线，以免失火累及街坊；小贩在街上来回游荡，叫卖烤红薯。在农村，人们修理工具，制造绳索，照料冬青和萝卜，为缴不起税款忧心忡忡。收获季业已结束，所有的账单即将到期。山区的山民堆起了木材；海岸的渔民装满一桶桶的干海藻；耕作的农人装起成袋的大米或大豆，间或盘点现金。日本66个县的每座小村庄都要对当地的领主或幕府将军德川家齐承担义务。而德川将军，端坐在拥有120万人口的大城市江户的城堡里统治着全日本。

　　在大洋对岸的人们庆祝新年的时候，日本正被最阴暗的冬天笼罩。数万份的日本税单被写出来，盖上印章，用笔墨抄录，经信使传递，交到农民们长满老茧的手里。其中一份税单，最终指向了僧人惠闻的财产。惠闻住在一座名叫石神的村庄，离江户的商行和歌舞伎戏院有好些天的脚程。他的小寺庙位于日本雪国

1　语出《圣经·旧约·诗篇》119:165，Great peace have they which love thy law: and nothing shall offend them。

的腹地，越后国¹陡峭的山脚下。在当地的茅草屋、草地和稻田之间，刺骨的严寒正全力来袭。惠闻的邻居们已经絮好了草鞋和雪靴，加固了房梁，用厚厚的编织垫包裹好脆弱的作物，从窗上垂下防寒的芦苇帘。到11月，雪已经积了几英尺深，而且几乎每天都会持续落下更多的雪。风一吹，雪飘过田野，一层层堆积起来，行人甚至难以看见蜿蜒穿过村庄的小路与河道。

惠闻一家世世代代与石神村的农民们一起生活，但他们过去属于武士一族。据他们的家谱记载，他们曾为被称作"甲斐之虎"的大将武田信玄效力。武田信玄素以其战略头脑和造型独特的盔甲（包括饰有弯曲金角的头盔）闻名。他的军队参与过16世纪日本战国时代的一些血腥战斗：大将们蹂躏田野，烧毁城堡，为争夺对日本群岛的控制权而集结了数万兵士。那是一个农民流离失所、军队迁徙各地的时代，全国的人口几经离散和重组。最终，在各方军疲马倦、元气大伤后，和平降临，惠闻的祖先来到了越后国的南部。

16世纪的最后几十年，日本的军事新霸主（幕府将军的前身）将全国人口分为武士和平民。每个武士家庭的户主都必须选择自己的命运。想做战士的人必须放弃耕作，搬到兵营驻扎的城镇，随时准备保卫自己的藩主。留在村庄里的人则必须放弃武士

1　这里的"国"，指的是古代日本采用的令制国行政区划，于7世纪后期开始实施，一直持续到明治初期。江户时代沿用了这一行政区划的名称，但同时又设有幕府体制下的藩国。令制国与藩国不能对应，存在"一藩多国"或"一国多藩"的情况。到19世纪末，才形成了近似于现今47个都、道、府、县的格局。下文所有的"国"，如无特别指出，均为令制国，有时也会译成"省"。

身份，上缴武器。武士将享有在政府任职的特权，从幕府将军或领主那里领取薪俸，而农民得到永世无须参加战争的官方保证。惠闻的祖先选择了后者：他们放下武器，留在了这块土地上。

惠闻的家族成员多年务农，担任村长。他们调解纠纷，征收税款，并与管理该地区的武士沟通。可有一位祖先，却选了一条不同的道路。他放下农活儿，学习佛经，成了净土真宗的长老。他聚集本地信徒，主持丧仪葬礼，念诵超度经文，传播他信仰的基本教义：凡是相信佛陀拯救力量的人，都可在净土的天堂里重生，免于重堕无尽业力的痛苦轮回。他在村里修了一座小小的寺庙，叫林泉寺，惠闻和家人居住至今，照看信众，在村里的生死登记簿上记录村民生死。

惠闻祖先的决定，经过数百年的积累，其影响仍能触及他日常生活的每个角落。如果他的祖先选择成为武士，惠闻今天也会是一名武士。他会随身佩带一长一短两把刀，象征他的武士身份。他会住在城里，即使到村子里来，也会穿着正式的裤子，头发梳成光亮的发髻，外表的各个方面都宣告着自己的显赫地位。可而今，他穿着黑乎乎的僧袍，剃着光头。而且，他还得纳税。如果惠闻生下来就是武士，他就属于统治阶层。他会开具税单，收取税款，还会因为自己做了这么多琐事而领到俸禄。只要家族延续下去，他和自己的男性后代就将拥有持久的收入保障。

然而，哪怕时值隆冬，面前又摆着一张税单，惠闻也很难对祖先的选择提出异议。因为他很富裕。1800年，他和妻子治摩迎来了一个男婴，这个孩子将成为寺庙的继承人。心怀生育更多子嗣的希望，又有足够的钱抚养孩子，惠闻的家庭沉浸在欢腾喜悦的气氛里。他感谢佛陀赐福。那是艰难的一年，石神村大多数居民都没有他这么幸运。上游的一条河发了洪水，淹没了村里的池塘和田地。庄稼收成糟糕，整个地区各个村的村长都在请愿以获得救济。他们说，寡妇和孩子们在挨饿，大量家庭因为无法负担税款而弃地逃离。但惠闻没有碰到这样的苦难。对他来说，税单并不是一场火烧眉毛的大难，它只是一份文件，有待读取和归档。

惠闻继承了一些装满纸张的盒子，有些已有上百年历史，折成手风琴的样式，塞在信封里，缝成小册子。这里面有过去数十年的税单和收据，跟村里事务相关的请愿书和通知，数十份土地典当和借款协议，教区往来信众的名单，人口登记本，死亡（以及追授的佛教法号）记录，还有这个家族为他姐姐的婚礼采购的清单。这并非什么罕见的事情。数量惊人的村民（包括女性）都通晓文字。哪怕在农村，也有1/5的男性会写字，而在大多数城市，这个比例还要高得多。日本群岛的民众共同创造了有可能是前现代社会覆盖面最大的档案文献：在江户城堡设施齐全的房间里，幕府的女官们倚在漆桌前起草的信件；武士们颁布法律、审判刑事案件的公告和备忘录；农民记录购买种子、土地轮作的耕作日记；大商人和本地小商店的账簿；潦草地写在废纸上的孩童的作业；绘有神社、港口、武士、恶魔和树木的草图；房屋规划；物业价值清单；对西方"蛮族"历史的评论；流动图书馆的书目清单；内容几乎涵盖一切可以想象到的事物的诗歌。

在宽政十二年（1800）的冬天，惠闻的藏品里没有什么值得注意的东西。盒子里的东西讲述着一个井然有序的、可以预见的故事：税款每年都要缴纳，女人出嫁或被娶入，林泉寺住持的代代传承，家族发放贷款并积累土地。或许，字里行间隐藏着一些秘密，但从没人把它们清楚地说出来。在大多数情况下，这些文献的世界，只涵盖了越后国惠闻家的一角。在那些日子里，远方的城市遥不可见。江户的幕府将军是一个抽象概念；他的政府是一个没有具体面貌的实体，只负责征缴税收。美利坚合众国的总统，住在大洋彼岸新建成的白宫里，完全不为人所知。

但随着惠闻家人丁渐旺，家族文档不断增加，外面的世界也在不知不觉中发生缓慢的变化。很快，他的藏品里就会出现他想象不出来的名字和日期；它将成为惠闻无法预见的冲突的温床。世纪之交的几年以后，惠闻的女儿常野出生，此后的50年里，她带来的麻烦，比惠闻其他9个孩子（含早夭的）加起来还要多。一路走来，她写了好几十封信件，都被父亲和哥哥保留下来。她会抱怨、高兴、绝望、愤怒、表示歉意。她会画掉词语，改正它们，接着重新书写。对自己此前写的东西，她会抵赖，坚称那并非自己的真意。她会告知新的回信地址，未知的、怪里怪气的字符，还有不同寻常的词汇。她一直不停地写，直到最后，写给常野的信、常野写来的信、有关常野的信，占据了家中档案的绝大部分。随着家人对她混乱生活的理解与包容，她的叛逆（从信件里看出来的）激发了她更多的以不同的声音和格式表现出来的书写，她的家人们似乎认为，接连不断的信件和清单，能把她变成他们所期待的妹妹和女儿。可事与愿违，她的强大意志，将整批档案都做了重新定位。它讲述的不再是一个井然有序的家族故事，而是另一个完全不同的故事：一个叫常野的女孩子的人生。

如果僧人惠闻知道以后会发生什么：他的家族档案里隐藏的

秘密有一天会被揭露，他可能会对这些装满了纸的盒子产生不同的想法。林泉寺消失、幕府制度崩溃、石神村并入一座邻近城市很久很久以后，他的家族文件进入了130公里外新潟市的一家公共档案馆。档案管理员勾勒了常野故事的大致轮廓，并把她的一封信放到一个网站上，一名外国学者独自坐在她的办公室，从屏幕上看到了常野的文字。

　　　常野致母上大人（绝密）。顺致春日问候。我到了江户神田皆川町——大出意料——结果碰到了一大堆麻烦！

　　在惠闻报完税单的200多年后，我读到了常野的信：隔着一个国家、一个大洋，甚至一个完全不同的世界。那年冬天，雪敲打着我的窗口，我趁着上课的间隙一次又一次地重新加载页面，反复阅读这封信。学年一结束，我就登上了飞往东京——过去的江户——的航班，又从东京搭乘高铁穿过新潟的群山，好亲眼去看一看常野的信件：看那些贯通信纸的笔触和仍然清晰的折痕。我一只手扶着桌子，强忍着因时差反应和孕吐导致的头晕，拍下这封信的一张照片，接着拍下另一封信，再接着又拍下数十封信。我正在期待自己孩子的到来：这将是另一个头生子、另一个家庭、另一段故事的开端。

　　在养育自己的孩子的岁月里，我逐渐认识了惠闻家的每个孩子，从最吵闹、最热情、坚决要讲述自己故事的常野开始。僧人惠闻没有留下家谱，所以，我不得不从数百份错综复杂的文件里，一个接一个地挖掘出其他孩子的名字。我见到了义融，常野的哥哥，焦虑而又矛盾的一家之长，是他在惠闻退休后保存了所有记录。我见到了常野最小的弟弟义仙，他写了一封封字迹清晰漂亮的信，把姐姐常野唤作"白痴"。

在我的电脑屏幕上，每个人潦草的书写都化作了几百万像素。我眯起眼睛看着它们，试图把这些有200多年历史、线条弯弯曲曲的书法字迹，转变成更熟悉的现代日文的形状。我能说能读现代日语，也能阅读19世纪的印刷文件，但手写的书法笔迹差不多把我打垮了。常野的信件是用古老的音标字母来写的，我瞪着它们，大声诵读，试图找出短语之间的停顿。我折断了两本"手写草体"辞典的书脊，把皱巴巴的书页留在了尿布袋里、厨房里和我办公室的地板上。我写信向日本的同事们求助；我雇了一名研究助理来誊写。有好几年，我把所有的文件都分类保存在手机上，心存侥幸地期待自己能在会议、晚宴或者出租车后座上碰到几个能破译难读段落的人。终于，我自己能够解读其中的大部分内容了。慢慢地，我把故事拼凑了出来：一位叛逆的女性，一个争吵不休的家庭，最后，是一代只知有江户不知有东京、按旧历计算年份、在幕府统治下出生又逝去的人。

如果惠闻知晓这一切，他恐怕会怀疑自己保留信件的副本和草稿，还教导儿子义融也这么做的习惯是好还是坏。他大概不乐意有人读到自己那难搞的女儿的故事，更不希望有人把它讲出来。他保留这些文献，可不是为了留给公共档案馆抑或外国学者。要是他知道，有一位已为人母的女性，一次次地飞越大洋，远离丈夫和孩子，只为了研究他的家庭信件，他大概会大吃一惊吧。而在他所有的家人里，这个异乡人最感兴趣的，竟然是他那自私又叫人恼怒的孩子常野，这恐怕更让他难以想象。

然而，这个家族的历史必须以某种方式被人记忆，而一如他的祖先和后代，惠闻生活在一个对文字的记录和保存有强迫症般爱好的社会里。在那个时期，很难说他还能采取什么不同的做法，那时的他似乎别无选择。

惠闻申报了税单。这份文件，既有可能是他不知道行将结束的时代的最后一份，也有可能是他所不知道的一个即将开始的时代的第一份。但不管怎么说，他仍然活在自己的故事当中。他干着跟祖先一样的工作，纳税、整理档案、为将来做准备，安安稳稳地生活在那冰雪覆盖的宁静世界。

目　录

第一章

远 方

　　1804年春天，庆祝婴儿诞生的礼物送到了林泉寺，那时正值冰雪初融，穿过石神村的小路一片泥泞，礼物数量寥寥。毕竟，这是第二个孩子，更何况，还是个女孩。如今四岁的长子义融，出生在隆冬，庙里至今仍塞满了当年送来的礼物：一包又一包的沙丁鱼、米酒、成卷的布匹、海带、柿饼和纸折扇。这才合乎体统。这个新出生的孩子，3月12日来到这世上，只收到了一些自家制成的简单礼物：糯米糕、米酒、一套婴儿衣物、干鱼片。

　　她出生的头一个星期并未起名。那太早了，很多婴儿都活不下来。要是家人想要抓住本来不属于自己的东西，就会招来厄运。等婴儿活足七日，便到了庆贺的时候，再给她起名，欢迎她来到这人世。

　　令人焦急的一个星期过去了，惠闻和家人举办了一场小型聚会。关于这场聚会的记录并没有保存下来，但它是例行的活动，寺庙家族会履行所有常规社会义务。宾客们兴许是来自石神村和邻近村庄的女眷：强壮的村妇，包括接生婆，兴许还有几位更有教养的女士，僧人和村长的妻子。这名女婴刚来这世上，并不认识这些日后她将万分熟悉的人。庆祝活动中，说不定她一直在睡觉。但考虑到她后来的性格，也有可能，她睁开眼睛，看了看身边密密匝匝围着她的女人们，哇哇大哭。

女孩的父母给她起了一个有点复杂、不太寻常的名字：常野（日语的发音是Tsuneno）。它是三个而非常见的两个音节，写作两个汉字。这个孩子将是她家族里唯一的"常野"，很可能也是寺庙周围村庄里唯一的一个。只要她还保留这个名字，就绝不会跟别人弄混。

出生的头几个月里，宝宝常野拥有了她需要的一切。她家有旧衣服和破布可以拼成尿布，尿湿了就可以换。她有垫子可以睡，不必睡在肮脏的地板上，还有足够的木柴和木炭在漫长的冬天取暖。她有一整套的行头：为婴儿和蹒跚学步的孩子设计的小尺寸宽松棉质长袍。晚上，寺庙昏暗的屋子里点着灯和蜡烛。下雪天，她可以睡在一块蓬松的拼布毯子下面。夏天，她的榻榻米上挂着蚊帐。她的母亲能吃到足够的食物来生产母乳（婴儿一般要靠母乳喂养到3岁），如果母亲不能或不想用母乳喂养，她家还有能力雇用一名奶妈。他们还可以花钱找个乡下姑娘当保姆。她可以把常野背在背上，唱着忧伤的乡村歌谣，常野可以越过她的肩膀凝视世界。

要学的东西太多了。宝宝需要知道的东西包括：首先，妈妈的面孔、爸爸的声音、哥哥的名字义融；其次，幼儿课程、新的词汇和规则。"幛子"指的是用纸糊的推拉门，哗哗作响，雅致易碎，她不应该将手指朝着门戳过去。"榻榻米"指的是地板上的垫子：她的光脚丫踩得它们微微地发生高低起伏，她一定要记得，千万不要把芬芳的草秆扯出来。"箪笥"指的是梳妆台，爬上去不安全。"火钵"指的是炭火炉，太烫，不能碰。"箸"是筷子。碗有两个词："碗"指的是深色的、带有光泽的漆碗，轻得出奇；"皿"指的是光滑的瓷器，很容易破，使用时必须小心。

常野还学会了一些社会规则，有些来自语言之外，它们让她意识到自己的家庭在这座小村庄里的地位。她可以从邻居们毕恭毕敬的鞠躬和其他孩子飞快投来的羡慕目光中对自己的地位有所感受。大人们知道这些细节，少数有时间也有空间思考的人，可以感知到一个更长故事的梗概。150年前，常野的祖先是石神村的村长，富农和贫农之间的主要区别不过是程度之分：有些人拥有土地，有些人是佃户，但大多数人都操持一种共同的职业——耕作，奉行类似的生活方式。等到常野的祖父出生时，情况发生了变化。富裕的家庭正在寻找新的投资场所和增加财富的新方法，只不过往往要牺牲邻人的利益。他们开办了生产越后上布（这是一种在雪原上漂白的细麻绉）的作坊，或者变成织物中介，为生产者和商人做中间人。他们购买当地的大米，酿造米酒，或是购买鸡蛋，卖给城里人。再不然，就像常野家一样——投资宗教教育，修建寺庙，承办葬礼，收取供奉。等靠着这些事业赚到钱，他们会开当铺放贷，更重要的还有投资土地。在常野曾祖父那一代，石神村的土地已经有一半成了其他地方的人的产业。到了常野这一代，有一户人家（河边百间町的山田一家）在近30座村庄都拥有田产。

常野的父母和祖父母都擅长投资和盘算。他们必须这样做，因为哪怕是可观的财富也会由于粮食歉收和管理不善而迅速流失。但像他们这样的家庭，在日常生活的小物件上花钱是比较随性的。他们以每套几百个铜板的价格购买成套的碗盏。他们买书来供自己阅读和借给邻居，还会买用于书写的矮几。他们会花掉沉甸甸的崭新金币购买榻榻米、厚毯子和精心编织的蚊帐，还购买丝绸和服和宽腰带以用于特殊场合，冬天会置办厚重的外套。剩下的零钱，他们拿来给孩子们买雪鞋和木屐。如果茶叶喝完，碗破了口，衣服穿旧了，蚊帐破了，他们会再买新的。消费成了一种无休止的消遣，他们的房子里有了越来越多的东西，等着孩子们去起名字、点数目。

在附属于寺庙的常野家，一些日常用品由信众捐赠，为感谢佛陀的慈悲，他们会捐赠现金、大米和蔬菜。越后雪乡人以虔诚著称，不仅因为他们的生活非常艰苦，还因为13世纪初，受人尊敬的净土真宗创始人亲鸾上人曾在此地居住过一段时间。他曾因为宣扬"因信得救"（只要口念阿弥陀佛，任何人都可往生极乐净土）的异端教义，被逐出京城。更糟糕的是（至少从神职机构的立场来看），亲鸾拒绝秉持僧人的独身主义。相反，他娶了越后女子惠信尼，而后者又以僧人之妻的身份成为宗教领袖。

其他佛教教派（如禅宗、日莲宗、盛宗）的一些信徒仍然看不起净土真宗信徒。恪守严格修行传统的僧人不吃肉，保持独身，他们往往认为，像常野父亲这样的净土真宗法师对世俗的成功太投入，太贪恋财富，太沉迷于尘世享受。净土真宗的出家人有妻有子，会像富裕的俗家弟子那样享受生活，而所有的钱都来自信众的捐赠。（"这真是一个以极度贪婪态度对待民众的教派。"一位批评家写道。）但即使是那些看不起净土真宗信徒的人，也能认识到后者奉献的力量。净土真宗信徒一般会养育大家庭，认为杀婴（在其他农民中是常见的现象）是罪过。某些圈子认为这是一种令人钦佩的对原则的承诺。在另一些人看来，这是一种非理性的狂热甚至是野蛮的行为：像养活猫狗一样养活一大群孩子。

最终，常野的父母所生的孩子中，有八个活过了婴儿期。生儿育女是常野母亲的部分天职，就像唱礼赞文和做祈祷一样，是她信仰的核心。净土真宗的学者教导说，把孩子培养成僧人或僧人之妻，是对佛陀的供养，相当于"足以填满三千世界的珍宝"。所以，治摩一边照料婴儿、养育孩子，一边履行作为乡下僧人之妻的其他职责。每天，她会为阿弥陀佛供奉食物和鲜花。她负责打理家务，泡茶招待教友，为村里的妇女做佛教仪轨。身为"寺庙的守护者"，治摩教育儿女们：虔诚是可以体现的，坚持和自律就是信念的证明。

一如农家的孩子要学习如何使用打谷机和渔网，常野和她的兄弟姐妹也要学习宗教仪轨。他们的日子，弥漫着香炉上燃烧的香所发出的气味，回荡着召唤人们到大殿礼拜的低沉钟声。常野学会祈祷时，在手掌间揉搓冰凉的念珠。她记住了第一句也是最重要的一句祷告词"南无阿弥陀佛"，这句祷文，哪怕是蹒跚学步的孩子都会。

在寺庙之外，常野学到了所有越后孩子都该知道的东西。她从小就操着一口当地的口音，和身边的人一样，"i""e"不分。冬天，她学会了穿着草鞋，划桨般穿行在粉状的雪里。她学会了用"挖"而不是"铲"来清理道路。春天，雪还冻得硬邦邦的时候，她学会了怎样在冰面上行走而不滑倒，并在弟弟妹妹们摔倒时嘲笑他们。她大概知道怎样打赢雪仗，怎样设计一座雪堡，怎样在雪地里生火做饭：挖出一个洞，把米糠撒在火种下。就算她不知道，她的哥哥们肯定知道。

常野的哥哥之一幸笃，被住在附近城镇高田（当地领主在此设有城堡）的一个医生家庭收养。镇上的2万居民大多住在黑暗、狭窄、各家屋檐起伏相连的联排房屋里。冬天，他们要爬上屋顶扫雪，把雪倒在路中央。幸笃教常野手脚并用地爬上雪堆最高处。到了隆冬时节，雪堆已经高得可以俯视屋顶、瞭望远处的群山了。

高田城前立着一根10英尺高的测量杆，在天气最恶劣的冬天，大雪会将它完全掩埋。越后的孩子们谈到暴风雪和冻僵的马，就好像它们是些很平常的事情。他们对巨大的冰柱（哪怕就冻在房子里，从房椽一直延伸到地板）无动于衷。他们习惯了在黑暗中度日，因为门窗全部被雪覆盖，无法清理。这段枯燥乏味的时光，小姑娘们用唱歌拍手的游戏来打发时间，要不就是讲故事：很久以前，一个名叫浦岛太郎的渔夫救起一只海龟；一个伐木工和他妻子在一根空心的竹茎里发现了一个小婴儿；织女爱上了牛郎。外人或许会认为冬天很有趣，甚至很舒适，孩子们大概也不会介意。但对他们的父母来说，冬天一点也不浪漫，和愉快也不沾边。那是对忍耐的考验。当地最著名的作家铃木牧之曾写道："在越后，人们的脚年复一年地踩在积雪之上，这到底有什么好玩的呢？我们耗尽了自己的体力和财力，经历千辛万苦，全是因为雪。"

但至少，人人都知道会发生些什么。老人们说："从秋分到春分，土地都上冻。"有时候，农夫们需要把冰雪铲开，才能播种水稻。但最终，河流会解冻，山谷里的冰会消融，到了四五月，所有的花儿会绽放。

在短暂的夏季，所有的雪都清除干净，常野才知道自己村庄的轮廓。石神村一直延伸到大塘和小塘的岸边，这两口水塘是春天用来灌溉稻田的储水池。和所有的孩子一样，她最初是用时间和步履丈量距离——她可以用一个上午的时间绕着大塘走完一周——而她身边的成年人，则用数字表示同样的距离，并记录下来。对常野来说，大塘是一片一望无际、波光粼粼的湖泊，但对像她父亲一样的男子来说，细节很重要：堤坝的高度、水塘的面积、降雨量的多少，以及日历上是什么日子打开水闸、灌溉稻田。

就在石神村的人们为当地的稻田和小路进行测量、绘制出色彩鲜艳的地图的同时，日本所有的岛屿也都被绘制成了地图，进行了更精确的测量。常野出生前没多久，负责测绘地图的伊能忠敬便带着罗盘、六分仪，依靠星象知识测量了常野所在的越后地区。他沿着日本海的海岸线，从本州本岛的北端一直走到直江津港，然后转向内陆的高田。他又从那里出发前往山地，给沿途经过的村庄起了名字，记下每座村庄房屋的数目。后来，他把自己的测量日记变成了一幅越后南部地图，呈给了幕府将军。他呈现了日本海沿岸的所有转弯处和入海口、高田町、北海道沿线的所有小村落，以及妙高山的独特峰顶——每当云雾散去，这幅熟悉的景象都会呈现在地平线之上。但他的地图还是容不下太小、太偏僻的石神村——就连大塘和小塘都是空白。要再等上几十年，它们才会出现在县级综合地图上——那时候，越后已经改名叫新潟县了。

同时，孩子可以自己绘制大塘周围的树林和田野地图，观察树丛中热闹的鸣蝉、水面上扑腾着翅膀画圈的黑蜻蜓。岸边环绕着成排的雪松，水面上漂浮着荸荠和荷花。除此之外，还有其他一些神秘的东西。它们潜伏在黑暗的森林和池塘的深处。常野看不见也摸不着，但她知道它们就在那儿。所有的孩子都知道——这是常识。水精灵扰动着大塘，有着长长红鼻子的妖精在树间飞舞。就连普通的动物也有隐秘的生活。獾会变戏法，狐狸能变成漂亮女人。勤劳的兔子住在满月之上，夜夜都在捣年糕。

在书里，森林不再带有魔法。游方书贩手里就能买到的厚厚书卷里，列出了所有植物和动物的精确插图。和制图师一样，日本的自然科学家们测绘了常野孩提时代的世界，对其进行了详细的观察和测量。（见插图1）受中文典籍中归类名称的启发，他们把发现的草药、"作物"或自然物体进行了分类，但一切很快就会发生变化。在遥远的备前国，一个比常野略大些的男孩正在学习"西学"，琢磨荷兰书籍中的外文发音和字母。日后，他将写出《植学启原》，主张日本人应该采用瑞典植物学家林奈（Linnaeus）设计的分类体系。（见插图2）在日本，森林里的雪松和小塘里的荷花首次被称为植物。

常野尚未接受"植物"的存在，但书页之间还有其他类型的知识在等着她。到了七八岁，她能静坐不动，不再把墨水洒得到处都是，便开始接受正规教育。这在越后乡下并不是件理所当然的事。就在常野出生前几年，附近村里的一名女性还曾因浪费时间学习读写，被迫向公婆道歉。但常野并不是一个普通农妇。一个成熟的姑娘，僧人或村长的理想伴侣，必须能够书写措辞优雅的信件，阅读诗歌，有时甚至要负责记录家庭账目。如果常野的婆婆写了一本家务日记，希望她按书面指示行事，那该怎么办？又或者，如果常野不知道怎样正确地在托盘上摆放碗盏，想从手册里查找答案，那又该怎么办呢？对常野这种出身的女性，人们对其能力是存在期待的，常野必须符合这种期待。周遭同龄人的父母都在购买抄写本，聘请家庭教师。他们的女儿在练习识字：给朋友写简单的信件，在账本上记录数字，写下简短的日记。

当常野第一次跪在书桌前，把笔伸进墨汁里时，比她大4岁的哥哥义融已经开始上课了。他和常野兴许上的是同一所乡村学校，因为有些地方的老师会把男孩和女孩放在一起教。要不然，就是他们中的一人或两人，在家里跟着老师学。但即使是并排而坐，他俩所学的课程也并不一样。两兄妹都从日语字母表的48个字母开始学起，它比乍看上去要难掌握得多，因为每个字母都可以写成多种形式。接下来，义融可能会接着学《名头》[1]，这样将来他就可以正确地称呼住在乡下的幸平、传八和甚平们了。接着，他将学习怎样书写日本诸国的名字，以及越后国诸县及邻近村庄的名字。他已经知道这些地方是树木、田地和房屋的集合（它们就是家），但他现在要学的是，官员们是怎么看待它们的，又是怎样将之分类的。最终，这些字符的形状会变得像地平线上的山脉般熟悉，他在官方文档里确认自己的身份时，想都不

1　*Primer on Names*，相当于中国的《百家姓》，但书中主要罗列的是名字，而非姓氏，因为江户时代的日本平民大多没有姓。

必多想就能下笔：越后国中颈城郡石神村林泉寺义融。

为理解自己在世界上的位置，义融还必须学习这块土地的政治结构。他隐隐约约地知道，自己生活在众神之地，这些古老的神灵，由上至下，从日本天皇的神话起源天照大神，直到池塘山脉的地方守护神。尽管义融是个佛教徒，可他并不会为还有其他众多的神明而感到无所适从。大多数普通人认为"神明与菩萨"属于同一范畴，日本人对神明的崇拜，并不妨碍他们对佛祖的忠诚。

诸神掌管的疆域颇为模糊。义融兴许猜到，他们的疆域大致对应着天皇的统治（天皇家族已经统治日本一千多年了）。天皇出现在历史书籍和文学作品当中，但在义融所处的时代，他在政治上不是个重要人物。他隐居在京都的宫殿里，写诗，主持神秘的仪式。真正的实权人物是在江户城进行统治的军事领袖——幕府将军。他直接管理日本大约1/3的土地，包括义融所在的村庄。义融父亲支付的税款，直接进了幕府的江户金库。日本的其余部分，被划分成不同的领地，由豪强藩主（大名）管理。所有大名都是自己征税，但有一些大名比起另外的一些，对幕府将军的权势更为尊崇。尽管所有大名都服从幕府，每隔两年就有一年要前往江户侍奉幕府将军。大名共有近300位，义融无法一一记得。再加上疆域并无连续边界，他也没法在地图上研究其形状。但他必须知道越后国（尤其是高田）的重要疆域，因为那里离他最近。

义融学习一些基本的佛教教义，因为他是命里注定要做僧侣的人。再过一阵子，他将去一座主寺接受神职（受戒）。此刻，他仍在家里，为官方信函的语言迷惑不解，这是一种现代人已经不再使用的汉语文言文夹杂日文的笨拙混合体，也是早前以文言文作为政府唯一语言的时代遗风。日语和汉语使用同一套复杂的字符，但两者是完全不同的语言，有着不同的语法。在大声朗读混合体的时候，义融偶尔不得不重新排列字符顺序。"吾甚惶恐，颤然卑身请于有司焉……"他从半中央往前读着，学习向长官请愿的正确说法。他将使用同样的混合文体（只是少些谄媚的措辞），来写普通人之间的文书契约，这些是每天都要盖章生效的协议——《役契》、《借契》和《地契》。所有这些文件都有规定的格式，但好在全都可以从实用手册里查到。

义融还直接学习文言文，因为它仍然是古代史和哲学所用的语言。他会写汉语诗歌，并一直为这项成就感到自豪。他把自己的诗作装订成册，还在封面用加粗的字体署上了名字。从他在后来的书信中提到的一些内容来看，他对浓缩了中国古代哲学家智慧的儒家论述很感兴趣，它们教导人修身养性，培养明君清官的德行，以及如何正确处理人际关系。应该尊敬孝顺父母、尊重长兄——这对义融很是合宜，日后他将有八个弟弟妹妹。

常野和与自己年龄差不多的妹妹清美，也会学习一些义融和其他弟弟们要学的内容。她们要学习基本的汉字（她们也会写"石神村"和"林泉寺"），但从来不曾学过烦琐的官僚文书用语，也没有誊抄过减税请愿书。她们大概也不会学太多文言文，尽管常野通过《孝经》至少对文言文有了一定的了解。《孝经》是一部中国古代典籍，据说再现了孔子和弟子讨论孝顺父母重要性的对话。多年后，义融在一封写给妹妹的信件里，引用了书里著名的一段话，这说明他确定她懂得这段引文的含义。

但常野和清美也会学习许多哥哥弟弟们不学的东西。她们一定接触过针对女孩的初级读物，这些读物非常受欢迎，其中最著名的几本再版了数百次。（见插图3）每本书的正文一概枯燥乏味，充满说教味道。"温从、守节、矜悯、寡言，"《女大学》（*The Greater Learning for Women*）用精心粉饰的优雅汉字写道，"盖女子必修之德也。"[1]好在附录中总会有些更有趣的内容。《女大学宝箱》为11世纪名著《源氏物语》最著名的章节绘制了不同版本的插图。（见插图4）《女万岁宝文库》[2]里有整整一节的内容是关于去除污渍的：对漆器，使用味噌汤去污；要去除牙齿上擦涂的黑粉[3]，则使用温热的醋。

这些书里有一页又一页的图片，有些描绘了来自当时各种家庭背景（贵族、武士和平民）的女性，他们从事着传统的女性职业，貌美惊人。打扮整洁的母亲，正在教孩子写字；虚荣的年轻姑娘审视着镜中的自己；勤劳的农妇纺布，或是用大竹桶洗衣服；身材瘦弱的女孩在海滩上耙盐；坚韧的城市女性在做挂面、染纸、串念珠；还有赤裸的采蚌女跃入海浪，长发在身后飘扬；偶尔，会出现一个闷闷不乐的小姑娘，在母亲工作时百无聊赖。也有历史人物和小说里的角色：《源氏物语》里穿着厚重十二单衣的圆脸精致的女官。甚至偶尔会出现外国人：中国古代的女德榜样，戴着奇怪的金饰，出现在悬崖峭壁旁边，身边大多伴有胡

1　《女大学》是江户晚期的热门女性教育读本，类似的还有《女小学》《女中庸》《女论语》等。此处引文的内容，是译者按照英文内容翻译，并非读本的原文。

2　*The Women's Amazing Library*。

3　江户时代日本女性以染黑齿为美。

须打理得整整齐齐的老人。

每一页，都是一堂关于丰富多彩的女性体验的全新课程，可以窥见另一个地方（偶尔也有另一个时代）不同种类的人的生活。（见插图5）寻常的店铺，风吹的盐田，面朝花园、布置齐全的房间，妇女们晾晒面条的市井庭院，甚至还有渔船——这些全都是与来自越后内陆、备受呵护的女孩眼中所见全然不同的景象。常野知道，自己碰到这些事情的机会，差不多就跟自己跑到中国古代去跟圣贤对话一样渺茫：人们对她的期待，无非是长大后嫁到一个门当户对的家族去。《女大学》开篇的第一行，就教导读者不要抱有太多奢望："为女之道，既长则嫁，善事夫家。"（见插图3）也就是说，去结婚。它压根儿不认为女性的生活还有别的可能性。因此，当她的兄弟们在学习幕府领地的实际治理和神圣的净土奥妙之时，常野也在两个迥然对立的领域投下了自己的想象：一边是盲目顺从、一眼能望到头的婚姻和家庭，一边是充满了女性之美的广阔世界，每个小女孩都能得到黄金、异国情调的书籍和绫罗绸缎——至少理论上如此。

要想在这两个世界里的任何一边立足，常野都需要学会缝缝补补，好在做一件不带衬里的和服并不特别困难。（见插图6）大多数接缝都是直的，布料只有一种标准尺寸，拼接也很简单：正方形、长方形和正三角形。但缝纫的方法总是有对有错，一如睡觉、走路和开门的方法也有对有错一样。女孩们睡觉时应该把胳膊和腿全部并拢，走路时要让别人几乎听不见自己的脚步声，开门时也要尽量少发出声响。缝纫是提升自我修养的另一种形式，对一个更愿意去看书里的图画、到雪地里玩耍的小女孩来说，这恐怕会惹得她冒火。但地位崇高的《女大学》和其他许多书籍一遍又一遍地反复强调："女子当多艺，尤以针黹为要也。"很多年后，一位女性回忆自己童年的农村生活时说："我缝纫和书法很差，在家里总是挨骂，被呵斥：'你真不像个女孩子。'"

缝纫的正确方法是：缝制和服，要用宽松的针脚，这样可以很容易地把和服拆开来清洗；缝制手帕，要用细密得几乎看不见的针脚；丝绸绉纱更加棘手，它们在缝制时可能会拉伸变形。故此，正确的方法是顺着织物的边缘（以便于引导手的走向）缝出一条笔直的线来。对于起皱的丝绸，缝纫之前需用潮湿的手帕把皱纹抹平；缝制厚重的织物，要用麻线而非丝线。缝纫的时候要安安静静不作声，全神贯注于手头的工作，这样接缝才能对得整齐。不要把线头打成解不开的疙瘩。要小心翼翼地量好尺寸——这样织物才不会裁错地方，当母亲的才用不着把碎布弄平——再用它们做一件用补丁拼起来的外套（就像是给新生儿缝的尿布片似的）。

常野和清美有3个弟弟，所以，她俩在使用缝纫工具时必须小心翼翼，不能随便乱放在地上，以免被婴儿弟弟们碰到。针很尖利，并且昂贵，因为它们必须由熟练的工匠锻造回火。如果一根针断了，必须谨慎丢弃，或者供养佛祖，也算为它找到了一个恰当归宿。还有些不那么贵重的工具：扁平的木制尺子、裁剪布料的刀子、蓬松的针垫，以及拆线的锋利小钩。不用的时候，它们会被放在漆盒或有小抽屉的针线柜里。但由于随时都有针线活儿要做，它们几乎每天都要被拿出来。尽管难度有别，但这足以让一个小姑娘忙个不停：缝制童装、小包裹、钱夹、女仆的围裙、棉衣和毛毯；和服需要拆开再洗，洗完了又要缝起来；从接缝处拆开布料，更换袖口、下摆和衬里，打补丁、缝破洞。

这些大多是日常事务，也就是在一个大部分衣物都无法直接购买的地方，操持一户大家庭所要完成的普通活计，但其中也有替未来做打算的考虑。无论姐妹们为自己做了什么，总有一天会添置到她们的嫁妆里。等她们结婚的时候，外套、长袍、袜子和手帕都会在夫家展示，让所有邻居看到。此外，还有鞋子、家具、榻榻米、一盒盒的黑牙粉、全新的墨水和写字用的纸，兴许还有一盒镀金的蚌壳，里面写着摘自名诗的段落。这类东西是用来玩配对游戏的，诗的首句和末句是对仗的，一如新婚之夜新郎和新娘的结合。嫁妆里还会为每个姐妹准备一个针线盒，这样她们就可以在没有父母、没有兄弟姐妹陪伴的情况下，在别的地方建立自己的家庭，开始新的生活。

然而，缝纫课为那些擅长此道的小姑娘提供了未来的其他可能性。针线活儿是一门手艺，可以发展为若干个不同的方向，许多富贵人家都会雇用女裁缝，而城市里的贫困妇女则通过计件的缝补工作养活自己。学会织布或纺纱的妇女，可以移居到上野国的桐生等城镇，那里是大型织造作坊之都。但哪怕是对一个从没打算靠自己工作挣钱的女孩来说（常野也没有理由认为自己日后非得工作不可），缝纫也创造出了新的可能性——即便只是在想象当中。把旧袍子拆开洗干净之后又缝上，是一件乏味的事情，可那并不妨碍做个白日梦：在配有精致白色樱花图案的淡紫色丝绸上走着类似的针脚，兴许它还配着带几何图案的红色衬里，说不定还有一件淡粉色的内衣呢。要么就是海沫绿的格子布，配上紫色圆点褶边，搭配暗棕色的和服腰带。

女性初级读本里的插图并非彩色印刷，但那些坐在花园读书的优雅女性，一定穿着这样的衣服，甚至是石神村里没人能想象到的更精美的衣服。那些女性在读什么书呢？她们在谈些什么呢？她们之后会到哪儿去？

如果常野能穿成那样，她将过上什么样的生活？

在练习针线活儿的同时，常野也正拼补着日本从前国门开放通商时代的残片。等到她把自己的童年抛在身后，她的立式梳妆台里已经攒下了几十件衣服，剩下装不下的，还侵占了别的柜子和篮子。她有一件印有精美花纹的紫藤色绉绸夹袄，还有一件黑色的，印有不同的精美图案。她有一件条纹的，衬里用的是秩父丝，另一件是粗丝织的。她有十多件冬天穿的棉袍，有红褐"老鹰"色的，有暗茶色的，有白格缎的，还有各种条纹的。为了搭配衣服，她有浅粉色锦缎和深黑色绸缎的罩袍，夏天则有各色条纹图案的棉质无衬长袍。每一件都由日本国内制造，但它们的存在，全都归功于一个在她学习缝纫时早已消逝的全球贸易时代。

制成常野服装所用的棉花，大部分并非出自日本本土。相反，它们是15世纪某个时期从南亚经中国和韩国传入的。到了16世纪，日本已广泛种植棉花，但数量尚不足以满足服装需求。自古以来，日本就生产丝绸，但就这种纺织品而言，对成品布的需求同样超过了供给。于是，日本开始大量进口中国丝绸。在（日本的）战国时期，日本人是出了名的海盗和雄心勃勃的商人。他们从日本内海起航，侵袭中国沿海，最远到达东南亚，在当地用樟脑、大米和白银交换枪支、鹿皮、火药、纺织品和糖。为这种贸易提供动力的贵金属，以惊人的速度从日本新开发的矿山中开采出来。日本群岛上如雨后春笋般冒出充满暴力的新兴城镇，到处都是贪婪的探矿人、强盗和疲于奔命的行政官员。最初仅限于中国南海的地区贸易（用中国丝绸换取日本的白银），到了17世纪初，成为全球贸易。新组建的荷兰东印度公司，在整个印度洋和东南亚设立了贸易前哨，开始向日本港口派遣装载着丝线和印度棉织品的船只。

但到了17世纪中叶，德川幕府家族在江户掌握政权之后，日本便告别了全球政治和军事冲突的混乱舞台。17世纪30年代，一群叛乱者在南部的九州岛发动大规模起义（"岛原之乱"），起义者中包括一些著名的改宗基督教的信徒，幕府越发担心基督教的影响，并认为这是一种邪恶的外国宗教。幕府颁布法令禁止西方商人和外交官进入日本领土，但信奉新教的荷兰人除外，他们获允进入南部城市长崎的港口。荷兰人获得豁免是因为他们说服了日本人，使后者相信荷兰人跟天主教徒不同，对传教没什么兴趣。大约在同一时期，幕府颁布禁令，臣民的出行范围，往南不得超过琉球群岛，往西不得超过朝鲜。这意味着，法令颁布时尚滞留在海外的日本人，实际上成了流民。

在限制对外出行的同时，幕府试图维持甚至扩大对外贸易。但日本的矿业日趋凋敝，几十年后，幕府开始担心群岛的贵金属数量。1668年，幕府完全停止了白银出口；1685年，又限制了铜的出口。同一时期，新的法令限制从中国进口丝绸。又过了几十年，日本生产的丝绸和棉花已足够满足本国市场。荷兰和中国的船只仍然满载着奢侈纺织品抵达长崎，但大部分贸易转向了日本本土无法生产的人参、糖、药品和外国书籍。

然而，一个多世纪过去了，早期纺织品全球贸易时代的记忆，仍然意外地从常野的衣柜里浮现出来。她穿着一件南京条纹长袍，这里的南京，便是指中国的主要丝绸产地南京。她还有几套圣多美（Santome）条纹，得名自17世纪葡萄牙在马德拉斯附近的殖民地圣多美（São Tomé）。在荷兰东印度公司进行贸易之前，日本人根本不习惯穿条纹，甚至连"条纹"[1]这个词都来源于"岛"[2]，表明这种纺织品设计来自国外。

常野的世界里还有其他东西暴露出17世纪贸易的残迹。石神附近的村庄里种植的烟草，装在精致女士长长的烟斗里，它们最初来自新大陆。向阳的山坡上种植的红薯同样来自新大陆，它们补充了贫苦农民的饮食，还在城市街道上出售。一些富裕家庭的钟表，由国内生产，但是按欧洲模型修改的。还有一连串极为昂贵的产品，是近年来的贸易传入的。其中包括时髦妇女所穿的、缝在精美拼接长袍中的印花布；城市商店里有售、乡村行脚商偶尔也卖的眼镜；鉴定师可以用来检查刀剑划痕的放大镜；心怀远大抱负的天文学家用来研究天象的望远镜；以及荷兰来的书籍，它们教会制图师伊能忠敬测绘，有一天还将激励一位年轻学者写出《植学启原》。

受早前全球贸易时代的影响，加上一些重要贸易商品的继续存在，日本的日常生活仍然与世界其余地方的物质文化相关联。和欧洲或北美一样，在日本，年轻女性同样穿着廉价的印花棉布

1　日语里的读音是shima，对应的汉字是"缟"。
2　"岛"的读音也为shima。

干活儿，有钱人戴表，人们喝茶时习惯往里面加糖。但在日本，女性穿的印花棉布制成的是配有宽大丝绸腰带的和服，钟表按照中国的十二生肖计时（午时、戌时），糖则裹在颜色鲜艳的糯米团子里，就着不加糖的绿茶一同食用。17世纪末，德国医生恩格伯特·坎普弗尔（Engelbert Kaempfer）曾在长崎贸易点居住了两年，他将日本描述为一个"封闭的帝国"，这并不完全正确。但它的确是个闭关的国家，远离全球市场，大多数外国人无法进入。它的文化习俗也反映出了这种疏离。

然而，在常野的童年时代，世界始终朝她越走越近。大塘里仅有的船只是当地渔民的小艇（见插图7），但周围的海域里却挤满了各式各样、不同种类的船只。经过加固的大船要将鸦片从加尔各答运到中国南部海岸，它们会在小海湾里暂时停泊，等待着小船将那些黑色货物偷运上岸。载有海獭皮的独木舟从北极沿着海岸线航行到上加利福尼亚，海獭皮会卖给装有高大木桅杆和复杂索具的船上的美国商人。美国商人带着海獭皮前往夏威夷和广东，把北美人参运到中国，把斐济的干海参运到马尼拉，把卡尔曼的木材运到火奴鲁鲁。装备着鱼叉和大锅的捕鲸船，在北太平洋四处追逐猎物，而海豹猎人则漂流到入海口，把海豹从岩石上赶起来乱棍打死。与此同时，还有形形色色的船把人从海洋的一端运送到另一端，有时甚至违背其意愿。商船把印度囚犯跟货物关在一起，运送到槟榔屿上的流放地，大型英国船只使用大西洋奴隶贸易技术（镣铐、铁项圈和铁链），把伦敦的囚犯运送到澳大利亚的植物学湾。

随着这些贸易航线交叉环绕着靠近日本列岛，沿着伊能忠敬仔细勘测过的海岸线，孩子们开始碰到挂着三角形船帆和奇怪旗帜的新型大船。1807年，在与太平洋毗邻的常州，人们自1611年以来头一次看到一艘外国船只顺着本地海岸线航行。接下来的40年里，他们又看到了100多艘。这些进入日本海域的船只，大多是在北太平洋"日本渔场"劳作的捕鲸船。赫尔曼·梅尔维尔（Herman Melville，美国小说家）对日本十分着迷，曾在《白鲸》里这样描写捕鲸船和船员们："如果日本那片双重封锁的土地真的变得更友好了，这份功劳就只能归给捕鲸船。"但此外也偶有探险家和测绘师，包括一群环球远航的俄罗斯人，他们就着堪察加半岛的野生大蒜和腌鹿肉下酒，满心渴望用俄罗斯军事英雄的名字来命名日本的海角和山脉。

这些船，大部分并不登陆。只有少数捕鲸人试图上岸，为的是得到补给，特别是水果和蔬菜，以预防坏血病。遇到他们的普通日本人了解到，他们喜欢酸李子，讨厌炸豆腐，身上的气味难闻得可怕。俄国人没那么绝望，物资也比较充足，他们想要的是建立外交和贸易关系；与之接触的日本官员了解到，俄国人专横傲慢，要求苛刻，不愿接受盘问。两类闯入者都得到了基本的补给，但也都被送走了，还被要求不得重返。

同时，日本水手搭乘越来越大、越来越坚固、配备越来越齐全的船只出海，常常会碰到外国船只，或是漂流到遥远的海岸。在剧烈的暴风雨中，日本船员会砍断桅杆以避免倾覆，这样一来，他们只能任由洋流摆布。有些水手漂流了好几个月，靠着鲜鱼、海鸟和船上存储的任何物品维生，最终在菲律宾、阿留申群岛或奥林匹克半岛登陆。还有一些人被路过的船只搭救，突然发现自己置身于讲英语、俄语或西班牙语的陌生船员当中。少数日本漂流者顺利地回到了本国，有时是出于外国船长的别有用心（比如想跟日本建立贸易关系等）。归国水手会受到武士长官长时间的盘查，后者负责收集境外情报，很多时候还会禁止海员向别人讲述自己的所见所闻。

19世纪初，受闯入船只和新知识的刺激，日本官员对外部世界的焦虑不断增强。和常野一样，日本武士本多利明也是越后人，他写了令人啧啧称奇的小册子，敦促日本展开咄咄逼人的勘探、扩张和对外贸易计划。他提议与俄罗斯建立商业关系，并派遣日本商船横渡大洋。他想要对北部最遥远的桦太岛（现在的库页岛）进行殖民，效法英国（"一个跟日本差不多大小的国家"），建立海洋帝国。但他是一个提倡打破陈旧传统的人，跟常野认识的所有人都不一样。他认为僧侣们用梵文诵经的声音听起来"就像聒噪的青蛙"，还抱怨佛教让人们"把时间浪费在了全然的无知"上。他始终认为汉字过于复杂，会使人们倾向于浅层阅读；他建议所有的日语都应该用拼音字母来书写。幕府官员确实拜读过他的作品，但他们认为太离经叛道，并未听取他的建议。

当拿破仑战争最终以一艘英国战舰的形式抵达日本时，幕府官员们并未做好准备。1808年初秋，这艘悬挂荷兰国旗的船径直驶进了长崎港。因为误以为这是荷兰东印度公司的船只，负责海防的武士们并未上前拦截。船上的水手一上岸就劫持了荷兰人质（部分原因缘于两国在欧洲的军事对立），武士们大吃一惊，但别无选择，只能提供补给，以确保荷兰人平安返回。这艘船装备着精良的武器，有着坚固的船体防御，看起来就像是一座浮动的城堡。最后，港口的治安推事为弥补自己的严重过失，自杀谢罪。与此同时，俄罗斯人放弃了开放贸易的尝试，在遥远的北方发动了一系列袭击，烧毁村庄，扰乱渔业。他们一度计划绑架所有居住在桦太岛的日本人，并将之送到阿拉斯加去建立殖民地。这一切从未付诸实践，但幕府的官员们大为警醒，下定决心再也不能陷入措手不及的状态。1811年，俄罗斯海军舰艇"戴安娜"号登上北海道北部的一座小岛，日本人把船员扣为人质，囚禁了三年，一再打探俄罗斯在北方的意图。

最终，到了1825年，幕府颁布了《异国船驱逐令》，要求日本人对试图在长崎以外任何港口抛锚的西方船只开火。所有登陆船只一概烧毁，船员格杀勿论。

在日本之外的地方，小女孩们学会了害怕铸铁大炮、携带神秘疾病的"瘟疫船"，以及可能会把她们拖上船带走的"长相可怖的白男人"，常野却不会花太多时间去想那些长着红胡子的外国人。他们在石神村没有位置，在人们给她讲述的任何故事里，都从不曾出现这些异乡客的身影。森林里的妖精和大池塘里的水精灵倒显得更加真实。不管怎么说，其他值得害怕的事情还有很多，比如夏天饿坏了的熊，冬天突然发生的雪崩掩埋了整座村庄，还有像麻疹和天花一类的流行病在许多家庭肆虐。1815年早春，常野11岁的时候，三个星期大的妹妹梅香在林泉寺离开人世。父亲惠闻在孩子出生时刚好不在家，从没见过她。照料一切的是年仅15岁的哥哥义融。这是他第一次代替父亲承担一家之主的责任。他安排另一座寺庙承办丧事，接受邻居们送来的蜡烛、蔬菜和钱币等慰问品，还记下了买米和豆腐以供给送葬者的费用。

当家人为梅香在净土重生而祈祷时，常野兴许已经把思绪转到了同样诱人的远方：幕府的都城江户，当时日本最大的城市。她父亲的藏书，大部分在江户出版；冬天的时候，村民们会到江户去做用人和劳工，那里也是越后的绉绸小贩见批发商的地方。江户一个街区容纳的人口，说不定比整座石神村和邻近两村加起来还要多。

常野所在的越后角落，看似遥远，但翻过山前往都城的脚程不过两个星期，书籍、印刷品、地图等新鲜东西总能回来，流动的乡民们春天走大路回家，随身携带的除了大小金币，也会有不少新近的八卦消息。他们把那几乎从不下雪的地方的奇怪习俗告诉邻居的妻子和孩子，黑色的恶鬼会在除夕之夜上街游荡，人人都能看到，驱魔人甚至会抓住一只把它扔进海里。他们会讲述第一次看到初春的河岸边绽放出白色的梅花、柳树冒出绿芽时自己有多惊讶，又或者，他们鼓起勇气在冬天的夜晚外出，却看到打着赤膊的木匠在街上奔跑，祈祷着阿弥陀佛，偶尔还停下来朝自己身上泼水，通过忍受短暂的痛苦证明自己的信仰。在越后没人会这么做，不管他们有多虔诚——他们会被冻死。

最重要的是，那些从江户回来的人还会讲述江户的繁华：一排排的商店向四面八方绵延数里；成群结队的小贩，手里拿着他们从未见过也不知道自己是否想要的东西；那些房间繁多的商行；还有众多的理发师、街道清洁工、收粪工和洗衣女佣，他们似乎无处不在，提供服务，索取小费。在江户，可以买的东西多到难以想象，赚钱的法子却更多，有时甚至很难区分劳动、消遣和勒索。

常野家的男人，对江户很熟悉，他们带着权威的口气提起那儿的朋友、寺庙和街区邻里。他们在京都也有人脉，京都是天皇所在的城市：本宗的主寺便在京都，他们完成过好几次必要的朝觐了。惠闻年轻时住过京都，常野的哥哥义融1821年刚受戒便去了那儿。但常野家跟江户的联络更多，毕竟，江户更近，在大多数越后人脑海里显得更大。常野的叔叔是她父亲那一代里的不肖子，在她出生很多年前，被城里浅草区的一户寺庙家庭所收养；这家人跟江户的几座寺庙保持着通信联系。常野的弟弟义仙日后将被送到那儿去学习。他不会继承寺庙（毕竟，他的哥哥太多了），但他将接受良好的教育，如果他能周游净土真宗下的各个宗教机构，了解最新的消息，对全家人也会大有裨益。

常野家的女性，没有一个人去过江户，就算去过，她们的出行也不曾在寺庙的档案中留下任何痕迹。但是首都对她们而言同样有意义。对生活在外省乡下的女性来说，"江户"是对另一种生活的呼唤。在乡下姑娘当中，它是时髦和成熟的代名词，她们会把头发梳成"江户式发型"，哪怕跟真正的都市女性发型几乎全无类似之处。对坐在壁炉边的母女来说，它是一个饶有兴致的故事：在寒冷的冬夜，她们会询问见多识广的客人，城里人怎样庆祝新年。对年轻姑娘来说，江户既是机会，也是一项无法达到的标准：在江户长大的老师会告诉她们，她们的和服腰带系得太低，说话太粗鲁，招待客人不得体，甚至不懂得在街上该怎么走路。最重要的是，这是那些叛逆、不满和绝望女子的逃离之梦，反正她们一无所有，也就一无所失。

越后的乡下姑娘美代（Miyo），讨厌哥哥给自己选择的未婚夫。她祈求着能被派到遥远的省份去当用人，或许，她幻想着在江户找到自己的未来，她的许多邻居都去那里工作了。理世（Riyo）是相模国一位不快乐的妻子，她抛弃了丈夫，带着两岁的孩子前往江户。她在一户武士之家找到了一份奶妈的工作，从头来过。多岐（Taki）是武藏国一家当铺老板的女儿，因为丈夫跟岳父母合不来，她便跟丈夫偷偷到后巷租了一套房子安顿下来。苏美（Sumi）是个来自常陆国的农家女孩，她跟一个答应带自己去江户的男子私奔了。哥哥来找她的时候，苏美告诉他，她不在乎自己做什么工作，哪怕她死了，也永远不会离开江户。美治（Michi）原本是农民的女儿，被派去服侍一位高级大名，她断然拒绝再回农村。她说她在家乡没什么可做的，就嫁给了江户武士并留了下来。

生活在难以想象的遥远地方的其他女性中，同样有翻阅着图片、听着故事、羡慕着哥哥弟弟、策划着自己逃亡的勇者。到19世纪初，这已经成了一种大范围存在的漫长传统：从7世纪末瘟疫流行时农村妇女涌入威尼斯，到17世纪英国乳牛场女工离开农村前往伦敦，再到启蒙时代法国外省姑娘蜂拥着去巴黎。1616年，一名英国女仆佐证说，自己"违逆父亲的意愿，从他身边脱离出来居住在伦敦"。1644年，一个芬兰姑娘逃离了她憎恶的丈夫，来到斯德哥尔摩当用人。等丈夫前来找她时，她跟新主人一起逃离了这座城市。18世纪80年代，玛丽-安妮·拉法基（Marie-Anne Lafarge）离开家乡来到普罗旺斯的艾克斯，因为她认为父母对自己的兄弟姐妹太过偏心。与常野同时代的安努什卡，放弃了乡下不忠的情人，到圣彼得堡为一名法国女人当用人。

厌倦了乡下男孩的年轻姑娘，遭到父亲殴打的女儿，不愿再日复一日地盯着麦田、稻田或奶牛的无聊妇女，想得到图画里的衣装的爱做梦的少女，有着难以忍受的暴力倾向或者年纪太大的丈夫的妻子，在新婚之夜感到失望的新娘——在她们眼里，城市就是一座灯塔，城市就是过上不同生活的可能性。她们会给自己讲故事，在一个喧嚣之地隐姓埋名，人人都不是农民，不再有人认识自己的家人——在这样的地方，什么事都有可能发生。她们兴许会消失，等到重新出现时，就成了一个完全不同的人。每当市场经济的兴起扩大了农村妇女的想象版图，她们就会离开。她们相信，会有些不同的、更好的东西，在等待着自己。

常野无法想象这些女性中的任何一个，尽管她们肯定跟她生活在同一个世界。她们同样要学习用丝线和棉线缝纫（尽管也许没有太多人学过阅读）。她们同样穿着印有条纹的衣服。她们喝茶，只要经济允许，也会吃糖。她们在不同的风景里走过类似的道路，穿过常野绝对无法到访的地方，说着她绝无可能听过的语言。熟悉的东西占据着她的脑海：她爱过也恨过的哥哥弟弟们，年复一年降下的大雪，大塘上飞舞的蜻蜓，父亲书房里的书，母亲针线盒里的针，她衣柜里折好的丝绸长袍，祭坛上的香，尚未出现在地图上的这座村庄，还没成为"植物"的雪松树。

然而，不知为什么，在所有这一切当中，在一个正有待分类、绘制进地图的地方，在一个自然界的轮廓正得到描绘、帝国投入新时代的利害变得越发清晰的国家，常野也抬起头来，开始想象另一种生活。是因为她书里的图画吗？是憧憬净土的习惯，激发了她去想象其他遥远的国度和更美好的可能性吗？还是说，这念头萌发自偶然间听到的有关江户城的对话，兴许涉及她弟弟义仙将来的打算？也许，她只是模模糊糊地感觉到，她不甘心像母亲那样过一辈子。

还有可能，多年以后，当她所有常规的人生规划都崩塌了，当她凝视着一个突然间似乎无法忍受的未来，就在那时，这个想法在她脑海里成形了。不管出于什么原因，在某个瞬间，常野逐渐理解了一个将要决定她余生的问题，而且，她感觉到这件事在很长时间里都无法改变。这是她在信里写下的第一件事，一件她在付诸笔端之前向家人反复说了很多次的事："我想去江户，但你们不会准我去的。"

第二章
半生乡下岁月

1816年，常野第一次离开林泉寺。她不是要去江户，也不是要去其他类似令人兴奋的地方。她要去的是北方出羽国一个叫作大石田的内陆河边城镇。就算它跟江户城并不处在完全相反的方向，但也相当类似了。越后没有人读到过有关大石田的信息。除了可能会对崎岖山脉、野生森林和熊感兴趣的测绘师和冒险家，没有人会梦想着去出羽。出羽甚至比越后还冷。冬天，冷杉树会被大雪包裹起来，看起来就像是冻在山坡上的狰狞怪物。

从石神村前往大石田的里程接近300公里，是一趟艰辛的旅程。常野可以乘船前往，顺着日本海的海岸线逆流而上。她也可以步行，顺着海滨小路，穿越群山，跟随俳句诗人松尾芭蕉的脚步——1869年，芭蕉曾完成过同样的旅程。芭蕉与一位同是诗人的旅伴搭伙而行，追求一种类似顿悟的无根漂泊感。"日月百代之过客，"芭蕉写道，"行年亦为旅人。"他希望不受羁绊，只带了很少的行李：一顶旧帽子，一件雨衣，还有用来书写的毛笔和墨水。常野的出行与此不同。她随身带着仆人和行李，身上压着沉甸甸的期待。她上路是为了履行承诺，她要结婚了——这时她年仅12岁。

　　常野从来都知道，她迟早是要结婚的。所有的女孩都得结婚。她还知道，在这件事上，她几乎没有选择的余地：像她这般地位的女孩，不能自己选择丈夫。（见插图8）相反，父母会为她的将来做好安排。常野忙于缝纫和读书时，她的双亲惠闻和治摩正为她寻找合适的新郎。他们来来回回地寄出信件，聘请媒妁仲人，商榷礼金款项，交换婚嫁礼物；他们购置镜子、化妆品、衣物和家具。他们必须小心翼翼地整理好包袱，因为他们要把常野送到一个遥远的地方去。按照惯例，新娘出嫁一个月之后可以回娘家省亲，但路途委实太过遥远。远嫁之后，常野可以写信回家，但她只能独自在一个陌生的地方跟新的家庭住在一起。

　　常野的父母既非欠缺考量，也不是对她不好。12岁结婚固然年龄太小，但她的姑姑千里（Chisato）也是13岁便嫁为人妇。早婚的女孩或许比年长些的女孩更纠结于思乡之苦，但她们往往能得到一段宽限期，适应新家（和丈夫）的要求。大多数女孩12岁时甚至尚未初潮，当时普遍的共识是，14岁以下的女孩年龄太小，不适合发生性行为。在这方面，惠闻和治摩可以放心，他们已经想方设法找了最合适的夫家，能够信任常野的公婆。新郎跟惠闻一样，是净土真宗的住持，两个寺庙家族是世交，好几代人都互相通信往来。常野的新家净愿寺是一座名寺，大石田镇本身也很繁华昌盛，有近千名居民。就某种意义而言，它比林泉寺和石神村更上了一级台阶，尽管它离日本的大城市更远。

　　大石田以制造染料所用的红花出名，金灿灿的花田从整个山谷一直覆盖到南边。芭蕉17世纪到访此地时，曾描述镇上的诗人精心打理自己的老式韵文，把它们当成是几遭遗忘的种子里开出的花朵。实际上，耕作事宜留给了偏远乡村的农民，他们在初夏弥漫着雾霭的清晨外出收割，那时作物尖尖的叶子上还沾满露水。他们采摘花朵，轧制成紧凑的橘黄色圆盘，接着卖给中间商，后者把它们装在驮马上送往大石田的仓库。在镇上，另一群工人将这些包裹扛上船，顺着最上川流向日本海的航道航行。最终，红花会被运送到天皇的首都京都，用来制造化妆品和纺织染料。大石田附近在农田里劳作的农民唱道："我也想骑黑马，伴红花上京都。"[1]

常野在石神村的稻田里出生、成长，而在大石田的瓦房和白帆间步入成年。她来到丈夫的寺庙时只是个小女孩（哪怕按她所处时代的标准衡量也算年幼），并在这里逐渐成为完全成熟的成年人。婚姻对女性来说是成年的标志，对男性却有所不同。如果男孩是农民，成人礼标志着他们跨越了童年和成年之间的界限：在成人礼上，他们会剪短头发，换上不同的衣服，取新名字。成人礼过后，他们便可以在节日期间托着便携式神龛参加村里的游行，甚至偶尔还能主持婚礼。对常野的兄弟们来说，转折点来得不一样：他们是僧侣，受戒的那一天意味着成年。至于女性（所有的女性，不管是农民、武士还是商人的女儿，都一样），婚礼是普遍的分界点。不管你是什么人，来自什么地方，婚姻让你成为女人。你会带着标记全新身份的黑色牙齿（需要使用尝起来是金属味的粉末精心涂抹）出现，你的袖子大概会变得短一些，你

1　此处为意译。

会梳更圆润的发型。哪怕婚姻失败，你也跟从前不再一样。

表面之下，还有其他同样深刻的改变。起初，常野一定对那个突然成为她丈夫的陌生人很着迷。随着她在钟声、祈祷和上供等她所熟知的程序（这是她童年的节奏，只是转移到了新的环境）间来来去去，她一定琢磨过他是怎样行动、吃饭和打鼾的。她一定仔细打量过他的脸，倾听他的沉默，考量他所有的喜好和习惯，把他跟自己的祖父、父亲和哥哥们进行比较。她一定努力迎合过他的需求，哪怕那会显得很奇怪，而且不舒服。这些都是年轻新娘应该做的、所有女性读本告诉她们必须做的、哪怕是最倔强的12岁孩子也很难抗命不做的事情。在她追求平凡生活（尽管比她母亲的人生略微富贵一些）的过程中，她一定在学习和改变。

但日后将自己的挣扎奋斗写得栩栩如生的常野，从不曾提及自己作为新娘，在远离家人的陌生乡村度过的最初几年。到她动笔的时候，她早年的婚姻生涯已经太遥远了，或者说，已经被彻底地埋葬了，所以从未浮出过水面。

常野远嫁大石田期间，她的兄弟姐妹也在为各自的婚姻挣扎。与她年龄最接近的妹妹清美也嫁入了一座净土真宗寺庙，只不过，她去的新村庄离娘家只隔着很短的路程——距离近到她甚至向母亲借过味噌桶；她的丈夫给哥哥义融写信，商量该付给工人多少钱铲雪。这是一种熟悉的生活：乡村的寺庙，同样的朋友圈和邻居网。但这仍然不容易。

清美伶牙俐齿，她的丈夫抱怨说，哪怕最轻微的批评，她也会还嘴。他不满意她对祭坛的照管，她对道友也不热情。他越来越难于履行自己的僧侣职责，因为管理一座乡村寺庙，是夫妇两人的任务。事实上，局面甚至让他开始怀疑自己的判断力。他写信给义融，解释说自己的耐心已达极限，问义融能不能劝劝他妹妹。但要么是义融拒绝了他，要么是义融的劝解毫无效果（这种情况的可能性更大）。

最终，清美退休的公公亲自接手了此事。"清美的行径，其恶不输罪徒，"他写道，"吾实难忍受。现备下一笼，定将亲手惩治。"对任性的妻子来说，这并不是太不可思议的惩罚——哪怕是执拗的大名，说不定也会被关在木头笼子里，侍从们会隔着栅栏，给他送入美味的餐点，也会低声在笼外表示歉意。但这是一种羞辱——它强有力地公开宣示了凌驾于个人之上的家族权力。笼子会放在院子或前厅，周遭邻人都能够看到惩罚的进行。事实上，这也是此种惩罚的目的之一，通过显示决心来挽回家族声誉。

随着岁月的流逝，清美知道了她的位置。她继续跟丈夫待在一起，至少生了两个孩子。为庆祝孩子们的诞生，寺庙发布了通告，收到了礼物，而她仍然是寺庙的女主人。但在她的余生，每当木匠到家里来，她兴许就会想到她的公公，看到笼子的栅栏，不由自主地打起哆嗦。

义融进入婚姻生活的过程，也同样艰难而屈辱。就在他初婚后不久的1828年，父亲惠闻便长期外出朝圣，将林泉寺交由义融打理。义融时年不过28岁，但已经是一家之主，担任住持也有五年了。这段时间足以让他了解这个角色：他知道自己该坐在哪里，该说些什么，以及谁该听他的。但他尚未完全形成自身的权威，仍然难以坚持自己的观点，尤其是当父亲不在家、他要独自一人对付仍然在家的五个弟弟妹妹的时候。他们一察觉到他的懦弱，就无情出手。弟弟们想要坐在他的位置上，而他吩咐他们去买柴火时，他们毫不理会。仍是小孩的妹妹伊野（Ino），当着信众的面嘲笑他。与此同时，他还应该教育自己的新娘（林泉寺新来的女主人）持家之道。他强烈地感受到这份责任的沉重。

一如他的期待，结婚头一个月十分顺利。至少，没有什么异常，也没有什么需要他写下来的东西。但在妻子按惯例第一次回娘家后，情况突然发生了变化。等她回来的时候，她仿佛换了一个人。她拒绝服从义融的任何吩咐，对他的佛教和儒家道德宣讲置之不理。她忽视了基本的家务，疏远了他那两个最小的妹妹俊野（Toshino）和伊野，以致两人会向母亲发出抱怨。当义融质问新娘时，她绷着脸回答："我喜欢怎么做就怎么做。你也随意吧，去找个妓女，纳个妾——我无所谓。"

义融大为震惊。这可不是女人的说话方式。这当然更不是年轻新娘应该对丈夫说话的方式。他和她讨论她对家务的疏忽，兴许暗中涉及了性。可毫无疑问，妻子理应满足丈夫这方面的需求。而她用这么粗鲁、明确的措辞断然拒绝，叫人诧异。

义融决定把妻子休掉，虽然从几个方面考虑，他很不情愿：父亲仍在外地，刚结婚就休妻让人尴尬，家里才刚刚在婚礼上花了一大笔钱，而且（或许也是最重要的一点），妻子好像怀孕了。但他能怎么办呢？总不能指望他忍受一个叛逆的、叫人不快的妻子吧。最终，他鼓足勇气跟她对峙。他打算早晨去叫媒人告知对方父母：这段婚姻结束了。

义融以为妻子会顺从地默许，或是不真诚地承诺再努力试试看。实际上，他对要发生的事情毫无准备。几个月来一直公开反叛的妻子，现在哭得几乎说不出话来。而等她最终平静下来，她说出了一件让他几乎无法理解的可怕事情。结婚第五个月，就在她准备离开回娘家之前，她因为有些不舒服躺在房间，一个男人破门而入并强奸了她。

伴随着这令人错愕的坦白，义融妻子的愤怒似乎化为了绝望。此后的两天，她拒绝进食，哭着乞求原谅。义融动摇了。他没去叫媒人传话休妻，而是选择了等待。结果，妻子真的怀孕了。他不知道孩子是不是自己的，因为没有判断确切怀孕日期的方法。就义融而言，它大概也并不重要。按他自己的说法，就算有充分的理由相信妻子所怀的确是自己的孩子，他仍然打算写休书。对他而言，妻子的行为才是最重要的因素：说到底，他有寺庙要考虑。跟妹妹清美的丈夫一样，要是妻子不肯配合，他很难继续担任寺庙的住持。

对义融的妻子来说，那年秋冬两季一定充满痛苦。随着院子里的水塘覆盖起冰层，她每天都把和服的腰带向肋骨处勒得高一点，感受身体重心的变化。也许，她后悔自己冲动的自白，希望自己能压下怒火。又或者，她继续保持沉默和对抗，想逼义融把自己送走，好让自己可以重新开始。又或者，她跟丈夫维持着一种脆弱的平静，达成某种并非书面的协议。她大概知道自己在林泉寺的日子不会太多了。她可能一直在等待时机。

次年早春，也即义融的妻子遭到强奸后大约九个月，她回到娘家生孩子。起初，没人知道出了什么岔子。新妈妈们往往会在自家父母的照料下度过首次生育后的焦灼日子。但时间一天又一天、一周又一周地过去，义融从未给她写过信。他甚至没来打听过孩子的情况。到了这时候，义融妻子的父母才知道发生了可怕的事情。他们派人去询问，安排媒人表达歉意（而他们兴许并不知道事情的具体原因），但义融什么也没对他们说。他是想放过他们的女儿吗？还是在努力维护自己的名誉？他只是尽可能含糊其词，表示这桩婚姻失败了。最后，他寄出了休书。

义融从未搜寻过强奸自己妻子的恶人，因为他已经知道是谁了——是他的弟弟义麟，但义融没法把这桩家丑明明白白地写出来。相反，他暗中写了一份长长的备忘录，同时记叙了两件事：妻子的受辱，以及弟弟受到的惩罚，而在本该说明关联的地方留了白。"去年五月，义麟行为失检，此事不必详述。"他写道。他长篇大论地探讨了自己在控制弟弟们方面的问题，最后顺理成章地得出结论，与义麟的冲突"皆吾妻之恶行所致"。此时，她早已离开，她和她的孩子，再也不曾出现在林泉寺的记录里。

义融次年再婚。他的第二任妻子佐野（Sano）熬过了婚姻的头一年，承担了"寺庙守护者"的角色，过着平静清白的生活。她从未惹出过值得写进书面记录里的那种麻烦；而且，虽然她肯定会写字，但不曾留下任何手笔。她去世于1859年，死后得谥号"融"（也就是她丈夫名字的第二个字）。她显然是丈夫的好伴侣。

但谁能说得清造就长久婚姻的是什么呢？佐野兴许是个机警的人，只可惜未能留下文字记录。或许，每当提到小叔子义麟的名字时，她都能察觉出一丝沉默，而人们躲闪的眼光和奇怪的停顿中藏着沉默背后的故事。又或许，她听到过义融的前妻和其他人的故事。林泉寺的女人们都长着嘴巴。佐野结婚时，已满25岁；这年纪，足够她了解男人，了解他们的忠诚，以及他们会怎么自保；这年纪，也足够她理解说话太直接的风险。

佐野保持着缄默，一直在忙碌。在从1832年到1842年的十年里，她生了五个孩子。她固然有仆人、常野的妹妹们和仍然精力充沛的婆婆相助，但照料婴儿、洗衣服、发烧、发脾气、打碎盘子和流鼻涕一类的琐事，仍然占据了她的生活。房间要打扫，仆人要监督，丈夫要照料，村里的妇女要拜访，还要往祭坛上摆放更多的供品。在那些年里，她是全家生活的重心，人人都依赖她的操持。她一定知道自己很幸运。她的婚姻维持了下来，她所有的孩子们也都活着长大。她的家庭殷实安稳，她不必去田里干活儿，也不必担心怎么才买得起味噌、清酒或灯油。哪怕还不够，哪怕有时她祈祷阿弥陀佛时脑海中回荡着别的刺耳的话语，反正她没有表现出来。

佐野受到责任和定规的羁绊，受到孩子对她需要的羁绊，受到平凡而持久的婚姻的羁绊，说不定也受到爱的羁绊。林泉寺固然充斥着紧张的沉默感，但人们同样会表达关爱，通常是在兄弟姐妹之间、父母和孩子之间。常野给母亲写去暖心的信件，还经常问起佐野的情况。她给家人送礼物，在他们生病时表达关心。义融爱自己的弟弟，至少，他坚持自己应该爱他们，而他们也应当对他回报以爱。很久很久以后，常野在信中也表示认同。不管她跟义融吵得多厉害，他始终是她哥哥。

但要是说常野和义融彼此相爱，他们之间的羁绊与纽带，一定是在流传后世的书面文书之外形成的，暗藏在寺庙不朽静默中的某处。

1829年秋，常野结婚13年的时候，弟弟义麟出人意料地来到了大石田。她大概怀疑过是出了什么事。他已经到了适婚年龄，该开始自己的生活了，可他却跑来净愿寺跟自己的丈夫学习，帮忙做佛教仪式，而且似乎没什么迫切的安排和打算。

话说回来，常野也有自己的事情要忙活。她刚跟婆婆以及自己的母亲从京都长途旅行回来。这是一段将近800公里的长途旅程，途中，他们曾在石神村短暂停留。她终于看到城市了——三条大桥上衣冠楚楚的路人，东本愿寺派（她所属教派——净土真宗教派东本愿寺派——的本庙）的恢宏堂皇。她正沉浸在自己首次长途外出的兴奋中，可能没注意到义麟充满自我厌恶的苦闷，但他自己无法忘怀。他写信回林泉寺，说起每当想起自己的生活——他做过的可怕的事，他的懊悔，他说过的谎言——他汗毛倒立。他没有提到哥哥的第一任妻子，也没必要这么做。义融自然知道他的意思。

义麟抵达大石田的次年，一场大火席卷净愿寺，将它烧毁。就算人们知道火灾从哪里开始，或是心存怀疑，他们也并未将其记载下来。无论大火之后发生了什么样的相互指摘，它要么为时短暂，要么被小心地隐藏了起来。只有损失记录留了下来：净愿寺隔壁的寺庙失去了大堂、全家人的住处、钟堂、仓库、穿过花园的步道甚至外屋。好在祭坛上的金佛、寺庙的死亡记录和各种各样的纸质文档幸免于难。但净愿寺损失了常野夫家数代人收集的整套珍贵的佛教经书。这就是世事瞬息万变的完美一课，只是令人心碎。

此后的数年，寺庙得以重建，熏黑的墓碑得到了翻修，净愿寺的经书档案也得到了部分重建（过程自然十分辛苦）。但这个家庭已无法挽回。1831年秋，常野的丈夫试图重建祖辈的家园，常野回到越后。正式的休书很快也寄到了。

此时，常野在大石田已经住了半辈子。15年来，她出席传统节日和纪念活动，她诵读佛经。她知道教区信众的名字，向他们的孩子打招呼，在葬礼上致以慰问。她和丈夫肩负着数千人的责任。她掌管全家人的日常事务，并随着季节调整。

新年到来之前，她一大清早就呵着白气、搓着冻得生疼的手忙来忙去；春天，最上川河水湍急，在寺庙里也听得到，她曾听过夜里的雨声；高脚鸟站在田里一动不动，树林里爆发出阵阵蝉鸣的时候，她收到信众送来的夏季蔬菜。她款待过旅途中掉队的意外访客，处理过家里大大小小的意外。但如今这一切都成了回忆——她再也不会回去了。

要不是常野的丈夫住得太远，常野的家人兴许会付出更多的努力，以挽救这段婚姻。可实际上，他们几乎什么也不能做。义融写了一封措辞优雅的信，算是接受了休书。"家严家慈既闻此事，大为震恐，"他写道，"但此事若为天命注定，已无挽回之法，二老亦只能坦然而对。舍妹自幼蒙君照料，前后十五载，二老殊为感念。"从家族记录的角度看，这就是故事的结局。

也许常野爱她的丈夫，她写信给母亲，为自己的好运表示惊讶。也许她曾一次次地流产，看着他对自己渐渐失去兴趣，并为他最终的拒绝万箭穿心。又或者，实情恰恰相反：她每天晚上都害怕他，找无数的借口搪塞他。她兴许找了个知心人（一名年轻的僧侣，或是家里的女佣），在一段激情四射而注定无果的婚外情里被逮了个正着。还有可能，她已经忍受了15年的辱骂、拳脚和瘀青，每天都时不时地茫然凝视远处，盘算着一走了之。火，甚至可能是她放的：她一个人在房间里待了一阵子，漫不经心、随随便便地翻倒提灯，接着静悄悄地退了出去。

更有可能的是，真相平淡无奇：婆婆劝她要有耐心，但她从来没法克制住自己的嘴巴；她做的泡菜总是太咸，要么就是不够咸；她疏远了仆人，对邻居也不友善；她的丈夫终于厌倦了跟她争吵。但不管发生过什么，这些事并没有留下记录。很有可能，就连常野自己也觉得这些不值一提。

离婚并不一定是灾难。每个女孩兴许都期待结婚，但所有人也都知道婚姻不见得长久。据统计，近一半的女性最终与第一任丈夫离婚。离婚是一个切实可行的解决方案，是家庭制度的安全阀，因为这套制度对年轻夫妇的和睦相处依赖性太强了。新婚夫妇往往跟公婆住在一起，家庭的成功维系，有赖于新婚妻子（有时是丈夫）的努力和善意。如果发现新郎或新娘在某些基本方面有所欠缺，那么最好是取消婚姻，再试一次，重新寻找伴侣，直至找到最合适的配偶。这条规则男女通用。人们也许会好奇，为什么常野会被送回娘家，她的性格是不是存在一些根本的问题。他们说不定还想知道，为什么她从没有生过孩子，这对一些家庭来说，也是个同样重要的问题。但离婚不一定会让她无法再婚。

就某种程度而言，常野的问题在于她的第一段婚姻维持得太久了。如果她15岁时就迅速离婚，回到家里，她的前景会好得多——哪怕20岁也不差。20多岁就离婚的女性几乎全都再婚了，可年纪更大些的女性就没那么走运了。常野已经28岁了，正卡在这条界限的边缘。她的父亲担心她年纪太大，无法再结良缘了。

他们花了一年多的时间安排另一桩婚事，最终当地一户显赫家庭向她求婚。对方是农民，不是僧侣，他们的村子叫大岛，在山上。但他们很富有，社会地位也很体面。这让人松了一口气。常野很幸运。

1833年初夏的微凉日子里，焦虑的农民们盼望浓浓的云层稍稍散开，义融一头扑进了帮妹妹筹备婚礼和拟定购物单的任务上。常野的嫁妆必须多加关注，部分原因在于嫁妆物品会放在公公家对外展示。义融对礼数一直看得很重，他知道他们家有必要好好表现一番。当然，因为他是个男人，又是名僧人，他不可能确切知道出嫁的女子应该配置些什么。他大多穿着深色僧袍，风格多变的女装超出了他的应对能力。好在他身边不乏女性——包括常野、佐野，还有他母亲——她们可以斟酌细节。"这种没有衬里的和服，应该是条纹丝绸绉纱的，还是带精美图案的？"有人在购物单的空白处潦草地写道。"带精美图案的更好。"另一个人果断地回答。

最终，新添置的衣物总共用了小判12枚，义融用了两个多星期才分期偿付完毕。那年夏天，年纪比常野小得多的妹妹俊野也将结婚，为两个新娘同时置办服装很是吃力。义融欣然接受了常野未来夫家送来的15枚小判的礼金，并表示会用在她的嫁妆上。

虽说天气阴沉，但这是个吉祥的开端。农民们在稻田里耕作（尽管还穿着厚厚的棉袍）的时候，义融举办了一场聚会。他给13名信徒分发了清酒和点心，给了厨师一分金的小费，给了当地乞丐两百文铜板（乞丐到婚礼上就是指望获得施舍的，要是不如愿，说不定会故意捣乱）。到场的都是寻常人等——当然包括家族的直系亲属；常野哥哥幸笃的妻子，她抱着新生的婴儿，带着一名保姆；清美的丈夫遭到众人围攻（但愿是他身后的木笼惹来的非议）；还有安排这桩婚事的媒人。仆役的人数更多——不止12个，其中包括六名强壮男子，只为了把常野的家具从一间屋子搬到另一间。走到新郎位于大岛的家，几乎用了一整天。

整个行程全是上坡路，小径泥泞湿滑，从梯田里穿过。梯田里每隔两三行便插着秧苗，一直延伸到了山间。田里又黑又黏，秧苗只从水里探出了个尖儿。它们长得太慢了——谁都看得出来，今年收成不会太好。尽管如此，婚礼意味着好运，人们排在道路两边，目送新娘一行通过，时不时地冲他们叫喊，让他们停下来唱庆祝的歌曲。

大岛村固然偏远，但并不隔绝。它每月举办三次集市，而且是一条通往山区的次级驿道上的一站。夏天，也就是常野到达的时候，行者和驮马会带着消息来来往往。冬天会安静许多，因为道路无法通行。越后国的主干道——北大道（Northern Highway）也将被大雪覆盖，但它有着极为重要的战略意义。如果有官方消息要从江户送往日本海沿岸，农民劳工就会穿着沉重的扁平雪鞋去踩雪堆，好让信差在大道上飞驰。但因为没必要朝大岛的山地小驿道发送什么重要消息，也就没人去清理路面。整座村庄会静静地等待着春天的到来。

每年秋天，大雪封路之前，大岛的许多年轻人会顺着这条路走出山里，朝着东南方向前往江户。除了繁重乏味的田间劳作之外，这一带几乎没有什么能带来报酬的事情，而到了城里，他们可以做用人、卖苦力，赚到更高的薪水。有些人一走就是好几年，跟亲人从无联系，因为他们不识字，没法寄信。至少有一次，村民们凑了一笔钱，差人去联络这些外出的同乡。大多数人还待在自己所说的地方，但有些人已经彻底消失，杳无音信。回来的人则遭遇了山里人本能的猜忌。常野来到大岛村后的两年，有七个人从城里过完冬回到了故乡，却被控诉说带回了一种奇怪的疾病，传染给了邻居。村长逼他们答应为所有感染的人支付医药费。

在大岛，常野有生以来头一次成为一个耕作之家的一员。（见插图9）她家里的每一个人都要多多少少参与这一泥泞而繁重的劳动。这项工程不光让他们绷紧了肌肉，还耗费了他们的脑力。每天都有新的事情要思考。如果农民只是把去年留下的种子撒在土里，拔掉杂草，之后就盼望有所收获，那么，他们有可能遭遇灾难性的歉收。庄稼歉收的人自然没有安全感。最终，他们将无力支付税款，他们的家庭将会破裂，他们将不得不把孩子卖到妓院或舞团，他们自己则沦为乞丐，到处流浪。

庄稼人要做的头一个决定是种植什么品种，这方面的选择有很多：目录上提供了各种有着诱人名称的种子品种，比如"白须""鹤姬"等。最好是根据前一年的产量调整比例，平衡风险。

出于同样的考虑，把水稻与其他作物混合耕种的做法更为明智：在"良田"种植小麦，在中等土地种植大豆，在其他作物都无法生长的地方种植谷物，在高海拔地区种植荞麦。做好规划之后，丰收歉收就看运气了。农民需要知道种子浸泡多长时间，什么时候开始犁地，什么时候移植秧苗，什么时候灌溉稻田。他们可以翻阅万年历和耕作手册，也可以观云识土。幸运的是，识字的家庭可以翻阅过去的日记。成功的农民一般可不靠碰运气。

但1833年，也就是常野抵达大岛的那一年，哪怕算盘打得再精，也弥补不了天气的影响。雨季如约而至，水汽氤氲，大雨瓢泼而下，田地像往常一样受了淹。但雾气总也不散。农民们徒劳地等待着晴朗天气，期待着绿色的嫩芽从泥水里冒出来。可雨还是下个不停，脆弱的幼苗一连好几天都泡在水里。夏日将近，又出现了反常的暴风雪和一场前所未有的早霜。到了该收割的时候，农民们只抢救出1/3的水稻。常野饥肠辘辘的邻居们，原本是极少见过大海的山民，却长途跋涉到海边，踏着浪花采海草充饥。

若光是一轮歉收，情况尚可以忍受：武士官员批准了减税的请愿，藩主禁止臣民酿造清酒或将粮食送出自己的领土，城镇和村庄打开了存粮的米仓，富有的商人向邻居捐赠金钱和食物。常野的新家庭有钱有势；他们兴许施舍了乞丐，帮忙起草了救济请愿书。接着，他们略带焦急地等待下一个播种季节的到来，因为贫穷的农民们已经把钱用来买粮食了，留在水稻种子和肥料上的费用不多了。好在1834年的天气温暖而干燥，但没有余粮的饥民们已经吃掉了部分秧苗，秋天还没到，就出现了饥荒的征兆。大岛村东边的村子赶紧凑了钱购买赈济用的粮食。此举很有先见之明，当年的收成仅为常年的六成。

常野在大岛度过的第二个冬天，看到了邻居们的挣扎。但人人都认为，再来一个好年头，危机就将结束。农民们眺望天空，数着日子，等待着。1835年的春天很冷，积雪迟迟不化。农民们的水稻收成还不到常年的一半，大豆的收成糟到甚至没人能做味噌。常野和家人仍然能吃上饭，但做饭却很棘手。每一斗米、每一杯酱油都很珍贵。到了秋天，富裕的农家大户兴许会腌制近1000根萝卜来过冬，这里面牵扯到的利害就很大了。平常，新媳妇在陌生厨房里出些错是可以容忍的，可在米糠价格昂贵又没法买到味噌的年景，这就成了要命的事。

1836年阴沉的新年，只有最幸运的家庭才能吃到传统的糯米糕、喝上清酒。年一过完，就下起了大雪。在离大岛村五六里地外的美祢村，村长惊慌失措。在他的村子里，超过一半的家庭吃光了粮食。他们本可以尝试到山里去寻找野菜、葛藤、芦苇和茭白，但初春时节，地面还覆盖着近三米厚的雪，解冻太迟，让他们没法及时采集新叶以避免饿死。与此同时，还有余粮的农户也自顾不暇，没法接济他们。到了耕种时间，农民们也没钱赎回典当的农具。就算不吃稻种，他们也没法耕种。村里似乎注定会有一半的人要饿死。

春末，饥饿的农民体力虚弱到连有稻种和农具的人也无法劳动。田地里空空荡荡，害虫横行。当年年底，大岛村附近的另一个村子白马村，为80人出殡。这个数字叫人惊讶得手脚大乱，一般的农业社区只有区区数百居民，这是一场不折不扣的灾难。死亡人数并不是每座村庄均匀分布的——一些村子规模较大，准备较为充分；另一些村子更贫困，更脆弱。但就整个地区而言，年死亡率几乎翻了三倍。白马村的村长提及1836年的收成时写道："为历年之最劣。"（见插图10）

常野并没有挨饿之虞，但也不是完全高枕无忧。她的丈夫，小出八兽右门，在4年的婚姻中一直徒劳地期待天气转好，利于水稻生长。可歉收完全不是他能控制的事。灾荒年景是有机会的——如果他手头还有现金，可以很便宜地买到农田和林地。尽管如此，他是个农民，而常野现在是个农民的妻子。他们必须得让土地有所产出。其他人承受着更重的苦难，对他们而言并没有太大的宽慰：整家整户的贫苦农民抛荒了田地，跌跌撞撞地踏上了大岛村的主干道，凄惨的故事飘荡回大山更深处的村庄。

说回林泉寺，常野的家人被迫节省开支。义融卖掉了有300多棵树的一片林地，写信给自己欠了钱的人道歉，说自己还不上债。他还跟常野在大石田的前夫做了信件交流——大石田这座昔日的繁荣城镇，这一回遭受了灭顶之灾。最上川发了洪水，冲走17座房屋，连年的歉收让教区20多户居民一无所有。人们非常绝望，砍倒了镇子附近2/3的雪松，要么直接当燃料烧掉，要么就是卖给有钱买木材的人。目睹了普通人的苦难，义融思考了世事的无常（也是佛教的基本教义），并献身于祈祷。他从信仰中找到了希望。至少在来生，所有的信徒都能转生到净土。

冬去春来，每个人都在祈祷，为还活着的人——也为越来越多死去的人。在全日本，饥荒的最高峰（日后被称为"天保饥馑"），死亡人数动辄数万。很难说有多少人死于饥饿，又有多少人死于流行病——伤寒和痢疾。在荒年过后，活下来的人非常虚弱，很容易受到这两种病的蹂躏。越后和京都之间的山区，损失了10%以上的人口。东北传来了一些可怕的报告：某地农民死亡一半以上，剩下的部分幸存者据说吃起了人肉。哪怕是可靠的记载也形容说，人们只能吃草和草鞋，道路上到处倒着羸弱的尸体，连挖墓的送葬人也虚弱疲惫得无法继续工作。

1837年夏，哪怕丰收的希望已经从地平线上闪现，大岛村仍处在磨难当中。这是家庭破裂的一年，不光是因为有那么多的人挨饿、生病、死亡。贫困家庭纷纷把儿媳妇打发掉，以减少要喂养的额外嘴巴，虚弱的人一天天地消失不见。常野的夫家并不穷，并未挣扎在生存的边缘，她的丈夫，小出八兽右门，还不至于仅仅因为负担不起食物就绝望得送走已相处了四年的妻子。但他也不愿意在一段艰难的婚姻中挣扎。他和常野没有孩子。常野的妹妹俊野，年仅18岁，在1835年酷热的夏日产下了一个健康的女孩。但常野已经33岁了，至少按农村的标准来看，她是个中年人。如果刚一结婚，她就生了孩子，那或许还有些盼头，但这个年龄还不能生下头胎，希望就极为渺茫了。小出八兽右门月复一月地在冷雨冻地中劳动，他们没了念想。要是换个更好的年份或更合适的妻子，小出八兽右门和他的父母兴许会决定收个养子。人们一直都是这么做的。但在1837年那个安静得近乎诡异的夏天，小出八兽右门决定止损了。

义融是从自己的叔叔那儿听说离婚的消息的，而他叔叔，又是从常野婚事的媒人那里收到信儿的。小出八兽右门正在种水稻，但他说，他稍后就会退还常野所有的物什。次日，他寄出了信件："倒也无甚特别糟糕之事，唯家务颇不顺遂。"

义融从前听到过这些话。差不多十年前，当他休掉精神上受到创伤的怀孕妻子时，几乎说过一模一样的话。常野的不育或许是个问题，但小出八兽右门机敏地回避不提。他甚至答应义融留下之前自己家付给常野的15两礼金。驱使他跟常野断绝关系的并不是穷，而是别的他没有说的某件事。如果义融真的想知道，他必须从自己妹妹那里直接打听故事的来龙去脉。但根据自己的经历，他知道，有些事情最好还是别问。

常野离开了大岛村，在饿殍遍野的破败乡间景象中下了山。在灾难的中心，林泉寺多多少少还跟她离开时一样。当然，她的妹妹俊野已经嫁人走了，她的嫂子佐野正围着另一个蹒跚学步的孩子转。寺庙的死亡登记簿上记录的名字比往年多：整整十个，而不是四五个。家里还有其他的紧张迹象。常野的两个弟弟也都离了婚，包括义麟，不知为何他从大石田回到了家里，重新获得了家人的好感。而她父亲的身体一天不如一天。她回林泉寺后没几个月，父亲便于初秋过世。全家人都陷入哀痛中，义融十分担心。如今，他真的成了一家之主，而他也只能像一家之主般独自承担自己的责任了。和往常一样，他将满腹惆怅诉诸文字，记叙完父亲之死之后，他写下了自己的烦恼："年来常野、义麟、义仙皆离异。本寺岌岌可危，吾辈将勉力救济佃农中贫者越冬。"

我们如今说不清这个家庭的困境，在多大程度上是饥荒所致。惠闻本就年老体弱，一年内三人离婚，或许更多地跟这家人的性格特点有关系，不见得是因为这场夺走许多邻居性命的天灾。眼下，更重要的问题是：日子怎样过下去。

常野的第三次新开端，来得比任何人想象中都要早。她回家之后仅仅几个月，义融就收到了来自四位潜在丈夫的邀约。跟显赫的寺庙家族结下姻缘，肯定是个吸引人的前景，常野生育能力这个明摆着的问题，自然也没对他们造成困扰。常野的母亲跟义融商量之后，选择了另一个农民，此人来自高田城附近广阔平原上的一座村庄。这里整体而言比山区更繁荣，有售卖清酒、烟草、鱿鱼干和木屐的各类杂货店。有的房子有水车；年景好的时候，他们会把水车租给需要碾米的镇民。

　　起初，常野答应了这桩婚事。但她现在已经34岁了，不再是懵懂无知、长途跋涉前往大石田的12岁小姑娘。她已经遵从家人意愿结了两次婚，而且两次都以同样的方式结束：一封休书，加另一轮婚礼筹备。这一次，常野要自己拿主意了。婚事定下后过了一个星期，她的叔叔来到寺里，义融和常野的母亲正巧不在，常野抓住了这个改变命运的机会。她对叔叔说，她不想嫁给那个农民。她更喜欢另一位人选——一名僧人。

　　如果常野的目的是想摆脱婚约，那么，她成功了。但出于某种原因，她最终也没能嫁给她更喜欢的僧人。不到两个月，义融找来了第五名候选人，一个在高田的男子，并商量好了一桩全新的婚事。常野同意了。到了这个节骨眼上，她兴许别无选择了。

　　义融又一次筹办起了婚礼。这一回，23名饥肠辘辘的农民来到庙里，喝了两加仑半的清酒。他们还吃了两磅鲸鱼肉和八大块豆腐，此外还包括腌的、煮的萝卜。林泉寺已经为众人准备好了一切。佐野用汤碗盛装普通清酒，用饭碗盛装未过滤的浑浊清酒。她是位能干的女主人，这是她作为住持妻子的一部分工作。

但几天后的主婚队伍，出席的人就很少了，只有常野、义融、媒人和几名仆从。一行人走了很短的路到了高田，中途停下几次，给沿街的路人分发了清酒。还有一次，是为了让队伍里的女人重新整理好头发。等到达送婚地点，她们已经做好了头发，兴许还微微有点醉意。仆人们会因为出力帮衬收到银钱，总是很高兴参加婚礼，但义融希望这是最后一回了。

常野的第三任丈夫住在稻田町，这是个外围社区，与高田其他地区隔着一条很窄的河。尽管如此，这里仍然是迄今为止常野住过的最成熟精致的地方。这座驻扎武士的城堡镇有澡堂、理发店，甚至还有戏院。隆冬时节，当村庄还在沉睡、等待解冻的时候，高田却让人感到充满活力。商店照常营业，人们穿过如同迷宫一般的雪地隧道，从一个地方匆匆赶往另一个地方。他们看不到山，也看不到星星。经过几个月昏暗朦胧的光线后，突然涌来的大量日光，会让人感到春天的刺眼。与此同时，他们裹着棉袄，冒险出门，尽量不去理会寒冷。

但常野却被困在了室内。婚礼后仅仅六周，她就患上眼疾，失去行动能力。她的家人送了一份礼物：一盒味噌、一些泡菜和米饼。送信人带着赤豆和一个令人沮丧的消息回到林泉寺：常野病得不轻，都不知道自己送的回礼是什么东西了。几周后，义融拜访婚礼的媒人，付给他佣金，媒人对常野的健康表示了担忧。义融十分担心，为常野的丈夫带了一份菲薄的礼物，就奔到了高田，最终还在那里过了夜。几天后，常野病情好转，足以回到娘家。但家人仍然很担心，并为她送去了毯子和钱。

最终，常野的第三段婚姻在模糊、幽闭中维持了四个月。春雪最后一轮融化时，她离了婚。一年中的第二次，村里的一群汉子把她的家具嫁妆运回了家。

1838年剩下的时间，直到1839年，常野都深陷绝望当中。她始终没能从在高田沾染的疾病中完全康复，而且，这病似乎不仅是生理上的，也是心理上的。她后来写道，她曾打算一死了之。义融把她的痛苦归咎于她的个人缺点："她结了婚，但因为她的自私，婚姻没能维持。离异不久，健康又恶化了。"他对虚弱的妹妹没太大的耐心。夏末，他的妻子佐野又要生孩子了，家里满满当当都住着人。他开始想方设法地把常野送走。兴许，某个地方会有个鳏夫需要人帮忙做家务，不介意娶一个有着不幸过往的"老"新娘。

"要是待在家里，"常野后来写道，"他们就会商榷着把我送到另一个可怕的地方，嫁给某个鳏夫。我害怕违逆他们，但我真的不想嫁给鳏夫呀！我要违心地做一件我本想拒绝做的事情。"她并不想招惹麻烦，但她知道母亲和哥哥认为她的行为无法容忍。"所行有违众意，家人的耐心也快用完了。"她的婚姻已经失败了三次，这一次再忤逆长兄，只会叫哥哥更加看不起她。但她知道自己不能再外嫁了。她必须鼓起勇气。"若我勇毅不足，"她后来回忆说，"不管做什么，都会陷于不快的境地。"

她拒绝了所有的求婚。后来，她把自己的反抗形容成用金属加固的木门。她极少使用比喻，这次是其中的一次。她的记叙，往往仅限于按字面意义来描述。但门的形象，肯定打动了她。这是一件寻常物什，但远比看上去更有力量。不管遭到多少次打击，它也不会碎；它将屹立多年，丑陋不堪，伤痕累累。但最终，它会严重变形，再也无法打开。

一定还有别的办法：一桩她可以为自己提出的"婚约"。这是另一种选择，让她不必在拒绝中度过余生。

她可以到江户去。多年来，常野一直对父母说自己想去城里，但他们听不进去。她还跟自己的叔叔、自己最喜欢的哥哥幸笃（他在高田行医）说过，他们也不听。她告诉过朋友和周围的陌生人，村里所有人似乎都知道，可她就是找不到法子去。女人不会独自前往江户。她想过，或许能雇一位信差作为陪护，但为此，她需要钱，以及逃跑的机会。

1839年秋，常野告诉义融和母亲，她想去拜访幸笃，然后从那里前往上野国的一处温泉，而这个地方，传统上正是去江户的方向。她说，这对自己的眼睛有好处。她仔细地收拾好了行装，挑选的大多是适合在深秋旅行中穿的新衣服。她把自己嫁妆箱里的不少东西卖给了石神村旁饭室村的一名男子，并给住在那里的叔叔留下了3枚小判。她信任他。之后，她裹上一件黑色长外袍，步行前往高田。

她根本没有去幸笃的房子。相反，她停在了横跨高田商业区中心一条小溪的下町桥上。在那里，她打算跟附近一座村寺的年轻僧人智鉴见面。她先前就认识此人——她的家族在全日本各地的寺庙里都有朋友和熟人，智鉴几天前才拜访过林泉寺。当时，常野就告诉他，自己想去江户。智鉴回答说，他在城里有亲戚，包括自己叔叔的两个兄弟。他们会欢迎她的。兴许，他和常野可以一道前往。

常野和智鉴在桥上相见时，智鉴说自己正要跟姑妈去江户，马上就动身。常野也打算走，只是没这么快。她说，她想雇一位信差作为陪护。智鉴否决了这个提议，说没这个必要。他就是常野的陪护，不会有麻烦的。当然，她出行需要钱，但她可以把随身衣服典当掉，兴许就够了。

常野做了一番掂量。她没有理由不相信智鉴。他到底不是外省的陌生人，而是跟自己一样，出生自寺庙世家。他友好地跟她说话，待她如同妹妹。他跟自己的姑妈一同出行，还说在江户有亲戚。她会有同伴——知道路的人，到达江户后还能有住处。

这是那年十月的第一天，山后已经起了风。第一场雪很快就会到来，接着便又是一个灰蒙蒙的冬天。再过几个星期，道路便会被积雪掩盖。如果她走了，任何人都很难再追上她。反过来说，她也别指望再回家。

往南再走几条街，她哥哥幸笃正跟家人期待她的随时到来。西边，是林泉寺，她的母亲，嫂子佐野和孩子们，以及关于婚事没完没了的谈话——这是她再也无法忍受的东西。她的周围是高田的小旅馆和商店。驮马和旅客在桥上来来往往，各有各的目的地。再往前，是东北的乡村，是她度过了半辈子的田野和山林。35年漆黑不见五指的夜，雪地上耀眼的阳光，粗粗的冰柱，就像正倒挂着晾晒的巨大白萝卜。她还有多少年头好活？

西南方向是江户，她面前正有名男子在等待她的回答。她现在愿意走吗，抛下一切？她站在桥上，看着他。

命运的门打开了。

她回答说，走吧。

第三章

去江户

起初，计划离开的过程似乎很平常，是一连串平淡无奇的日常活动。在外人看来，它们似乎是任何一位女性在任何一个普通日子里都会做的那种琐事。但常野知道，每一件事，都是一次小小的背叛。加起来，它们就变成了一个永远无法回头的决定。

首先，她飞快地盘点了一下自己带去高田的所有物品：条纹丝绸和棉质夹层外袍、猩红绉纱和棕色拼格的打底衬裙、一件格纹内衣、一件长冬衣、一件光亮的丝质无衬和服、一面镜子、一盒发夹，还有一套花纹手帕。她身上穿着一件无衬和服和一件黑外套。这些她会留着，旅途中必须保暖。其余的可以放弃。她打了一个包袱，交给了智鉴。智鉴找到一名中间人，把它们带到当铺换成现金。

常野讨厌丢弃自己的衣物，不仅是因为它们塑造了她——僧人的女儿，穿着暖和的棉袍，头发整整齐齐，别着发夹；它们也是她的作品，是多年耐心劳动和良好审美的产物。义融一直认为妹妹对"身外之物"的执着不合情理。有一次，两人曾为了一件她给第一任丈夫做的长袍而激烈争吵。义融试过想把它买下，还给了常野丈夫钱——常野却要他把衣服寄回去，义融感到难以置信。"那是我的劳作和手艺。"她坚持说。"她真是荒唐。"义融在自己的日记里写道，用写作为沮丧找到了熟悉的发泄途径。

经历了十年光阴，外加三次离异，眼下，常野把自己的衣服、镜子和发夹交给了陌生人。她没法眼睁睁地看着当铺老板给她的衣服估价，而他也不在乎是谁把她的袍子缝了又缝，最后一次是在什么地方穿过，怎样沦落到了他手里。他不会问谁需要钱，为什么需要钱。当铺很少发问，他们只是接收衣服，递上铜钱和收据。

常野对当铺略有所知，因为她的兄弟们有典当东西用来消费的习惯。常野的一个弟弟曾偷偷典当了义融的银烟筒、常野从大石田送来的一个小袋子、若干从书库借来的书（还包括五本儒家经典，真是有点讽刺），给自己惹上了大麻烦。

村里的妇女也光顾当铺，但她们必须特别小心，以免上当受骗。在大岛村有个出名的故事很好地说明了这一点，故事的主人公是一个叫十轮（Towa）的女孩。十轮的父亲是邻村最富有的人，想方设法动用自己所有的人脉，把她嫁给了高田村一位大商人的儿子。这桩婚事算得上是门当户对，十轮以一户农人能负担得起的最豪华风格被送上了出嫁的路。但她很快发现，自己嫁妆里的丝绸和棉布和服，虽然在村人眼里很出彩，但在高田，却被视为寒酸过时的东西。那时十轮才13岁，刚结婚，又远离家乡，迫切想要融入新的生活环境。于是她把几件衣服卖给了一个旧衣商，希望用所得的钱买些更好的衣服。商人和自己的母亲打量了一番这个笨拙羞怯的女孩，认为她是个容易受骗的目标。他们从未把十轮应得的钱全都给她，最终，她在购置新衣服的店里反倒欠了债。等她的丈夫和公婆发现后，他们立刻写了一封休书把她送回了村子。鬼鬼祟祟地偷偷变卖东西，却又笨得上当受骗，这样的新娘谁能信任呢？最终，十轮的父亲不得不千里迢迢赶到江户，找旧衣商讨回了公道。但十轮的家族因此受辱蒙羞，她再也没法指望拥有这么般配的姻缘了。

常野应该跟任何人一样，知道上当受骗是多么容易，一个女人会怎样被一个错误的选择毁掉。她当然知道衣服怎样成就一个人，她也应该意识到由此带来的损失会迅速翻倍，直到毁掉一段姻缘、一种身份和一条性命。可是她已经下定决心要离开，而当掉衣服，就是她要付出的代价。

中间人带着当票和三枚小判从当铺回来了。智鉴拿走了钱——他说这是旅费——中间人保留了当票。常野落得两手空空，只列出了自己记得的东西：棕色拼格的打底衬裙、猩红绉纱和发夹。这是一个方程式的开始，随着秋去冬来，她将一次次地不断重新配平。这些，是她失去的东西。这个，是它们的价值。两者之差，是她付出的代价。

离开高田之前，常野给叔叔写了一封信。他那里有替她保管的三枚小判——是她先前所卖物品的收益——如果他此刻就去当铺，可以不付利息就赎回她的东西。她讲述了自己的第一版故事，日后，这个故事将随着她讲述给不同的人而不断地调整，改变细节。她写道，她感觉不太舒服，所以打算和在高田遇到的五男八女一起去泡温泉。她的老朋友智鉴也在其中，他说自己没有旅费，为了帮他，她便典当了自己的衣服、发夹和镜子。在解释完这次交易的前因后果之后，她又补充道："又及，我已经跟所有人两次三番地说过，只要有机会，我真的想去江户。如果此行顺利，我会立刻写信回家。这里有一行人都要去江户，都是些良善人，勿念。"

她用复杂的汉字自信满满地书写，仿佛期待自己典当了一切、跟一名陌生男子离开的决定能得到原谅；她仿佛相信自己的叔叔会找到她的钱，直接到当铺去赎回一切；仿佛所有人都很善良，她所有的计算都是准确的，每一笔的损失都可以挽回。常野兴许怀疑过，自己的算计还在处理当中，等到最后，等式再也配不平。但就此刻而言，她什么也没有表现出来。以后还有时间写更多信的。

常野和智鉴顺着一条熟悉的路离开了高田，如果他们要回村里，也是同一条路。起初，这似乎仍是平常的一天。道路很宽，道旁立着石灯笼的路标，一直通往高田南部的山区，并向妙高山延伸。妙高山是常野童年地平线上最遥远也最高的山峰。山脚下有座温泉小镇名叫赤仓，常野和智鉴在那里住了几晚，为接下来的行程做准备。常野又用同样完美的字迹，给叔叔写了一封信。后来，她会说，那是智鉴在她身后告诉她该怎么写的。这封信是同一个故事的另一个版本，只有一处调整。现在，她写道，自己肯定会去江户，并住在智鉴的一个亲戚那里。她把信封好，落款的地址是"常野于赤仓"，接着便继续赶路。

赤仓离关川关卡很近。关川关卡是沿途的诸多检查哨卡之一，由大名或幕府派武士驻守，检查出行过境的文牒。这属于德川幕府在17世纪建立的安全机构的一部分，旨在对有可能危及脆弱的太平岁月的人加以监视。关川是越后最重要的哨卡之一，因为它刚好位于北大道转向江户的地方。日本海沿岸地区任何有意造反的大名，都必须率领军队穿过关川，而他作为人质居住在江户的妻妾，则会反方向逃回自己的家乡省份。故此，关川的守卫拒绝没有通关文牒的女性入内，就算是持有文牒的女性，也会遭到仔细审查。

常野有充分的借口过关——她的借口是因病要到温泉疗养，这足以从高田的地方官员那里获得通关文牒了。但哨卡始终是个问题。就算有通关文牒，常野仍然有可能被扣下索取贿赂。再说，智鉴又该怎么解释呢？绕过武装守卫和哨卡，沿着成千上万做出同样选择（而且知道自己被逮到的可能性不大）的女性开辟的没有路标的小路走会更容易。如果她愿意从一道狗洞爬过去，就有办法穿过哨卡。她可以晚上去，希望守卫走神没看到。要不然，她也可以离开幕府的大道，顺着一条穿过山脚的小路前进，穿过稻田和森林，绕过长满青草的平原，在农民们带着怨恨和猜忌的眼神里，穿过一座座的村庄。无论哪种情况，她都需要至少再花几十枚铜板雇个向导。这又是一次冒险，又是一笔需要记在账目上的代价。

回到大道上，常野和智鉴加入了朝着同一方向前进的其他男女的队伍，翻山越岭，向江户进发。有些人的目的地是善光寺，那是一座壮观的寺庙，吸引了成千上万的朝觐信众。还有一些人是饥荒下最后一批绝望的灾民。其余更多的人是常规旅行者和季节性移民，也即秋天离开、春天返回的越后农民。江户本地人把他们叫成"灰椋鸟"，因为他们肮脏、吵闹、饥饿，每年冬天都成群结队地进城。不少人会找到用人的工作。他们会依靠主人换得几个月的食宿，之后带着挣到的银两回家。也有些粗糙的壮汉，在城里的澡堂做挑水烧火的杂工，要不就是做碾米工，用巨大的臼将未脱壳的谷粒碾碎。那是一桩繁重的苦力活。城里人开玩笑说，从越后新来的人强壮又不通世情，甚至会拖着自家的石臼顺着大道去江户。

常野和智鉴沿着大道从一座驿站走到另一座驿站。有的地方，旅馆舒适地排成一行，蒙着窗纸的窗户透出灯光；有的地方条件恶劣，几近废弃；有的地方，衣着俗艳的女子成排地站在街上，抓扯男人的袖子；有的地方，地平线清晰，回头便能够望见越后。天气并不太冷，但夜很长。智鉴支付房费，购买食物，租用炊具和被褥。随着北大道变成通往江户的中山道，他们的银两越来越少。

在旅途中的某个时刻，等前进队伍里的其他人离开之后，在租来的破旧的榻榻米或是冰冷的地面上，在共用的毯子或树枝搭起来的天棚下面，在清晨的静谧或是深夜聚会的醉人音乐里，常野遭受了无法用钱币衡量的损失。很难给它安上一个名字，也没有必要把细节写进记忆；她不可能是随手把它写在信件末尾的，这种事毕竟很难忘记。之后，在描述这件事的时候，她措辞模糊，使用了她本就十分熟悉的那套婚姻用语。她对叔叔说："途中，智鉴说：'你知道，我在江户有亲戚，他们绝对不会拒绝你的——所以何不索性嫁给我呢？'我有意拒绝，可我们毕竟在路上。他又说起单身女子可能会遭遇的其他事情——倒不是出于真心提醒，只是在取笑我。跟我们同行的人当时都离开了，我别无选择，只得遂了他的心愿。"字里行间，她十分谨慎。她暗示了智鉴的"不轨之意"，哀叹自己对他错误的信任。"毕竟，"她写道，"他并非来自外省的陌生人。"但最终，"做出此等可怕之事绝非出于我本意，但智鉴在暗中谋划要纳我为妻。"

常野所经历的痛苦，她甚至没法准确地描述。她没有恰当的词语来描述这种跟一个违背她意愿的男性在她无法控制的环境下发生性关系的情形。按照法律定义，这恐怕不是强奸：幕府的法律将强奸跟身体暴力画等号，而智鉴的武器是言辞。这是一种可接受的、熟悉的暴力，跟每一桩包办婚姻核心所包含的那种推定和权利是一样的。这种暴力，也正是常野离开越后想要避免的暴力。她一再坚称自己宁死也不愿再婚。然而，当她要在"跟智鉴发生性关系"和"被独自撂在路上的不确定性"之间做出选择的时候，她决定继续前行。

她行为上的摇摆不定很难调和——她先是反抗，接着却又默许——但归根结底，这都是基于同一番考量的一部分。有些风险可以接受，另一些不能，而唯一的目标是朝着有希望改变的生活前进，不至于沦落到一座孤独的小村庄里，陪着一个垂死的老人熬日子。

即便常野当时挺了过来，智鉴的所作所为也始终有着长期的代价。她跟一个陌生男子私奔出逃了，但如果她坚持说，自己把他看成是亲戚（比方说哥哥），她的兄弟们或许仍然能够原谅她。如果智鉴照此行事，她的兄弟们甚至会认为他是一名同道僧人，是她能找到的合适的陪护亲人。但跟情人私奔就完全是一种不同的忤逆了，这种忤逆她没法轻易为自己开脱。虽说智鉴的行为不一定会被视为强奸，但常野若跟他有染，铁定会被视为通奸苟且，按照幕府的定义，这属于女方家长所不允许的性行为。严格地说，这是一种犯罪，幕府甚至可以对常野施以流放之刑。当然，这种可能性不大，因为没有人会上报。更有可能出现的后果是义融暴怒，将她的行为视为对家族声誉的打击，这桩丑闻会让家族再染上一个污点。

对常野而言，智鉴的所作所为，将成为自己判断失误的长鸣警钟。她的信任所托非人。也许这证明义融是对的：不能让她自行其是。哪怕只是为了让她免于伤害自己和家人，她也必须结婚，受制于他人的安全监护下，蜷缩在越后的某个角落。一般来说，女性总是弱者，哪怕并不特别蠢笨者也对这个世界一无所知。她们的小计划和小算盘，跟混乱的道路和男人的犀利头脑比起来不值一提。一个娇生惯养的僧人之女，天真到会仅仅因为某人有熟悉的口音就托付信任，怎么可能在江户这样的城市里游刃有余？她到底在想些什么？这个问题将困扰她多年；她始终想努力找到一个答案，一个借口，一个故事。

在通往江户的中山道上，最后一个景点是一棵高大的中国朴树。它的叶梢渐渐变黄。一块牌子上说它是"切断羁绊之树"，旁边的神龛上高高地堆着供品和祈愿符。根据传说，想要从一段关系里解脱的人可以剥下一块树皮，用热水浸泡，然后将这符水端给自己不曾提防的伴侣。然后，如同施了魔法，两人的缘分就会松开，紧紧相连的命运之结也解开了。前方的道路会像解开绳结的丝线一般笔直顺畅，再无牵扯。

常野兴许停在树前，剥下一片树皮藏进了袖子。她可能留下了几枚硬币。又或者，她回头看了一眼神龛，想起自己已经切断的羁绊——她留在身后的三任丈夫，她兴许永远也不会再见的家人。有可能，她对智鉴的怨念，是在她看穿两人故事的结局之后才发展起来的。

常野自己可能永远没法选定过去属于哪一个版本。她有理由去掩饰，而她的记忆是不可靠的向导。她的人生道路，有一部分无从了解。有太多的选择——太多的迂回和逆转。她走的是中山道，也可能选择了一条不同的、没有任何路标的小路。她有可能经过了那棵树，也可能停下来献了供品。她低头看着路，也可能回首望向北方的地平线。她想到了未来的城市，也可能想到了抛在身后的家。

重要的是——故事中至关重要且不可撤销的部分——她在朝前走。命运裹挟着她，而江户，就在前方。

上路差不多两个星期之后，1839年10月6日，常野和智鉴最终抵达了江户。这或许是一个激动人心的时刻，但哪里是乡村的尽头、哪里是城市的起点，谁也说不清楚。（见插图11）江户的周围并无城墙。没有城门要过，也没有收受贿赂或请求准入的守卫。规划江户城的幕府将军，并未依靠石头和灰泥修建外围防线，而是选择从内部加固总部的防御，借助护城河和迷宫般的封闭街道系统，阻挡通往城堡的道路。他把城市规划变成了江户的铠甲。

没有城墙，江户得以任意扩张。数百年来，它呈螺旋状向外辐射，逐渐吞噬了周边的田野和村庄，把它们变成了成百上千个城市街区。这样一来，到了19世纪初，就连幕府的人也无法辨别城市的边界。1818年，一位官员向上级提出了这个问题："幕府巡检并无文书可解首都疆界之疑问。属下本有意亲自调查，但发现不同人等理解各异，莫衷一是。"整个江户都属于幕府将军，但他对市政府的细节工作不感兴趣，而除了他之外，再也没有别人对江户拥有完全的管辖权。町奉行管理平民区域，寺社奉行管理宗教机构及其土地，幕府的大监察（勘定奉行）司管理大名的宅地及武士营房。可一旦有人提出整座城市的边界问题，那就必须做出回答，于是，幕府的一位家老委托测绘师绘制了一幅地图。一如既往，地图上展示了位于中央的江户城堡，它是城市的中心。就将军官员问题的着眼点而言，这就是江户城存在的理由。城堡周围的一圈黑线，划定了町奉行的地界；红线勾勒了一个更大的外圈，而这幅地图的关键是宣布了该界限之内的领土是江户。

如果常野和智鉴顺着中山道前进，那么，进入板桥驿站时便已跨入了红线的范围内。在某种程度上，板桥驿站跟他们从高田沿途而来看到的其他驿站完全一样：一连串的旅馆，一群疲惫的旅行者，驮马传来的粪便气味，背着包裹匆匆往来的信使，一块幕府设立的木头告示牌，列出多项禁令。但到了下午或晚上，区别就很明显了。旅行者们可以听到音乐声从石神井川边的茶室顺河水漂流而下，河上的宴会房足有三层高。茶室里，成群的男子喧闹大笑，调戏从推拉门进进出出、送入一瓶瓶清酒的女侍。还有些人是优雅的艺伎。靠近了看，她们兴许有些老，有些疲倦，兴许因为事业发展不如预期而略感失望。但她们大多是在江户早已闯出名望的资深从业者，对自己的技艺和观众都掌控自如。听到她们在三味线的伴奏下表演的最新歌曲，旅行者们感觉自己总算到达了目的地。

暗示常野和智鉴已到达首都边界的，还有一些更为阴暗微妙的迹象。饥荒期间，来自东北地区的目光呆滞、身体羸弱的灾民，成群结队、跌跌撞撞地前往江户，在他们心目中，幕府将军所在的城市一定有着充足的粮食供应（这的确不假）。出于安全和仁慈名声的考虑，幕府在板桥设置了施粥厂以满足其需求。但已有数百人倒毙在驿站周围的山区，绝望疲惫的难民仍瘫倒在大街上。板桥最大的净土真宗寺庙住持亲自出马收殓尸体。他为不知名的陌生人起了法号，举行追思会，并将他们安葬在寺庙地界。这些墓碑保留至今，后来还有一座纪念碑，专为住持和他所安葬的灾民所修。这暗示了绝望的灾民有可能遇到什么样的善意，但也是在提醒他们有可能遭遇什么样的结局。

过了板桥驿站，江户的样子再次变得像乡村。道路两旁都是农田，收割之后呈干枯的金黄色，此外还立着一排排景观树。每隔一段，会碰到一扇通往神社的门，或是一座属于某位大名的样子新颖的仓库。这些地方，有些其实是町奉行的辖区，但多数甚至没有在江户的地图上标记出来。从外观看，它们像村庄，住户也大多是农民。

渐渐地，地上的景色发生了变化。树木、灌木和农田，让位于千篇一律的兵营。这些长条形状的矮房子看起来一模一样，乍一看毫无特色，但拥有这些房子的武士之名，都标注在江户的地图上，而且每一户的家徽，都印在屋顶最高处正面竖起的瓦片上。这些建筑中有一些是大名贵族的辅馆和别墅，但大部分面积都很小，也不属于名人。只有幕府的小家臣把主要住所设在这里，远离市中心，离稻田和果园只有一步之遥。常野知道家乡有两个男孩——井泽兄弟——去江户的武士人家找工作。或许，经过时她想起了他们，好奇他们是否也住在类似的围墙和栅栏后面，要不就是期待他们已经设法在更叫人兴奋的地方安顿下来。

接着，就在人们开始以为这单调的街景就是江户所能见到的一切时，它戛然而止。视线左边出现了加贺藩主府辉煌的朱红大门。（见插图12）这是一面坚固厚重的巨型大门，在灰色石头、白色墙壁和泥土背景的映衬下，它们似乎带着色彩在颤动。在江户，每一种建筑特点，都对应着法律或法规，只有统治了整个省份的藩主及迎娶了幕府将军之女的大名，才可以使用朱红大门。加贺藩主前田成康，符合这两项条件。他统领的省份位于日本海沿岸，是一片美丽的土地，每年生产超过100万包大米。为了和将军的女儿结婚，他特意找人制作了这道整座府邸最引人注目的大门，并保留为她专用。

如果常野穿过那道门，她会看到些什么？藩主的宅邸不是普通人未经允许能进入的地方，虽说也有人尝试并成功过。其中之一是一个名叫"老鼠"的小偷，早在常野到达江户的15年前，他的事迹曾传遍全城，当时，赤门尚在修建当中。"老鼠"要么翻越围墙，要么从栅栏的缝隙中挤进各大名的宅邸。有时，他能一次性偷走多达一百枚沉甸甸的金币。终于有一天，当局逮捕了他，给他刺青发配外地。可即便这样也没能阻止他。当江户城堡附近大名街上的所有宅邸挨个儿失窃，人人都知道，"老鼠"回来了。最后，1832年，他被当场抓获。这一回再没有第二次机会了。町奉行做出了判决："老鼠"将在全城游街示众后被处死。有幸看到数十人挥舞着长矛押送"老鼠"前往刑场的人，至今仍对此情此景津津乐道。他们说，他样貌普通，个头儿矮小，这也解释了为什么他能钻过那么多的栅栏缝隙。

如果常野曾抬头凝视过加贺藩主大门厚重的屋顶，恐怕连窥视宅邸内部都很难想象，更别说爬上围墙了。栅栏、铁窗和牢固的石头地基看上去坚不可摧，而这也正是它们的本意：彰显藩主保卫领土之职。围墙之外，宅邸周边的房间属于为加贺效力的普通武士。他们刚从家乡的领地赶来，牵着几十匹马，携带了数不清的行李箱和武器。他们将和自己的主人一同驻守江户，直到次年夏天才获允休假。他们的工作仅仅是待在那里，如有必要，需展示武家官威，壮大藩主声望。为了打发时间，他们喝酒、写诗、晚睡、打牌，用配给的米饭、泡菜和沙丁鱼烹饪寒酸的伙食。

宅邸的中央是个谜，连藩主的武士也从未获允踏足。但像这样的空间，常野反倒容易想象，因为女孩们从小就读过它们，从插画书里看到过它们。她可以想象出锃亮木头修建的长长走廊，宽敞的房间里铺着新垫子，摆放着漆盘瓷杯，空气中弥漫着一缕袅袅的熏香。推拉门打开时不会发出"咔嗒咔嗒"的杂音。人们会压低嗓门儿优雅地谈话，讨论小说，讲述英俊演员的八卦，对还没人看过的戏剧发表长篇大论。名门大家的女性不会跟普通人一起去戏院。相反，她们会花一整天的时间比较彼此的发夹，把绳织成球，或是在微型围棋棋盘和顶针大小的茶杯面前摆放小玩偶。她们做游戏，演奏乐器，着迷地为难得碰上一回的寺庙出游做计划。她们的衣着也无可挑剔。她们从江户最好的服装商那里订购一切：进口的天鹅绒束带，整套的印花布和服，手绘花纹和刺绣龙纹的丝绸衬垫睡衣。就连常野（按越后乡下的标准，她自己就拥有一整柜叫人过目难忘的衣服）也无法想象这些东西要花多少钱。

一过加贺藩主的赤门，顺着中山道（现在它只是一条寻常城市街道了）继续往南，就是按六到一编号的本乡街区。在这里，武士宅邸的围墙和栅栏，让位于一种不同的城市景观，它们开始面朝街道而不是背向它。杂乱交错的屋顶和向外延伸路旁的入口，取代了武士住宅区简洁的线条。每一个街区都是独立的社会和行政单位，有自己的规定和雇员。拥有道路两旁建筑的家庭，构成了这些街区的成员。街区按组别分配给平民区域负责人（町名主），后者向町奉行所的武士报告。不同于城市与乡村之间的无形边界，街区之间的界限，以木门的形式做了地标。木门到了夜晚就关闭（这属于安保设施的一部分），故此也没必要再设置江户城外的防御了。到了早晨，木门打开，城市的商业命脉得以畅通无阻地流动。对常野和其他在路上的旅行者来说，本乡的六个街区合并成了一座无所不包的大集市——本乡六丁目的味噌批发商，把装满枫深红色和淡小麦金色味噌的大桶摆在店门前；本乡五丁目的著名药剂师，专攻小儿病症；本乡三丁目的地标商铺"金安"，世世代代出售牙粉。这家店的广告策略很出名：员工们站在大街上用尽全力地大叫，赞美"乳香粉"的种种优点。人们常说，金安标志着江户和农村的边界——"出了金安，本乡就不再是江户"——但这是在城市猛烈扩张之前，当时还没有地图也没有红线，江户人不得不依靠俗语理解城市的边界。

随着本乡进入汤岛，人流越来越多了。这里错落地点缀着武士宅邸、商店、寺庙和神社用地。有的武士正在执勤，他们穿着浆过的罩裙，双肩僵硬，一长一短两把佩刀挂在身边。随从们跟在后面。刚从乡下来的人肩上扛着箱子，拉着马车。这里还有干活儿用的牲口：马和巨大的黑牛，拖着两轮大车。车流人流一路往南——那是神田川和神田明神大神社的方向。

如果常野路过了这座神社，一定会认出这是个地标建筑。所有的江户名声指南中都提到过神田明神，神社内高耸的常青树，在江户城名胜古迹版画里也屡屡出现。这里每两年在9月中旬举行一次祭典，上一次祭典，就在常野到来的几个星期前。周边地区的平民百姓涌上大街，敲锣打鼓，挥舞着横幅，戴着别有红花的草帽，摇着扇子，吹着笛子，庆祝幕府的成立，向神社的神明祷告，为自己的人生感恩。每个街区都有自己的花车，有的甚至比三层楼还要高——身着丝绸长袍的古代朝臣在花车屋顶若隐若现，此外还有一只公鸡、一只长尾凤凰、许多妖怪、一只多节蓝色章鱼、一捧硕大的鲜花，还有笼罩在璀璨光芒中的初升朝阳。（见插图13）如果常野能在江户熬满两年，她也一定会到场观看游行，神田祭也将成为她的节日。

从神社开始，中山道便斜插向神田川两岸。江户人把沿着汤岛一侧的道路称为饺子山，这也是一条警告：如果旅客从路上失足滑落，一路滚下泥泞的河堤，他的下场就会像一个圆滚滚的烤饺子。但常野到达的那一天，阳光明媚，路面干燥，并没有摔倒的危险。如果她低头往下看，可以清楚地看到大路下面的河堤，小船在岸边把货物卸给牛车车夫，后者把货物运送到内陆水路无法到达的大名府邸、仓库和商店。这些车夫都是些糙汉，多为移民，就跟那些与常野一同顺着中山道来的人一样。他们挤在牛车主人房屋的后院库房里，一有生意主人就差遣他们，按日付酬。常野会认为这些鲁莽汉子不值得注意，别的江户人也几乎不认可他们。他们是外地人：既非租客，也非房东，不是学徒，甚至连个棚屋都摊不上。但他们无处不在，在街上抬轿子，救火，拉手推车，竖脚手架。这就是外来农民工的共同命运：让城市运转，却从来没有归属感。

过了昌平桥，中山道便把旅客们带到了一道种满柳树、抬高了的河堤上。这条风景优美的步行街一直延伸到神田川，虽然白天很难分辨，但一到晚上，这里却多流莺出没。走过柳树，迎来一道小木门，后面是一座巨大的广场，名叫"八小路"（Yatsukōji）。角落里立着一间火警屋，一位幕府低级官员站在长长的铁钩和高高的梯子中间，时刻准备报告火灾。另一名官员驻扎在八小路观火台上，它也是江户著名景点之一，比普通平房的瓦屋顶高上好几层。如果站岗的警卫看到火情，会敲响一面大鼓，摇响警铃，并随着火势逼近，加快敲打节奏。

江户的每一个人，新来的也不例外，都知道这座城市有多么容易失火，而一旦失火，后果会有多么可怕。他们听说过木炭火盆里迸出的火星被风吹散会引发火灾；早就有人警告过他们，不可粗心大意地放置灯笼，要是它翻倒了，就会把房间给点燃。他们知道纵火犯的故事：怀恨在心的仆人用一块旧布把阴燃的煤渣裹起来，藏到主人的楼梯下；绝望的姑娘为了逃跑去见情人而放火烧了父母的房子；一个胆大包天的人，为了想获得一份工作，竟然对一家商店放火，指望能独揽救火的功劳。所有人都学会了在寒冷干燥的冬季保持警惕，以免火苗顺着蜿蜒的小路，烧掉房屋和商店的木质框架，越过竹篱笆和脚手架，跳过灰泥质地的墙壁，吞噬来路上的一切。他们学会了识别火灾的后果：尸体和还在冒烟的残骸；人们抢救出来的一堆堆家具，摆放在街道中央，还有拆除房屋、制造防火带剩下的成堆木材。

常野到达江户的前一年，江户城堡的一部分就遭到烧毁，市中心神田的大片区域也烧成了灰烬。几个星期后，平民区曲町的十个街区被烧得一干二净。冬末，一位武士的府邸失火，烧毁了数百座平民房屋，还烧毁了一处町奉行所。这一年到此为止还风平浪静，但十月只是冬季的头一个月。八小路观火台提醒人们注意火灾危险，它本身就是一种警告，哪怕是在一个晴朗平静、鼓铃并无响动的日子。

穿过尘土飞扬的广场，道路沿着神田市场的北边延伸通往市中心，这里的商店供应数量惊人的水果、蔬菜、鸡蛋和海藻。常野在越后山区经历过"天保饥馑"，在她眼里，江户市场里商品之丰富，简直是个奇迹。商人们从长野运来柿子，从和歌山运来橘子；他们有昂贵的松茸，装在篮子里的冬青。由于反常的温暖天气，价格为多年来最低。但神田是批发市场，所以常野没法停下脚步买个把柿子或冬瓜。江户人从街区商店购买农产品，偶尔也直接从进城临时摆摊的农民手里购买。

事实上，虽然外面的陈列展示给人留下了深刻的印象，暗地里，神田市场却举步维艰。它在江户的地位维持了100多年，但江户的经济形势正在迅速变化。常野从外面是看不到这一切的，更不可能在她来到江户的第一天就理解：那天是初冬一个阳光明媚的日子，她在地图上看到的所有地方，突然色彩鲜明地、闹哄哄地展现在她眼前。城里的一切对她来说都是新鲜的，她无从察觉长期的趋势。但是神田的商贩们知道变化即将到来，他们能从批发商行会召开的气氛紧张的会议里听出弦外之音：商贩们在会上讨论怎样跟不遵守行规、无须承担税收负担的新贵供应商竞争。经验丰富的旅行者也知道这一点。他们可以从道路上窥出危机的隐隐现身：进入江户城的人比离开的人多。后巷出租房的住户们也能感觉到，虽说他们无法解释。空气中弥漫着一种濒临爆发、仍在日复一日累积的紧张感。

在江户城，幕府的高级官员明白这个问题。靠着町奉行的拼死努力，江户从饥荒中幸存下来。他们估计，大约有一半的平民——将近30万人——需要紧急救济。现在，商品价格似乎稳定下来，但新来的灾民仍不断涌入。要是再来一个糟糕的年景，会出现什么样的后果？

对江户的传统精英——城堡里的武士、平民区的长老、神田市场的批发商——来说，这是座熟悉的城市。嗒嗒作响的牛车和隐约可见的消防塔，不是什么让人吃惊的东西；在一个谁也不认识谁的大城市，会落得什么样的下场，他们也无须别人提醒。但他们感知到了其他威胁。在他们眼里，危险是有形的。它的样子完全跟常野一样：一个穿着旧袍子、疲惫不堪的陌生人，饥肠辘辘、目光如电地在这座她一心想来的城里四下扫视。这警告就如同她的越后乡音一般直白，像火警铃声一般清晰而持久，预示着一场危机正在形成，而且不断迫近。

　　常野的直接目的地坐落在内神田靠西边的地方，背靠江户城堡护城河，是一个没有什么特色的拥挤社区。晌午时分，一些商店迎着人流打开大门，欢迎游客观赏店里摆设的糖果或工具。有些店的店门则紧闭或是半掩，打消人们的好奇心。到了傍晚，社区入口会挂上高高的灯笼，每只灯笼各自渲染出一轮光晕。

　　店东和雇员占据了临街的建筑物。他们中有些人已经在这个街区住了好几代，但几乎所有人都是租客。拥有这些建筑和土地的人住在其他社区，甚至其他城市。在江户的一些地方，大商行设有旗舰店，周围是横跨了若干个街区的附属建筑和地产。但内神田不是那种地方。1843年，江户有近200名最富有的平民，其中只有一个人来自这个社区：他是一位高端衣商，叫三文字屋十兵卫（Sanmojiya Ichibei）。他的邻居都是些不起眼的店主，卖糖果、茶叶、药品、黑齿刷和金属小器皿。

　　智鉴的亲戚住在神田皆川町（Minagawa-chō）二丁目，这是一条死胡同，背靠着一位世代为幕府将军效劳的医生的产业。这个街区颇有几位像医生那样的宅基地主，也就是有专业技能的平民，并因为自己的服务获得地产、薪俸，以及名义上的武士地位。在他们中间，有些人是专门制作金箔和漆器的工匠，还有几个在护城河对岸江户城堡的地界上开着作坊。这是关于皆川町唯

——件算得上有点意思的事情，这条街实在太没名气了，大多数人听都没听说过它。就连到过这里的人，有时也会把它跟更有名的隔壁街三河町（Mikawa-chō）弄混[1]。

智鉴和常野在寻找一家名叫大黑屋（Daikokuya）的米店。它的业主惣八跟智鉴有些亲戚关系。至少，按越后移民的标准来看，他做得算是相当不错。许多以碾米工起家的人做梦都想开一家这样的门店。只要有研钵和杵，他们就能做起这桩营生，之后存钱租下一家店面。如果商店生意不错，店里会逐渐乱七八糟地堆满盘子、桶、瓢、装谷子的稻草包，并且充斥着碾米机哐哐锤击的噪声。

首先，店老板得自己学习怎样操作研磨机。这是一项辛苦的工作，但比用研钵和杵轻松些。研磨机的样子看起来有点像一头木制长颈鹿，它笔直的长脖子在空中摇摆，坚硬的脑袋一遍又一遍地撞击地面——这就是杵。研钵的部分则是一口放在地上的沉重大碗。工人站到机器上，使劲踩动踏板，让机器运转起来——那样子如同正骑着长颈鹿。这是一桩汗流浃背、有失威严的劳力活儿，所以最终——老板希望——会有别的人（比如职业介绍所派来的年轻人）来做这件事。其次，更轻松、更快活的工作就落在了业主和他妻子身上，他们把米放在宽篮子里冲洗，让谷粒流进小木头箱子。如果东家是个爱交际的人，到了晚上，他可以去后巷转转，一次卖上一勺饭，听听邻里之间的流言八卦。

1　这两条街的日语发音相近，故有此说。

在饥荒年代，惣八这样的米商面临着压力。他们的小店恰好处在大批发商（希望按市价出售大米）和市民（害怕饿死）之间绷紧的关键点上。每当大米价格太贵，附近商店的老板们就会担心发生骚乱。18世纪80年代，严重的"天明大饥荒"期间，粮价涨到小贩或计件工人工作一天只能换到四份米饭，几乎再没有余钱可支付房租、燃料或其他食物了。1787年夏天，暴乱者连续数日将矛头对准城里的大米批发商、零售商、酿酒商，以及其他任何他们眼里造成大米短缺、粮价居高不下的人。他们砸掉研钵，拆毁家具，把衣服扔到泥里踩踏，还把厨房用具抛到下水道。他们把成捆的大米扔到街上，接着对剖开来。他们对粮食的漫不经心正是事情的关键：他们是在抗议囤积，而不是在哄抢行窃。谷物在小巷里徒劳地漫天飞舞，棚户的炊具里依然空空如也。最终，经过几天的混乱，数百家商店遭到砸毁，其中大多是批发商和酿酒商，也有数十家是零售米店。

1787年的动乱，即"天明骚乱"，让幕府将军的官员意识到自己已经失去了对江户城的控制。这不是一场普普通通的农民起义：一个多世纪以来，他们头一次遇到针对自己统治的真正民间威胁。两年后的巴黎，一群对面包价格感到愤怒的市场女摊贩袭击了市政厅，强迫它让商店开张，接着，她们继续前往凡尔赛，并跟其他数千名抗议者逼迫国王返回首都。这次起义，距离巴士底狱陷落仅仅几个月，是促使法国旧政权垮台的大规模城市骚乱浪潮的一部分。尽管江户不可能预见到欧洲的这一转折性事件，但幕府将军的手下，不是唯一一批理解城市抗议者革命潜力的人。平定骚乱后，幕府家老们推出了一系列新的行政举措，史称"宽政改革",包括设立一家城市储蓄联会(city savings association)。这场改革推行于1787年至1793年,旨在确保"幕府将军膝下"的江户城再也不会面临类似危机。

19世纪30年代的"天保饥馑"对这一策略提出了严峻考验。随着大米价格的上涨,江户的富裕平民准备应付骚乱。他们推迟了建筑项目,部分原因是不希望工人集结在自己的商店附近。如果租户停止支付租金,门上和墙上就会出现威胁标志,后巷还会流传出诉诸暴力的风言风语。大商人被迫打开仓库分发大米和现金。与此同时,幕府将军的手下马不停蹄地运转起来,以维持城市的平静。他们建立了施粥厂,向成千上万的人分发粮食配给。官员们还努力让手里仍有余钱的人买得起大米。每当大米价格飙升,他们就会下令调低零售价格,打破江户老牌大米批发商的垄断束缚。在1836年到1839年的三年时间里,任何人都可以把大米带进江户城销售。不过,像惣八这样的小米店仍然难以找到供应商,幕府认为有必要向它们提供紧急供应,并警告说,要是这些米店关门,骚乱便会紧随而来。

在幕府和各大商行的共同努力下,预期中的骚乱并未发生。大米价格回到了饥荒前的低点。1839年,常野来到惣八的门店,一个小贩一天的工作就可以买到二十多顿饭的大米。最糟糕的光景似乎已经过去,但城里的人仍很警惕。那年秋天赏月的时节,他们开玩笑说:"就算是看着月亮,我们也聊着市场上的米价。"(见插图14)

哪怕惣八本身想要表现出热情好客,但对从事米业的生意人来说,这并不是款待陌生来客的好时机,尤其是那些从乡下出来、并无就业前景也不打算离开的客人。面对这个不合理的要求，他很生气，明确告诉常野和智鉴不能留在店里。他说，要是常野找不到别的地方去，他就送她去当女佣。从他的角度看，这兴许是个建议；但从常野的角度看，这是个威胁。

智鉴向常野保证自己的亲戚会欢迎她；他对她说，如果两人一起到江户，不会"碰到什么麻烦"。他说，自己的亲戚绝不会让她流离失所。但这些保证，跟他说过的其他很多话一样，无非是谎言罢了。

那天晚上，1839年10月6日，常野兴许想过要逆转故事的进程，回到高田，为出逃另择一天、另选一个同伴、另选一个机会。有那么一刻，她大概想过回到林泉寺，做出不同的决定，待在家里，或者去结婚。但开弓没有回头箭，江户不为任何人暂停。

在板桥驿站，妓女们打粉遮盖身上的瘀青，用发簪穿过自己涂了漆而硬邦邦的头发。如果运气好，她们兴许能先偷偷弄点吃的，再被叫去参加聚会。如果运气真的很好，她们的客人会醉到不省人事。音乐一如既往地在河边飘荡，是艺伎们昨天唱过、明天还会再唱的同一首悲伤的歌。喧闹的客人们在酒局上拍手、跺脚、喝倒彩。姑娘们附和地大笑，那傻笑的声音在驿站的大道上前后回荡。

加贺藩主的府邸一片寂静。负责清扫花园树叶的工人们回到了拥挤的公共休息室，其他人则留下来守夜。侍女们帮藩主的妻子，也就是幕府将军之女，换上夹棉的丝绸睡衣。女仆重新布置了家具，铺好榻榻米，灌满水壶，厨房的帮佣确保已经一一熄掉了灶火。再过几个小时，他们又得把它们全部重新点燃。

兵营里的男人们解散回到各自的房间，为账目担心，或是翻阅最新版的江户武士登记簿，从一片陌生面孔的海洋里找到自己的位置。还有人写长长的家信，询问妻子孩子。他们埋怨江户太脏，腌菜跟自己平常吃的不一样，柿饼全都又小又烂。为什么金泽的"江户发型"跟江户人实际梳的发型完全不同？他们还会写下接下来几个星期的打算：去日影町（Hikage-chō）的二手服装店买新帽子。也许，可以去一趟爱宕山，俯瞰整座城市，看看它是否真的像大家说的那么平坦。

在神田明神，节日的喧嚣刚刚过去，僧侣和仆人们还在休养恢复。站在神社静悄悄的院子里，他们可以看到昌平大桥。那儿的堤岸上，站街女子在柳树下拉客等生意。一些人瘦弱多病，也有人满脸皱纹和麻点。但由于她们的妆化得浓重，哪怕在近乎满月的夜光下，也很难分辨。

在羊肠小路上，值班人满怀敬畏地爬上瞭望塔顶，准备在那里度过漫漫长夜。此时天色晴朗，火灾季即将开始：必须时刻保持警惕了。几个街区之外，负责把葡萄运送到神田市场的商人，正等待着下一批货物。有些年份，葡萄在运输过程中腐败变质，无法进献给将军。有时走大路更好，有时走海路合适。一切总得等到货物到达，他们才知道。

在神田附近的其他地方，店主们坐着盘算利润和损失，而仆人安睡在后房和租来的房子里。父母努力哄孩子睡觉。著名作家斋藤月岑，也是神田町的町名主，在日记里留下了一条简短的记录。一位艺伎送给他当季的柿子和葡萄作为礼物。除此之外，几乎无事可报。流浪狗在嚎叫，夜间的小贩们收拾起摊位，街区的看门人关上了木门。在皆川町二丁目的某个地方，常野度过了她在江户城的第一个夜晚。江户各地的人都提到过这个温暖的初冬，但常野没有睡衣，也没有榻榻米。她没有多余的衣物，没有钱，没有朋友，没有前途。智鉴是个没用的骗子，惣八威胁说要送常野去当女佣。第一天的一切都不曾按计划发展。在越后，她的家人可能已收到了她上路之后寄去的信件。他们会发现她逃跑了，她的兄弟们会大发雷霆。她的母亲会伤心。他们可能永远不会给她回信。她认为自己在老家的处境难以忍受，但她又用它换来了什么呢？"我挣扎甚苦，"她后来写道，"竟无言可述。"

第四章
租屋风光

　　没有钱，也无法立刻找到工作，常野刚到江户的日子里做不了太多的事。光是让她识路就够难的了。在神田内部的主要街道上，城市的秩序尚可理解。它多多少少跟印在地图上的样子差不多：一道道大门和栅栏，隔开了一连串的街区。但在后巷里就完全不同了，那里黑暗而不可预测，商店之间的通道如同通往了一个全然有别的世界。

　　常野走在狭窄的道路上，两侧路旁相对而建的房子，连屋檐几乎都要碰到一起。两名成年人可以并行通过，但要是其中一人碰巧是肩挑担子的小贩，另外那个人就必须侧身让路了。常野脚下踩着铺设得高低不平的石板。顺着成排的房屋，一扇推拉门跟着另一扇。不管是墙上还是门上，都贴着令人困惑的告示，让人目不暇接。有职业介绍所的通知，有戏剧传单，有当心火灾的提醒，有专治痔疮的药物广告。它们看起来全都不怎么正规，很明显也并非永久性质。有些告示磨损得厉害，还被撕掉了一半。

　　很明显，这些小路在修建时是毫无规划的。没有哪一条延伸得很远，它们总是唐突地停下来，径直转弯。接下来是一连串新的门和一连串新的令人困惑的告示。还有可能，突然之间冒出来一栋属于主街上某人的高大货仓。

有时，水井和厕所随意地设置在小路中间；有时，它们自己占据一小块空地，旁边是一口塞得满满的、快要溢出来的垃圾箱。只有在这些地方，人们抬起头来，才有可能看到比井口大一点的天空。但最好还是看着脚下，地上有植物、篮子、小孩和狗，而且有些地面始终是湿的——人们在那里洗衣服。

似乎没人会把室内外的空间截然分开。工具、噪声和气味溢到小路上，而人也在大庭广众之下做私人的事情。他们几乎光着身子进出澡堂。此外，有些室外厕所只有半扇门，男人们一边小便一边和邻居说话。在混乱当中，常野毫无疑问地置身于江户——还有别的什么地方会这么拥挤、这么喧嚣呢？但很难判断她到底在什么地方，又是怎么摆脱这一切的。

常野从越后一路奔波而来，这是她希望看到的情形吗？智鉴不在乎。他的钱差不多快用光了（至少，他是这么说的），这是他唯一负担得起的地方。他俩被惣八赶走之后，他设法找到了一间小巷里的出租房。这样的交易很容易办到，哪怕是临时通知，哪怕没多少钱。为了在江户市区里的任何地方租到房，智鉴需要一名担保人签署身份证明文件，并保证他不会做任何违法之事。如果房客惹出麻烦，跟町奉行所扯上关系，房东将被追责，他可不想独自承担这样的风险。理论上，智鉴的担保人应该是他的亲戚，或者其他与其家族关系密切的人。但跟江户城里的许多事情一样，实际情况并非如此。新来的人太多了。智鉴和常野来到江户的时代，租房交易已经有了职业保人。这些职业保人一遍又一遍地签署同样的文件，在套话连篇的安全责任书上盖章。他们收取费用，但并不提太多问题。他们相信，如果客户惹了麻烦或者逃交房租，他们一定找得到。一般而言，担保人很了解这座城市，大体上也有些人脉。

文件都整理就绪之后，智鉴跟一个叫甚助（Jinsuke）的人做成了交易。甚助是租屋管理员（家守），房东不在的时候，他就是后巷里这小小一部分街区的老大。一条街区会划分成许多又深又窄的地段。每一段包含差不多三栋面朝大街的建筑。它们都是大商店和居所，如果房东住在这里，他和家人会占据一栋楼。在这些深宅大院的后面，长长的巷子里会有十几二十间租屋，与主街垂直，一直延伸到地段尽头。由于大多数房东并不住在这个街区，或者，房东是大商社而非个人，他们会雇用家守来照料跟町奉行所有关系的生意，收取租金，处理其他所有因租客产生的麻烦琐事。管理员的薪酬体现为住房，所以他们通常也住在后巷。有时，他们就像社区领袖，甚至代理家长。一些人对拖欠房租的租客甚至会宽限几天。但甚助绝不是这样的人，常野极其讨厌他。

房间本身只有"三叠"大小：宽不到2米（1.8米），长不够3米（2.7米）。身材高大的男性张开双臂，指尖就能碰到两端的墙，两名成年人几乎无法并排坐在各自的榻榻米上。哪怕是再大一号的房间——四叠半大小——要住一个人以上，也挤得难以忍受。常野来到江户的几十年前，作家式亭三马曾开玩笑地说："他们说，住在四叠半榻榻米大小房间里的人，就像是一条尺蠖：现在挤成一团，是为了日后大展手脚。"这暗示了江户租屋居民的一种雄心，为了向上流动，可以忍受不适。但对常野而言，三叠大小的房间恰恰相反：它是陡峭下滑的最低点。这是她住过的最小、兴许也是最脏的地方。

尘土飞扬的入口处仅能放下两双木屐，除此之外就是一级台阶，通往主室。里面的空间足够横向放上一张榻榻米垫子，之后是并排纵向摆放的两张，抵靠着后墙。除此之外，房间里空无一物；租屋通常并不配备家具。再说，也没有地方能摆得下家具。如果常野有多余的衣物（她已经没有了），她只能把它们挂在墙上，或是堆在篮子里。如果她有榻榻米（她没有），只能把它卷起来，塞到角落。白天，这一间房需要充当起居和进食的空间。这并不令人愉快。唯一的光线来自一扇面向小巷的窗户。由于大多数租屋由背对背的两排单元组成，故此两面侧墙和后墙都是共用的。太阳要到了合适的角度，才能让光线从板条窗户里透进来。房间的后面永远笼罩在阴影之下。

在房间入口旁边同一高度的地方，有一块极小的木地板用来放水桶。挨着它的是做饭的地方，小得算不上真正的厨房。它能容纳一口微型木炭火盆，兴许再加上一罐米饭。因为一次只能煮一锅饭，其他所有东西都得提前准备，要么就是从商贩那里买现成的。火盆还需要一些配件：引火之后，常野要用一根管子吹着木炭，让它们燃起来。所有这些东西——火盆、罐子、吹管、木炭、盒子和水桶——都必须自行购买。门旁边的墙上安有架子，可以用来搁杯盘碗盏和筷子。它们不能放在地上，在三叠大小的房间里，几乎没有足够的空间让人蹲在火盆旁。

很久以后，常野会习惯江户后巷里的生活。她会逐渐熟悉自己的邻居，学会怎样无视那些墙外传来的大声争吵。她将弄清怎样在井边排队，怎样跟十来号陌生人共用厕所，怎样按勺购买木炭。她甚至逐渐变得更喜欢自己在城里的生活，而不是在越后更舒适的生活。但在皆川町的最初几个星期，除了说它有多恶心，她几乎没法描述自己的处境。

常野的日子可能比她的大多数邻居更糟糕，后者属于江户下层社会中较为稳定的阶层。有些人是不住在主人家的仆人，有些人是轿夫，不工作的时候，就把轿子支在门外。更多的人是小贩。他们每天早晨出门，碰到晴天比雨天要愉快得多。他们会四处兜圈子晃悠，售卖蜡烛、糖果或辣椒之类的东西。其他后巷居民则把这些小房间用来做买卖。［见插图15（1）、15（2）］卖二手盘子的人把盘子摆在门口，老师让学生进门把桌子支棱起来，职业介绍所招待上门客户。但大多数租户都是小规模的手艺匠人。他们能在后巷房间里制作出类型繁多得叫人瞠目的东西。他们给布料染色、打版，雕刻印刷用的木版；他们制作木头工具和眼镜；他们编织榻榻米、刨木板、组装乐器。在巷子里，他们打开推拉门，就着光线完成这一切，周围的人一览无遗。

这些忙忙碌碌的人跟邻居们打得火热。他们在水井边、澡堂里、理发店里聚集。他们在工作时隔着小巷闲聊。男人们在狭窄的空间里互相吹嘘和对骂，装腔作势的婆婆们批评自己的儿媳，老人们浮夸的刻薄抱怨让所有人生厌。他们总是找得到话题。有些人喜欢借东西不还，手上黏糊糊、爱哭闹的孩子在大人的和服袖子上擦鼻涕，无赖汉子把家里所有的钱都花在了妓院里，懒惰的妇人叫丈夫去井边打水，还有些不知好歹的姑娘批评母亲的衣服。没人能不受批评，没人能免于猜忌。江户武士出身的武阳隐士（Buyō Inshi）说，后巷的妇人迫不及待地等着丈夫离开的那一天，这样她们就能"跟邻居或同巷的其他妻子聚在一起唠叨自己的丈夫有多没用"。

在皆川町，人们兴许会就常野和智鉴的关系说些闲话。但这不会是什么了不得的丑闻，自然也不会引起町名主[1]任何特别的关注。除非到了每年编制人口登记的时候，没人说得清谁和谁、为什么住在一起。永久居民和临时住户也很难区分。神田大多数租屋会住上三到五个人：夫妇、家人，以及为数不多的单身汉、寡妇或鳏夫。有时三代人同住一个屋檐之下，也有时，没有结婚的姑姑或叔叔寄住在一户有小孩的家庭里。此外，还有些不那么正统的安排。成年的兄弟姐妹共住，照顾跟自己完全没有血缘关系的孩子，这也并不稀罕。在这样的背景下，常野和智鉴没结婚并没有什么好奇怪的。反正那时候没有结婚证，常野想怎么说都可以。

常野和智鉴更奇怪的地方在于，他们没有工作：没有职业，没有东西要卖，没人知道他们是做什么的。刚到皆川町的日子，常野仍然为眼疾所困，不过，她大概还是能弄清小巷怎样相交、怎样找到水井和厕所，了解街区里熟人的面孔。这些人里包括家守甚助，智鉴的亲戚兼米店老板惣八。还有从街区领取报酬的门卫，是这个街区最接近公众形象的人。他的姓氏和这个职位，都是从警卫管理协会买下来的，这些岗位的价值不菲，因为它们可

1　指町人的头领，负责记录人口，与町奉行所的武士沟通。

以带来收入和居住空间。他和家人就住在街区大门旁的一间木屋里，并能从这个位置看到进进出出的每个人。这是他的正式工作。除此之外，他还负责处理打架事件，帮人们寻找遗失的物品，维持基本秩序。但这工作报酬不高，所以，像他那样的人通常会做些副业，把要卖的东西顺着面朝大门的小窗口一字排开。这些东西，你可能突然用得上，要不就是你家的刚好用坏了、用完了：草屐、扫帚、纸巾、蜡烛、屋瓦（用来烤鱼，而不是修屋顶）和火盆。在常野刚到江户的初冬时节，他们还卖烤土豆。

在后巷的混乱嘈杂里，常野忙着给家里写信。在搬进来的两天之后，十月里的第十天，她一次性写了好几封信。一份短笺，写给哥哥幸笃，告诉他自己的新地址。这封信还附有另一封更长的信。地址是准确的，信件内容却不然。她抱怨说自己冷得发抖，这兴许是真的；又说她还只穿着一件无衬里的和服，这可能不是真的（后来，她写信说自己有一件外套，对一个在深秋翻越了山脉的人来说，这个故事更可靠些）。但这种夸张的说法，强调了她信里的要点：幸笃必须马上给她寄衣服，赶在山里下大雪破坏道路之前。她很清楚快件什么时候从高田离开被送往东京：官方邮件，用于有地址的业务，在每个月的1日、11日和21日发出。"显然，想在11日发出现在已经赶不及，"她写道，"但幸笃应该设法赶上21日的那一趟。""这里下雪了，"她又写道，"趁着道路尚可通行，请速速寄来衣物。一天冷似一天，我已无御寒之物。"

接下来，常野写了一封语气冰冷又行文准确的信给义融。信中给出了具体的说明，让义融赎回自己去江户路上典当的衣物。"至于钱银之事……我已在叔父九八郎处留下少许。如仍不足，可变卖衣箱及衣柜。"这是常野所购嫁妆里最贵重的两件，但又不可能送到江户。她第二次离婚时，这两件嫁妆靠一群壮汉才搬回家。请义融代为变卖，是常野再也不打算寄居在他屋檐之下的明确信息。她进而要求义融送来自己留在竹箱里的榻榻米和被子，还有挂起来的棉袍。此外，衣箱里还有两件围裙、几面镜子、一个枕头和一款垫肩，也应一同送来。至于她的其余物什，义融应替她妥善保管，她需要时会写信索要。他还应该把他们家在江户的熟人的地址寄来。在信的末尾，她留下了附言："等到哪天，我想去侍奉大名藩主，学习贵族望门礼仪习俗。若果真如愿，可将我的竹箱物什送过去。"

虚张声势的背后，常野的处境却在恶化。当月的14日或15日，也就是租好房子大约一个星期过后，智鉴离开了，说是要去江户北边的下野国。兴许，他对亲戚惣八不欢迎自己很生气。兴许，他对常野在江户不像在路上时那么顺从感到失望。兴许，他早就打算把常野送到城里之后就甩掉她。又或许，他真的有什么神秘的要紧事要去下野——那是一个常野从未去过的陌生地方。动身之前，他留给常野一铢银钱。这是常野在高田典当了衣服之后，除去连日来的用度，他手里剩下的一切。常野再也没有见过智鉴。

她兴许哭了，也可能笑了，她甚至大声地喊叫，惹得邻居也吼了她。也可能，她安安静静地，因为摆脱了他而长出了一口气。她从没写过发生了什么。但她当时做了些什么并不重要——重要的是，眼下她摊上了一个难题。智鉴留下的钱，对一般江户居民来说不是个小数。小贩至少要花3天时间才能赚到这个数目。如果她小心盘算，这足够她买上几个星期的食物了。但它远远不够整饬房子，甚至连买上一件像样的无衬里的和服都不够。她迫切需要自己的衣服。没有衣服——没有钱，没有家人，在皆川町没有了唯一知道她打哪儿来的人——她怎么才能知道下一步该做什么呢？

在租屋里的那几个星期，常野生平第一次成了个寂寂无名的人。她看了看周围与自己年龄相仿的妇女，没有一个她认识的。而在越后，哪怕只看到一弯眉毛、发髻的一条弧线，她都能准确地认出女孩来自哪家人、哪座村，有什么样的亲戚——越后乡下是一个人们世世代代彼此都知道对方名字的小地方。她遇到的人，不是爷爷表亲的邻居，就是妹妹的姻亲，要不就是丈夫的家人。他们是她儿时的朋友，他们知道她妈妈会做什么拿手的菜，如果她把外衣落在别人家里，他们兴许立刻能认出来。他们说不定能通过声音分辨出她的兄弟，知道哪一个跟她关系亲近。一些女性长辈可能还能言之凿凿地说，她比她奶奶年轻时长得丑还是漂亮。

但在这儿，在皆川町，常野的名字毫无意义。她的口音只能说明她来自越后某地，那里是雪域的国度，是澡堂服务员的故乡，是雇工们每年夏天消失的地方。她的样子看起来兴许并不像是个一辈子在稻田里弯腰劳作的农妇，但没人能看出她是僧人之女，在数百里之外有装着数十套丝绸和服的衣箱。再说了，这有什么值得一提的呢？这里有其他带着乡下口音的女孩，来自越后或者其他略近的地方（上野、下野、武藏），从没穿过丝质衣物。她们大多数人连信都不会写。但她们都有干净的絮棉和服，上面印有明亮的细条纹。一尘不染的衣领和精心佩戴的发簪为她们作证，她们属于江户，哪怕她们的名字是编造的，她们唯一的亲戚在凄凉的乡下，挤在租屋里受苦。至少，她们每天都有个固定的地方可以去。

常野什么也没有，但她确实有别的优势。她是净土真宗僧人的女儿，根据她的经验，她所在教派的寺庙绝不会拒绝僧人的女儿。不管林泉寺有多小，多么偏僻，一定会有人知道这座寺庙的名字。况且，不管她外表如何，她知道怎样举止得体——她曾是一座大寺的女主人，哪怕那座寺庙位于出羽国的一座河边小镇。于是，十月中旬，常野离开皆川町向南出发，前往江户最大的净土真宗寺庙——筑地本愿寺。

从皆川町前往筑地的主路穿过神田市场，跨过金川桥，然后通往日本桥方向。这是江户的商业中心，这里的喧嚣热闹，能让西边的内神田显得像高田一样乏味冷清。街上的大商行鳞次栉比。其中最大的三井越后屋，哪怕是来自石神村这种小地方的人也听说过它。（见插图16）在常野的时代，三井集团便拥有好几家控股公司和附属产业：它放贷并拥有地产（包括内神田的许多租屋），还负责为幕府管理汇票。但它的主业仍然是一家零售商号，一座铺瓦屋顶、有着清爽蓝色旗标的地标性建筑，身着整洁制服的学徒成群结队地拿着包裹进进出出。

越后屋出售各种最新款式、面料的和服与腰带：丝绸、棉、麻，甚至进口印花布和天鹅绒。竞争对手仍使用赊销及季末结算的老式做法，越后屋则早早采用了当天现金购买的方式。依靠它，越后屋得以用更低的价格，迎合那些没有固定账户和声誉的人，对江户这样流动人口繁多的大城市，这是一个完美的扩张策略。100多年后，它依然是一桩依靠冲动购物即时刺激的买卖。主楼层随时摆满新东西，面对街道敞开大门，欢迎路人，努力诱惑他们一时冲动买下商品。店里，有数十名店员接受订单，结算账目，敲打算盘，开出收据。超大横幅悬挂在房梁上，写着当值店员的名字，方便购物者找到自己喜欢的销售员和助手。不过，虽说这些店员在江户最著名的机构里占据着重要位置，其处境却岌岌可危。越后屋的江户分号雇用了几百名店员，其中大多数人从小就受雇了。多年来，他们充当着童仆和助手，做各种各样的杂务。等到成年，大多数人成为完全成熟的店员，在一条艰难的晋升之路上攀爬。很少有人能抵达最高职位，以获得足够养家糊口的薪水。与此同时，中层店员住在商号提供的宿舍里，为自己扎眼的服装感到自豪，省下薪水，流连于低端的烟花柳巷。（见插图17）

除了三井越后屋的蓝色横幅，还有另一种不同类型的商业，组织没那么严密，结构层级也松散得多，交易使用铜钱而非金币。街道上挤满了小贩，他们要么被一捆捆柴火压得弯着腰，要么在地上拖着长长的青竹。有些人刚从乡下来，皮肤黝黑，挑着装有绿色蔬菜的篮子、盛着银色大鱼的扁竹盘。还有人卖形状各异、大小不同的空白灯笼。机灵的年轻人坐在他们身边，准备好了毛笔和墨汁，可以把名字写在灯笼面上。美丽逼人的女性围着他们聚成一小群载歌载舞——原来，她们是卖硬糖的。她们正在跟用皮带拴着猴子走路的帅气男子争夺注意力。精疲力竭的老妇背着沉重的木炭走过，脸被烟灰熏得黑乎乎的。老人蹒跚而过，推着吱呀作响的推车，车里堆满了鸟笼和虫罐。戴头巾的女士静静地站在盆栽和鲜花展示台旁边。偶尔会走来一个笨拙的身影，远看就像是相扑手。有时候，这样的人是一个普通体格的小贩，只是身上拴着几十个草篮、筛子和小扫帚。也有时候，他真的就是相扑手。

常野想买鸡蛋，不远处有一名小贩在垫子上摆着几十枚。想要糖果，她能找到一处撑着伞以免冬日阳光晒化糖的摊位。她的木屐破了，她可以从警务站的老人那里买一双新的。她需要一杯水、一条观赏金鱼、一套新刷子，她只要等上几分钟，就会有人送过来。在此期间，她会给朝圣路上的孩子施舍吗？她有多余的铜钱分给乞丐吗？她想听盲人乐师演奏歌曲吗？如果没有，她有旧衣服想卖吗？有废纸吗？她可以把它拿给留着奇怪发型的男人，他们从属于当地的流浪者群体。他们会把废纸卖给废纸贩子，后者经回收利用，把它做成纸巾再次卖给她。

人人似乎都知道自己要去哪儿。工人们推着手推车，武士们拖着剑和矛去练武术，保姆们背着婴儿。孩子们头顶课桌去上课。女佣们为女主人携着包袱。就连收荒匠也拖着各种篮子，有些顶在杆子上，有些捆在屁股后。但常野什么也没带。她只有身上穿着的衣服，一朱金剩下的碎角子，还有要往哪儿去的模糊设想。

从神田到筑地的道路，要跨过日本桥川，这条河是主要商业区的南界，也是江户最繁忙的水道之一。在乡下，一条河最重要的地方在于水：它可能流淌得很慢，呈深褐色；也可能激流奔淌，清澈见底；它可能闻得到金属、泥土或雨水的味道；它可能一副要涌上河堤的样子，也可能是几缕细流，穿过宽阔的淤泥河床。但在这儿，尽管有了水，才有了河，甚至才有了整座城市（它把城堡的护城河、隅田川和大海连接了起来），但它并没有引起人们的注意。在喧嚣的人群里，谁也听不见水的流淌，闪闪发光的水面，几乎全为木船所覆盖。这些木船大多是要去全日本规模最大的早间鱼市。它们载着成堆的鱼虾贝类。河水不安地流淌着，一次又一次地顺着日本桥的桥桩上下起落，好像是要用力把木船们推搡到一边去。［见插图18（1）］

　　跨过日本桥，就像在爬一座拥挤的小山。［见插图18（2）］这座桥不仅仅是交通要道，也是做买卖、乞讨、行窃、用陌生口音紧急磋商之所。黝黑的农民静静地站在桥上，出售从村里带来的蔬菜。其余的人则匆匆而过。没有几个人停下脚步远眺全城，凝望远处将军的城堡；视线若朝着西南方向，晴朗的日子可以看到富士山；若向下俯瞰河岸，那儿的仓库露出白色的后墙，对着水面。

　　过了桥，对岸是些平民区，因建城之初分配至此的匠人群体而得名：木匠镇、檀香镇、榻榻米镇。它们早就演变成了普通的市中心街区。往南是南传马町，这里是最古老、名头也最响亮的平民住宅区之一，租金高昂，业主们肩负着向幕府提供驿马和搬运服务的繁重任务。街道通往京桥宽阔的广场，它原本是一道防火带，可如今，"临时"摊点已经变成了常驻摊位。走过京桥，就来到了江户建立在垃圾填埋场上的南界。建造江户时原本没有这地方。如今，这里是大领主们的仓库，在港口的白帆之上，可远眺到净土真宗庙宇建筑群筑地本愿寺的轮廓。

筑地本愿寺并非只有一座寺庙，而是围绕高耸大殿兴建的一大片宗教机构建筑群。主寺的住持拥有连幕府都眼红的庞大资源。上千家信徒组织供奉鸡蛋、蜡烛、鲜花和银钱。常野到来的前一年，京都净土真宗的西本愿寺长老拜访此地。在他的描述中，主寺仿佛盘旋在江户上空，与日常的商业面貌截然不同。他写到，在南边，他能看见品川驿站的屋顶和来来往往的船只。到了晚上，捕捞银鱼的渔民们放火照亮海浪。东边是房总半岛的远山，西边是富士山的峰顶，北边是江户城堡的白墙。而从街道上看，景色又大不一样。那儿有市集，在大殿投下的阴影里，成群的香客从一座座小庙里进进出出。

常野拜访的是其中一座叫"圆胜寺"（Enshōji）的庙宇。当时，这是个默默无闻的地方，在大多数江户地图上都未曾出现。但常野知道这座寺庙，是因为义融曾和庙主通过信。她自我介绍是越后国林泉寺前任住持之女，请求帮助。她兴许希望庙主一家能给她提供住处，作为交换，她会帮忙做一些简单的庙务事宜，那是她在越后的家里早就熟悉的事情。然而，庙主建议她到往西几个街区的铁炮洲十轩町，去拜访她的姑姑三津（Mitsu）。一开始，常野没有想到这个主意，要么是因为她不知道姑姑住在那儿，要么是因为她觉得太尴尬不敢去拜访。但此刻，寺庙拒绝了她，她再没有别的选择了。

常野朝着十轩町走去，这是江户边缘一个孤零零的多风狭长地带。与其说它属于江户，不如说它属于海湾。每当台风袭来，整个街区似乎都要被吞没。当地大多数人从事的工作是从海运船只上卸货，再把货物装到内河航道的小船上。常野的姑丈文七是十轩町的住户，兴许做着与航运贸易有关的事情。那儿几乎没有其他商店，只有一家办事处，来自偏远伊豆群岛的人们往此运送干鱼和海草。

常野在十月的最后一天前往姑丈文七的森田屋（Moritaya）。在江户待了近四个星期之后，她几乎已经不是原来那个人了。文七一定很难想象她居然是自己的亲戚。他分外震惊地写道，常野"衣不遮体"。常野从未到过江户，她家跟文七的妻子三津有血缘关系，而三津当时外出到江户城外的一座村里侍奉去了。故此，从文七的视角来看，一个自己从未见过（甚至可能从没听说过）的衣冠不整的女人出现在自己门外，讲述了一个令人难以置信的故事：她跟几乎不认识的男子私奔，典当了所有衣物，独自一人游荡在江户寻找工作。他恐怕无法决定要怎么想。

在几天后写给义融的信里，文七对常野的故事做了一番毫不含糊的演绎：她被一个觊觎她家族财富的无赖男子引诱并抛弃。智鉴"道德败坏"，他的亲戚均为"恶人"。林泉寺应该预料会收到来自神田皆川町的信件，但他应该置之不理：那都是智鉴的亲戚们做的坏事。自然，义融也不应理会赎回常野当掉衣物的所有要求。事实上，除非再收到任何说明，义融不应该送任何东西给常野。与此同时，文七会全力相助，让常野安顿过冬。他和三津商量过了，三津答应去问问自己侍奉的那家人，能不能给常野安排合适的工作。

文七焦急地等待回音，但他的信，在近两个月里都未能到达林泉寺，这很少见。通常，信件只需要三四个星期就能翻过群山了。原来，文七的信经历了一场出乎意料的暴风雪。十一月初他寄出信件时，山上只积了一英尺厚的雪。越后的人们松了一口气，以为在经历了饥荒岁月可怕的严冬之后，总算可以稍作喘息了。但到了十一月底，雪终于下起来了，突然之间，一场猛烈的暴风雪便肆虐了好几天。等雪终于停了，一切都被埋了个干干净净。据作家铃木牧之的报告，在石神地区内陆的一座小镇上，人们甚至无法进出自家的房子。文七的信只能等上一阵子了。

早在石神村开始下雪之前，义融就已经着手安排对付自己任性的妹妹了。到九月底，常野离开九天之后，他便要自己的内勤传八到幸笃家去看她，因为她离家的时间超过了预期。传八震惊地发现常野根本没去过幸笃家。幸笃也很困惑，但这时来了一位信差，带来了常野写的一封信，宣布自己要去江户。信是寄给常野的叔叔的，后者把信转给了幸笃，以为幸笃知道这是怎么回事。（常野的叔叔完全没有理会她附在信后的便笺，便笺上说，除了在江户的地址之外，不可将此事告知家中兄弟和母亲。实际上，他还把那张"机密"的字条也交了出去。）传八惊慌失措，把信带回林泉寺，并把前因后果告诉了义融。

义融是个死板的人，经常对别人的做法感到失望，但他也很敏感。女性常让他深感困惑，但他竭力想理解她们的动机。每当卷入争执，他会详尽地描述事情的另一面，就如同要对某种内在的公平感承担责任。常野的举动让他异常愤怒，尤其因为这是一种羞辱，在他灾难性的第一段婚姻破灭后，他对关于他持家无方的各类批评极为敏感。他完全清楚常野为什么要离家出走。"她竟与陌生僧人私奔，吾家上下万万无法接受，"他写道，"她背叛家族，让我们在世人面前丧尽颜面……"但他又补充说："她此前已婚，因所行自私而离异。此次瞒着所有人私奔，大概是因为她自己也不知道还能怎么办吧。"

义融想在江户找到常野，哪怕只为了核实她当真在那儿。但这是一件微妙且棘手的任务。他不能亲自去城里。他也许想到了姑姑三津和姑丈文七，但他似乎并未提前写信给他们。相反，他叫林泉寺的内勤传八写信给后者的一个亲戚矶贝安五郎，当时那人正在江户新桥区侍奉。安五郎是林泉寺的信众之一。在常野的第二次婚礼上，他还通过信差送来一份海鲷干作为贺礼。在常野的第三次婚礼上，他是到场的宾客之一。他母亲是林泉寺女眷会的骨干。换句话说，他是个能保守寺庙秘密、可以信赖的人。通过传八，义融请安五郎到皆川町去看看常野的情况，并及时汇报。义融强调说，此事务须谨慎。

同时，义融正准备跟父亲的亲戚——越后的井泽家族——进行一场丢人的面谈。通常，远亲无权干涉寺庙管理。但义融欠了他们的债：饥荒时节，他从他们那里借了200两金币来维持寺庙运转。所以，他觉得有必要解释一下所有叫人蒙羞的细节，常野不光跑去了江户，而且身旁还跟着一名陌生男子。另外差不多糟糕的是，她典当了自己的所有物品。不出所料，井泽家族认为义融应该跟她恩断义绝。

义融写给常野的信开始得很唐突，甚至不曾礼貌地问一问她的健康："已收到十月来信。"接着，他讲述了自己怎样得知常野逃跑的漫长故事，并最终对她的人品提出控诉："你竟托词拜访幸笃，假道前往江户，可恶至极。弃两亲与手足，身为女子，何其自私可耻！我已向诸亲友道明实情，众人皆说这就是你的本性，应留你自生自灭。须知你此番行径，抛家弃庙，亦自绝于亲友与本村。你请家人代赎典当之物，断难从命。"义融笔下的"难"，是无意中透露的：他使用了一个汉语和日语混合语体下常见的动词结尾，大多用于人们拒绝不合理要求的时候。常野能够清楚地理解它，虽说她可能需要有人把较复杂的字眼大声读出来，并按正确的语序排列。

义融在信末引用了一句名言，出自儒家经典《孝经》中的一段话，接受过良好教育的孩子们一启蒙就会阅读这部作品。他用汉语方块字把这句话写了出来："身体发肤，受之父母，不敢毁伤，孝之始也。"他又说："罔顾此道者，吾不言。"

常野兴许看过这段话，但她是否听出了哥哥的言外之意，我们就不得而知了。义融在信尾引用《孝经》里的话，既是在批评她的不孝行径，也是在提醒她照顾好自己，"不敢毁伤""身体发肤"。义融很生气，但他是常野的哥哥，绝不会真正抛弃她。

等十一月底信到达的时候，常野做过的事早就远远超出了哥哥的建议。义融并不知道她受到了多大的伤害。此前的几个星期，常野给过姑丈文七一套混乱的说法：典当了衣服，智鉴的"求婚"，惣八的冷遇，以及智鉴的离开。但她仍然坚称智鉴是自己的朋友。要等到好几个月之后，她才会改变故事的这部分说法，或者说，直到那时，她才终于向自己承认发生了什么。

姑丈文七光是听到这些，就已经吓坏了。他为常野准备了一套行装，包括她急需的衣服。她仍然只有一件长袍和一件外套。但文七有一个条件：她不能把任何东西带回她在皆川町租来的屋子去。

常野有两条出路：要么和文七待在一起，哪怕心里明明知道到了某一天，他就会把自己送回家；要么一无所有地回到皆川町的租屋去。在这个时候，她已经做出了自己一辈子最重要的一个决定。它远比大多数女性——甚至大多数人——做过的决定要重要。大多数人跟父母选中的伴侣结婚；接手家族的农场、生意或寺庙。她的兄弟姐妹，哪怕性格叛逆、脾气不好的，也都留守故乡，试图保住自己本就拥有的东西。常野屈从于姑丈傲慢的判断，接受他对自己故事的阐释，本来是件容易的事；她一点也不熟悉这座城市。让她的家人照料自己、给自己衣服穿、找一份体面的事情做，直到她平安回家，也算不上失败。几乎所有人都会这么做。

但常野已经走得太远了，而且她也太过固执。如果她回到越后，家人只会又一次努力把她嫁出去。她年纪太大，不像妹妹清美和嫂子佐野那般幸运，成为寺庙的女主人，照料着孩子和祭坛；也不像她的小妹妹俊野，平静地生活在她丈夫的村子里。知道了她的过去，现在还有谁会娶她呢？她的出路并不比当初离家出走时更好。实际上，应该是更糟糕了才对。

在下町桥上那一天，常野已经做出了选择：智鉴邀请她一起到江户去，她答应了。她有遗憾——她承担了风险，几乎失去了一切——但她仍然知道自己想要什么，她在越后没有未来。常野一无所有地离开了筑地。她留在了江户。不同寻常的事情注定要发生。

　　既然选择了走自己的路，常野必须去找工作，而且要快。她的钱已经用完了，还欠了甚助的债，要么是因为房租，要么是因为他借给她钱和用品来布置房间。问题在于，她并没有什么特别的技能。她原以为自己可以去侍奉大名，"学习贵族望门礼仪习俗"。但她周围的男人知道得更清楚，这些职位不可能在短时间内找到。它们需要面试和审核，竞争十分激烈。在江户的后巷里，野心勃勃的母亲们会用上好些年为女儿们将来的侍奉之路做准备。她们懂得，培训和自律可以让漂亮的女孩从租屋搬进望族府邸，她们会把宝贵的金币花在女儿的音乐、舞蹈和书法课上。如果筋疲力尽的女孩在漫长的一天后回家抱怨自己唱歌唱到声音嘶哑，手指因为弹三味线而长出老茧，她的母亲会催促她赶紧吃完晚饭就再去练习。她会提醒女儿，栽培得当的年轻女士无须把一辈子用在洗衣服上，也不用在尘土飞扬的租屋里经营小商店。她可以成为富商的外室，也可以做独立的艺伎养活自己。如果碰上最好的情况，她甚至可以成就一段美满姻缘。哪怕她变成了优雅的陌生人，为母亲粗俗的举止感到难堪，这一切的奋斗和牺牲也都值得。

　　常野可拼不过如此的专注。她根本不是娴熟的表演者，更糟糕的是，她连衣服都没有。在她最近的一封信中，她请求家人寄给她"坏腰带"、镜子、梳子、发夹、围裙和棉袍。但他们不跟她说话，什么东西也没送出来。她没有才华，不时髦，而且孤零零的一个人。米商惣八建议她去本地的职介所，有什么工作先干起来再说。

常野去了，表现得跟这个街区的其他任何女性一样。但唯一能做的工作是到几个街区外的一户武士府邸去做女佣。工作内容是单纯的家务劳动，毫无迷人色彩，跟她想象中一点也不一样。常野想要拒绝，职介所的人则坚持说，自己没有别的事情能推荐她做。"别无良策，"常野写道，"予心甚虑。"

大约在同一时间，常野接待了一位意外的访客——安五郎，林泉寺内勤传八的亲戚，义融派他来查看情况。常野知道他已经离开了自己在石神村的小家庭，冬天待在江户，以侍奉为生。所以，她一到江户就向哥哥索要过此人的地址。但她从未收到回复。

看到安五郎，常野一定长出了一口气。在一座到处都是陌生人的城市，她终于见到了一位朋友。更妙的是，她的地位比他要高。虽说安五郎比常野略略年长，而且是有地位的已婚男性，但他一直听从自己家庭的吩咐。他理解她的身份地位和受过的教育。他知道她是什么人。兴许，安五郎能向中介解释一下，他提供的工作不合适。

如果常野这样想，那她就完全打错了算盘。安五郎的确没有受过良好的教育，也算不得久经世故。他写的是复杂难认的方块字，说话带有浓重的越后口音。在江户，他是一介普通仆从。但他了解这座城市，对常野的困境也有不同的看法。安五郎明白江户的劳动力市场有多无情。没错，地位仍然很重要。这兴许能从常野的举止和言语里表现出来。一旦人们意识到她是寺庙家庭的女儿，他们兴许会使用略微尊敬的语言，躬鞠得更深一些。但哪怕是最完美的血统也并非技能，没有当地的人脉和金钱支持，它并无太大意义。而常野两者皆无。

在这种情况下，安五郎很高兴听说职介所给她推荐了一份体面的工作。他直接找到惚八，确认了这一安排；接着写信给常野的家人，宣布她的命运已安排妥当：十一月底，常野将开始做女佣。

第五章
武士之冬

1839年的十一月出奇地温和。沐浴在微弱的阳光下，日子一天天地流逝，地面从来不曾结冰。在越后生活了一辈子，在通常需要雪靴的季节却穿着平常的木屐走在泥泞的街道上，常野想必感到有些奇怪。她家乡来的人常常取笑江户人说，稍微下一点雪就大呼小叫。下雪而不必铲雪，外出赏雪就成了件轻松事。江户人还喜欢他们那针尖般细的小冰柱，细到用手指一戳就会断。铃木牧之写道，跟故乡的冰柱相比，它们"跟鸭屁一般不足为道"。

当然，他配得上把话说得如此浮夸：他是个穿着考究的商人，在江户的冬天，他正坐在著名作家书房的火盆旁。而对一名独居女性来说，要夸耀自己的坚强就难得多了，尤其是，此刻她正坐在四面通风的租屋里，眼睁睁地看着冬天袭来。常野知道，就算她想回家，现在也办不到了：冰雪已经掩埋了穿越山脉的道路。她不知道家里人还会不会写信来，也不知道能不能收得到。她活了36岁，此前还从未一个人生活过。她有七个兄弟姐妹；还嫁了三任丈夫。就算在来江户的路上，也曾有智鉴在身旁作陪。房间的墙壁很薄，后巷又满满地住着人，所以租屋里始终有一种周遭有人的感觉，但他们都是陌生人。夜里，她因为感到恶心坐起身，拿出贵重的墨水和纸张，写信给有可能不会回信的家人。"我想离开这困窘的陋室，"她写道，"迫于现状，竟不能。"

可过不了多久，每天早晨，她将迈出租屋的门，走上一小段路前往武士居住的街区，进入江户的另一个新世界。

武士及其家人，大约占江户人口的一半。（见插图19）他们自称武者，凡男性都穿专门的武者服装：开衩的裤子，衣服上饰有家族徽记，腰间佩一长一短两把刀。他们会将头顶的毛发剃光，把剩下的头发编成油亮的顶髻。表面上，这么做是为了让战甲头盔能牢牢地固定住，但他们通常不戴帽子，要戴戴的也是锥形莎草帽。如果武士出现在仪式性场合，他们会排成军事阵列行进：队伍中级别最高的人骑在马上，周围是手持长矛、弓和旗帜的步兵。哪怕武士外出只是日常公务，地位较高者往往也带着侍从陪同。

但这些人，没有一个在战场上开过枪、拉过弓或挥过刀。德川幕府的和平给国家带来了稳定，但也剥夺了武士们通过战争证明自己的机会。他们告诉自己，也告诉彼此：他们的祖先曾英勇战斗。他们通过血统（有真也有假）证明这一点。他们聆听祖辈传下来的战争故事，在学校研习武艺。但我们不可能知道，要是受到召唤去保卫领土、家园或大名，他们会怎么做。所以，他们把刀擦得锃亮，故作姿态。他们渴望对充斥着银钱和生意的肮脏世界保持超然态度。在公众场合，面对陌生人，哪怕受到轻微的侮辱，他们也会竭力做出一副剑拔弩张的样子。

在现实中，许多漫步在江户街头的武士，都一副笨手笨脚、土里土气、不知所措的样子。他们呆愣愣地看着城市的景色，在小吃摊上数着铜钱买零食，显得犹豫不决。这些人，来自各个藩国，江户人讥讽地叫他们"乡士"，还会模仿他们的乡巴佬行径。在任何时候，江户都有近20万此类武士，作战力量是1840年英国海军规模的五倍。他们手持战戟，扛着大名的轿子，从日本各地进军江户。幕府要求全国的大名每隔一年就驻扎在江户，以示对幕府的效忠。

这些普通乡村武士，住在大名府邸的营房里，大部分时间都待在自己狭小的房间里。如果他们白天自行外出购物或观光，就会显得手足无措。就连常野在城里也比他们更自在。至少，她是自己想到江户来的，到这里待了三个星期之后，她就知道怎样住在廉价租屋里，支付房租、购买日用所需了。而这些人只是在执勤。他们效忠的主家提供从基本家具到大米配给的一切。他们不需要学习怎样在城市里独自生活，因为江户永远也不会是他们真正的家。

另一些武士就自信多了。他们是幕府将军的直属侍从，和侍奉大名的武士不同，他们组成了常备军，保卫江户城堡免受内外威胁。这支部队由大约5000名旗本封臣组成，他们通常是侍奉第一任德川幕府将军家臣的后裔。他们的祖先是最早定居江户的武士，护城河对面高地上的良田，都分配给了他们。大多数人仍然生活在他们最初定居的社区：番町、骏河和小石川。在他们级别之下的是大约2万名御家人。他们也是幕府将军的直接属臣，但他们没有到江户城亲自谒见幕府将军的特权，也没有资格在幕府中担任最高职位。他们的住所更小，也更分散。连同他们的家庭和仆人，旗本和御家人占了全部武士人口的一小半。

有些旗本在附近藩国有封地。一般来说，这些并非傲人的庞大产业，而是若干小村庄。旗本很少巡察自己的封地。如果他们还想跟这些领土有什么联系的话，他们会雇用村长的儿子当巡视，或者允许地位高的农民新年时前来拜贺。要不然，土地就只是他们的收入来源罢了。他们是城里人，江户生，江户长。

大多数旗本和御家人，是从将军设在浅草的粮仓里领取俸禄的。在那儿，一排排低矮的粮仓像锯齿一样伸向隅田川。日复一日，又长又平的运粮船停靠在粮仓运河上，把大米卸在幕府将军的土地上。每年送来的大米约有50万包。这笔容易失火的财产，放在戒备森严的粮仓里，周围全是水井和水槽。品质最高的大米，会送到幕府后宫的女官们手里；剩下的按地位高低分配给幕府将军的家臣：地位最高者，分到较好的大米；地位低的御家人，分到的大米就糟糕些。

一年里有三次，旗本和御家人会派平民代表，俗称禄米商人，到粮仓代自己领取俸禄。17世纪，政府发放薪俸的流程是这样的：粮仓外堆放着一大捆稻草。武士们来领取自己的配额时，先在纸条上写下自己的名字，接着把纸条用竹签戳着，扎进稻草包。粮仓的工人收集武士的名字，接着逐一点名，让其领走自己的份额。但幕府将军的家臣们像狗一样坐在粮仓前等着传唤给吃的，实在有失体面，于是，他们开始雇用平民代为领取。禄米商人的生意就是这么来的：他们代领禄米。

但武士应该怎么处理成百上千捆的粮包呢？他和家人吃得

很有限（粗略计算一下，一个人一年只吃得了一包米，哪怕这配给十分微薄）。武士真正需要的是现钱：用来购买酱油、清酒、木炭、蔬菜、味噌、服装、家具、盔甲和其他大大小小的城市生活必需品。一旦脱离了土地，他们无法自己生产此类东西。于是，禄米商人们就提出了一种解决办法。他们可以将禄米换为现金，同时收取少量的中介费用，旗本和御家人也不必自降身份去做买卖。相反，在发放禄米的那一天，他们到河边的茶室与禄米商人见面，收到扎得整整齐齐的金币，以及商人们感谢惠顾的奉承话。

不可避免的一点是，幕府将军的武士们花的比挣的多。这不仅仅是武士不知道如何理财的问题，也是一个结构性问题。薪俸多多少少是固定的，只有获得特别任命的职位，才能挣到更多钱。但大多数日常必需品和服务的价格一直在上涨，随着农民们学会新的农业技术（使用肥料、作物轮耕和植物育种），水稻产量越来越高，其基准价值应声而落。如果将军的家臣们想要维持父辈的生活水平，就必须借贷。而这样的服务，禄米商人们很乐意提供。年复一年，禄米兑换的金币越来越少，江户的旗本和御家人发现自己深陷债务，而禄米商人，原本只是普通平民，如今却拥有了难以想象的财富。放债的商人拒绝当面会见武士债务人；他们待在粮仓大门旁的行会办公室里，处理米票，花大价钱给自己订午餐。（据说，他们每个月的午餐预算是每人100两——相当于低级旗本的年俸。）幕府意识到这个问题，有时候会发布全面的贷款宽免令。即便如此，在19世纪初，旗本欠禄米商人三倍于己年俸的钱，也是寻常之事。

高级旗本自有拿到报酬的方法。与幕府关系最密切的人，经常接受将军及家人慷慨的赏赐。井关隆子的丈夫是掌管幕府后宫女性事务的旗本，她曾在日记中写下这样的礼物：斜纹和服，叠在盒子里厚厚的长长的白色丝绸，漆制砚盒，各种各样的鱼和水果。一年秋天的月圆时节，幕府夫人"不光送来了红豆蒸米饭和传统辅料，还有水果、海鲷、虾、鲽，还有一大口柳条篮里装满了柿子和梨"。

但井关隆子的家庭只是少数的幸运儿：她家族的男人在幕府里担任显赫的职位，每年总共可领到大约1000石的禄米，外加各色礼物。大多数旗本每年的禄米不足200石，御家人更穷。这笔收入，对生活更加不稳定的小店主和租屋居民来说仍然令人羡慕。如果能拿到相当于低级旗本的薪水，常野会开心极了。她甚至能修得起房子，养活丈夫和孩子。但问题是，旗本们都负债累累，一直雇用仆人和家臣只是出于义务，不得已而为之。没有职务的旗本和御家人，会被分配到将军的后备部队，甚至必须向将军支付一笔费用，换取什么也不做的特权。

1849年，一位中等旗本的妻子，坦率地写下了在这种条件下的持家挑战。她告诉不熟悉这种艰苦生活的富农双亲："我们已经很节俭了，甚至连旧衣服都打着补丁穿，却还得省出五名仆人的薪水。我们靠固定的禄米为生，付完日常生活的所有开支，哪怕什么都不吃，也只剩下一两百铢小银钱了。"至于最低阶的旗本，每年仅有百石禄米，境况就更加恶劣。他们被迫靠手工艺品来补充收入。他们制作毛笔、竹叉、发带、纸灯笼和木屐。有时，他们会种植杜鹃花和牵牛花，或是养殖金鱼和蟋蟀当成宠物贩卖。相较而言，常野在越后的家庭，严格来说地位虽然更低，但却从来无须依靠计件手工或养鱼来维持生计。要摆脱武士们所称的债务地狱，只有两条路可走：一条路是缩减开支，典当一切可以节省的资产，尽量裁减人手，向债权人恳求获得更低的利率，在方方面面量入为出；另一条路是增加家庭收入，让前途远大的儿子娶一个能带来一些钱的媳妇——尽管这对武士来说很困难。有时候，为富有的平民之女安排一场婚事很值得。如果常野住得离江户更近，或是家人里的武士朋友比僧侣更多一些，说不定这就是常野的命运了。有时，这对一个想要离开村子、获得更高地位的姑娘来说，是个很不错的选择。但对旗本来说，迎娶有钱媳妇的问题在于，它带来的金钱是一次性的。在幕府里获得职位晋升会更好，这样除了通常的禄米之外，还可获得一份职禄。最好的职位，也就是负责分配工作给其他武士。除此之外，便是涉及与富裕平民打交道的职位，也会带来收受礼物或贿赂的机会。

晋升并不容易。幕府将军的大多数家臣并未充分就业，每一个职位都等候着太多眼红的人。更糟糕的是，很多时候没有办法根据能力来区分候选人，因为工作本身仅仅体现为仪式性质：要么充当侍从，站在江户城堡漂亮的房间里；要么做一个平常根本碰不到什么威胁的警卫；要么就是在一个毫无意义的庞大官僚机构里担任中层管理者。既然职位出现空缺的机会很少，高级官员便会在幕后安排自己心仪的人选。这些有权势的人很容易判断，因为他们的门前总挤满了失业的御家人。最绝望的人每天天一破晓就带着礼物和恭维话出现，希望自己的纪律性和持之以恒的态度能给上级留下印象。但通过这条途径找到工作，希望极为渺茫，如同"用灯芯钻空竹子"。

少数人尝试了更富创意的方法。以文才闻名的旗本根岸镇卫，从150石的微薄俸禄起家，逐步晋升到年俸1000石的町奉行。没人怀疑他能力超群，但这奇迹般的崛起也需要一种解释。日后有一位作家说，根岸镇卫靠着故意喝醉酒，踉踉跄跄地走到一位幕府家老的府邸，醉倒在排水沟里，竟然交上了好运。家老的一名部下发现了他，给了他一套换洗衣物。此后三年，根岸镇卫每年都去拜访他，向他表达谢意。最终，幕府家老注意到了他，给了他一个在自己身边侍奉的职位。而这个职位，便成了根岸镇卫开启辉煌事业的跳板。

其他没那么聪明或者没那么走运的旗本，则试图把自己的地位变成钱。身为武士，他们可以进入武器和盔甲的世界。一些人是自由从业的日本刀鉴定师，另一些人担任武术教练，教农民和市民的儿子柔道和骑术。由于地产是幕府赠与的，他们不必支付租金，所以他们尝试在产业上修建小房子出租以牟利。此举最终为官方所禁止，因为可能会惹来麻烦。1825年，一名旗本由于把自家产业出租给了非法妓院，卷入了一场大丑闻。为解决现金流问题，他在自己的土地上修建兵营，并雇了一名浪人武士来督管。房客里有一女人胆大妄为，勾搭了旗本的仆人合伙经营一家小妓院。起初，他们只雇了一名妓女，但后来生意兴隆，他们又雇了几名妓女，众多嫖客从旗本产业的侧门进进出出，根本没法忽视。这时，主事的女人和同伙把事情告知了旗本，并愿意出钱让主家保持沉默。因为有了额外收入，他松了一口气，接受了。

但事与愿违，事情败露后，旗本被流放远岛。

如果说旗本的处境困难，旗本的次子或三子境况就更恶劣了。他没有指望能继承父亲的地位和俸禄，也没有家族产业可分，在这般局面下，年轻人最好的出路就是找贵人收养了。或许某个地方有位没有子嗣的旗本，兴许是这家人的远亲，想要找个有前途的继承人。又或者，旗本的女儿需要丈夫，而她的双亲又想要个女婿继承家族的姓氏。如果是这样，年轻的新郎便要搬到岳父母家居住，适应不同家族的生活方式，接受新的姓氏，确保自己不会激怒妻子和她的家人。至少，最初的几年会很艰难，而且也无法保证成功。倒插门儿的女婿一旦离婚，继承权就被剥夺了。为了让日子好过些，结婚时最好带上足以买到第二、第三次机会的钱。可钱该从哪儿来呢？

有两件事对旗本的儿子们有利：他们的武士身份，以及他们对这座城市的了解。他们厚着脸皮尽情地利用这两者，竭尽所能地捞钱。有人甚至因为敲诈勒索而声名狼藉。19世纪50年代，一位旗本的次子诈骗了麴町商业区的一名当铺老板。次子出现在老板的店里，拿着一个用淡紫色丝绸和亮黄色棉布包裹着的泡桐木盒子。他说盒子里盛着一件稀世珍宝：两条活龙，一雄一雌，是朝廷为了报答他祖先的功绩而赏赐给他家族的。他说，这两条龙比幕府给自己家族授予封地时发布的文件更宝贵。但旗本家最近急需现金，所以他请求同一街区信誉卓著的当铺接受这份珍宝作为抵押品（当然要保密），发放借款。当铺老板的职员并不傻，他怀疑旗本之子在搞鬼，便坚持要按照店主的规定办事：先看东西，再写当票。旗本之子抗议说："但你得明白，这些可是活生生的龙——一打开盒子，肯定就飞走了。"不管怎么说，店员仍然坚持要看，最终，旗本之子让步了。店员打开盒子的包装，挪开盖子，两只大蜥蜴跳了出来，转眼就跑得没了影子。旗本的儿子早就料到会发生这种事，因为他事先把蜥蜴饿了足足十天。但他摆出最庄重的样子，伸手拔出别在腰间的短剑，用非常正式的武士用语说道："如我所说，可怕的事情发生了。既然如此，我只能按规矩切腹谢罪了。"他站在原地，用刀刃顶着自己的腹部，直到职员大声呼救找人帮忙，当铺老板、女主人、另外几名职员和邻居全都跑了过来。当铺的邻居们也都是生意人，他们知道，如果一位旗本的儿子在当铺里自杀，店家绝无可能避过这桩丑闻，整个街区也会引起町奉行的注意，招致不愉快的后果。他们说服当铺老板向旗本之子支付500朱金赔罪。

另一位旗本的儿子胜小吉写了一本回忆录，详述了自己的"壮举"。他和常野同龄，而且，跟常野一样，到35岁上下时，已经历过了几种不同的生活。少年时代，他离家出走，有好几个月都在交通干道上流浪乞讨。他到渔船上做过工人，差一点被一户平民家庭收养。回到江户后，他向哥哥的捐客借了一小笔钱，到妓院里住了一个半月。而后，他成了自由从业的刀剑鉴定师，还学会了剑道。哪怕迎娶了一位体面的妻子之后，他仍跟一帮浪人剑客在江户游荡，靠赌博和勒索为生。

身为武士和男性，胜小吉具备好几项常野所没有的优势。他曾离开妻子好几个星期，在妓院里挥金如土，但从未承受离婚的耻辱。他的行为糟糕之至，父亲曾把他关在笼子里足足三年，但他也从未与父亲断绝关系。在大街上，他的江户口音和武艺都为他打开了方便之门：他要么靠耍嘴皮子，要么靠打斗，便可从麻烦中脱身。如果一切都行不通，他可以去找剃头匠人，穿上正式的裙裤，召唤自己作为旗本之子与生俱来的权威。1839年冬天，常野坐在租屋里思考是否要去做用人时，胜小吉正在乡下为江户的地主东家筹款，此人是位挥霍无度、毫无常识的旗本。旗本封地上的农民拒绝给钱，胜小吉蛊惑、威胁、恫吓他们，直至后者屈服。他很快筹到了所需的资金，以英雄之姿凯旋。

胜小吉自己也承认，从幕府武士所秉持的价值观来看，他是个不够格的榜样。他既不诚实，也不勤奋，对主公没有忠诚感，甚至没有责任感，当然也不节俭。但他运气好。他42岁写下回忆录时，情不自禁地吹嘘自己的好运："虽然一辈子沉溺于种种荒唐行径，但上天似乎不曾惩戒于我。"

1839年冬天，当常野准备去当用人、胜小吉蛊惑倒霉农民的时候，幕府的旗本只剩下不到30年的存在时间了。等他们的孙辈长大成人，这座城市就不再属于他们。它甚至不再叫作江户。但在1839年冬天，一切还没有人知道。直到20多年后，人们才能想象，有一天，江户城堡里的幕府统治终将结束。在此期间，必要的问题不能不处理。警卫必须配备，刀剑有待鉴定，贿赂不能不给，税款不得不收。要为不远的将来做好安排：儿子的婚事，冬末的大扫除，年度账目的结算。日常生活的琐事要逐一打理：柴火点起来，水罐要装满，每天晚上将榻榻米整理到一起，第二天早晨又挨个放置出来。有了差事不能不去奔波。女用人也不得不雇。

常野的雇主东家，是一位名叫松平友三郎的旗本。他要么非常幸运，要么风度非凡，要么两者兼而有之，因为他还不到20岁，就已经得到了2000石的俸禄。这约等于700两金币，按大多数旗本的标准，这是一笔令人羡慕的可观财富。孩提时代，友三郎是幕府继承人德川家定的侍从，两人年龄相仿；1839年，友三郎又晋升为高级侍从。这并非一个专属岗位——约有100名高级侍卫为年轻的将军监管马夫，准备膳食，盘整头发，收拾衣物。话虽这么说，这仍然是一份薪水丰厚的肥缺，更重要的是，它带来了直接与幕府将军交谈、获得其青睐的机会。

大多数人，甚至大多数武士，绝不会有这样的机会。对大多数江户居民来说，将军的城堡是一处陌生而神秘的空间。从常野居住的平民区眺望，城堡几不可见。一度高耸入云、俯瞰城市的主塔，多年前便遭烧毁，幕府以费用太高为由拒绝重建。没有了它，常野街区的居民只看得到城堡的防御工事：石头城墙、沉重的木门、雄伟的瞭望塔，以及两岸长满了青草的陡峭护城河。即便是在商业印刷的江户地图上，城堡几乎总是表示为一片空白，以示尊重。书面文件提到幕府时也会有类似的留白，暗示普通人碰到如此可怕的大人物时可能会感受到的踌躇。

也不是所有人都这么毕恭毕敬。1838年，江户城堡失火，平民消防队获允进入，他们偷走了每一样能找到的东西，还把小饰品带回家留作纪念。但对大多数人来说，这座建筑本身就是一种抽象的东西，很像是从不在公共场合露面的幕府将军。将军的长相或声音如何，传言很多，但没人能确切说得出来。

觐见将军大人的特权，是为大名和旗本们保留的。每个月的第一天和第十五天，有资格觐见的人便受召集结到城堡里。他们华服盛装地骑马到来，身边是手持长矛、戟扛着沉重大箱子的侍从。（见插图20）出现在城堡大门入口处的队伍浩浩荡荡，十分壮观，成了吸引游客的观光景点，但它的用意是让世人见识将军的实力，而非给将军本人留下什么印象。受召前来者只能带上最少的随从，步行进入城堡之内。马匹和其余人等要在大门前的广场上等候好几个小时，在町奉行所官员的监督下打发时间。这名官员驻扎在此的目的是避免无聊的侍从们打架斗殴。

与此同时，大名和旗本进入大殿，按等级就座，最重要的人离将军最近。光是有一套房间能容纳所有人这一点，就足以叫人叹服了。这表明将军拥有江户最奢华的东西：空间。大殿有数十张榻榻米垫子，可供上百人使用，墙上的绘画展示的是金色叶片映衬下的松树与河流的广袤风景。成群的鸟儿凝固在飞行姿态，每一根羽毛和喙都画得栩栩如生。

出席人员同样经过了精心安排，以免显得格格不入。哪怕是在普通的日子，要进入这令人敬畏的城堡空间里一个不太重要的小房间，武士们也务必谨慎着装。凡事都有规矩。人们只能在冬天穿袜子；如果有人想在夏天穿袜子，必须以患有慢性脚冷症为由请求例外恩准。剃发也是必需之事（只有一个人曾因为头冷而请求开恩免于剃发——但实际上他是想要遮挡脑袋上一块难看的大疤痕）。此外还必须梳好顶髻，这对秃头的人来说是件麻烦事。他们只能去买假顶髻粘在头上。将军出现时，就座的武士们向他鞠躬，他们的顶髻看起来就像是一排排墨水画的记号，在剃光的头顶上格外扎眼。

哪怕是在普通的工作日，江户城堡里也随处保持着繁多的礼节和仪式。例如，每年十一月初，幕府将军会举行一场仪式，在当年冬天第一次点燃火盆。这件事安排在日历上冬季开始的日子。如果天气提前变冷，所有的人就只能忍受严寒了。上厕所也是个问题。在仪式性场合，男性都穿着正式的长袖罩裙，在城堡狭小的厕所里，几乎不可能把所有该脱的外衣脱掉，当然更不可以在将军的花园里脱了衣服小便。大名和将军本人会有侍从手持铜制尿壶在一旁侍候。只要稍微松开几条捆绑的带子，便可小心翼翼地把它们从外袍的缝隙里插进去，巧妙地解决问题。但旗本进入城堡时没有侍从，就没有排解之法了。仪式举行前的几个小时，他们尽量少喝水，接着咬紧牙关硬挺到能够更换衣物的时候。

和其他在幕府将军手下侍奉的武士一样，松平友三郎早已习惯了正式的礼节和高度复杂的流程。他知道怎样忍受严寒酷暑，怎样弯下腰深深鞠躬，怎样一坐就是几个小时纹丝不动，直到膝盖酸痛，双脚麻木。然而，时不时地，一些蛛丝马迹会透露出不受武士纪律控制的杂乱现实。偶尔，有人失去理智，提高嗓门儿；更偶尔地，还会有人打架。有时，用胶水粘好的假顶髻从一名年长武士的头上滑落，"砰"的一声掉在地上，令人尴尬。而且，尽管所有人都尽了最大的努力，可按传言所说，城堡主楼里的小便池是全江户最恶心的。

友三郎的府邸就在城堡外面，位于神田门的另一侧。他的土地，是祖先从先代幕府将军那里册封所得，面积相当小。这当然与他的收入和地位并不相称。然而，旗本不能随心所欲地想住在哪里就住在哪里，哪怕只是在同一街区寻找新的住处，也要令人沮丧地花上许多年，提交大量文书等待批准。他们必须向幕府申报，并找到合适的土地。由于江户早就人满为患，等待更换住处的旗本名单，可能已经累积了十年之久。1824年刚放出了一块新地，就有11户旗本家族试图对它提出要求。

面积虽不尽如人意，好在友三郎的府邸位于有名的骏河台街区，此地住着250多名旗本及其家人。江户的地图用狭长的小字逐一列出了他们的名字，整个街区都是代表武士土地的纯白色。骏河台与常野所住的神田区相邻，但两个地区截然不同。神田的大街拥挤嘈杂，骏河台的大街空旷安静。没有卖凉鞋、卖蛋糕的临时摊位，也没有吵吵嚷嚷的小贩。骏河台的武士宅邸全都包裹在围墙里面，几乎什么也看不见。偶尔，一棵长满节疤的树会探出枝丫，越过围墙，让叶子落在泥土里。树干长在府邸里，属于拥有此处的武士。而树枝悬垂在道路上，道路又属于某种"无主之地"，那么，要是树枝掉下来砸到人（或是有人用树枝上吊），那就少不了惹上官司，招来数不清的文书工作了。

即使是在友三郎相对狭小的院落里，也有着常野在神田任何一个平民区都见不着的更多阳光和空间。大门离街道隔着一段距离，门一开便会走进种满树木的院子。院里伸出一条小路，通往主接待区。这里是旗本处理信件、招待客人的地方，它兴许位于一连串首尾相接的房间当中：每一间房都很大，六叠甚至十叠。常野做事的地方不在那儿。府邸外围的建筑，也是外人的地界：那里住着友三郎的侍从，包括管家、勤务兵，以及常野没法区分的其他各类武士。他们中有些人钱很少（薪俸极低），但仍然跟在神田的小巷里大声叫卖的小贩、计件工人、店主和流浪汉完全不同。他们不光穿着制服，梳着顶髻；而且彼此之间有着森严的等级，举止恭顺有礼。友三郎家有一种常野在自己乡下家里熟悉的秩序感，只不过也有陌生的地方：家徽、佩刀、用江户口音所说的正式用语。

　　常野工作的地方在府邸的内宅区，需要从一个单独的入口进去。内宅里有一部分是友三郎的生活区，其余的则是家中女眷和孩子的生活区。人们在这里完成日常生活的许多琐碎事务：读书，呵斥孩子，缝制和服与围裙，安排差事和出行。在普通的武士家里，家里的男女主人跟用人们一同做事。房子的女主人会花大部分时间缝补、织布、纺纱和洗衣服，并跟一两名女仆分担烹饪和清洁事务。她的丈夫，以及男主人的用人和家臣帮忙从事较重的房屋清洁和修理工作。低级别的武士，哪怕是一家之主，也挣不到足够的钱，可让自己免于从事家务劳动。但旗本不一样，在年俸700两金币的家庭里，空闲也多得多。女眷们不需要亲手缝制衣物（甚至根本不必穿自家缝制的衣物），也有更多的钱用来雇女佣。

　　作为杂役女佣，常野兴许无须做饭或缝纫：烹饪之事会交给一名薪水更高的用人，大多是男性；此外，尽管常野会缝纫，但友三郎一家雇用她并不是要她做裁缝。相反，她是要侍奉友三郎家里的九名女眷——可能是他的母亲和妻子，说不定还有祖母，友三郎的一名或多名姐妹，几名贴身内侍或者级别更高的用人。这样的工人比率并不理想。常野习惯做家务，但她一直属于雇用仆人的阶层。她自己从来就不是用人。女眷们的要求极为苛刻，她几乎穷于应付。她写信给哥哥幸笃："6点一过我就起床，为5个不同房间生火，准备洗澡水。接着我打扫几个小房间，清理9名女眷的寝具，打满5个房间的水壶。再接着我收拾女主人的盘子，整理家具，打理9名女眷的东西，帮忙收拾。"这更像是经营一家旅店，而不是在富裕农家或者香火鼎盛的寺庙里当女主人。

如果常野是在更朴素的武士家庭工作，从某些方面而言，她的日子兴许会过得更轻松。普通武士的女佣会做大量工作：除了轻体力的清洁外，她们还做饭、洗衣服、跑腿、纺线、帮忙照顾婴儿、陪同家里的女眷外出。但至少，她们的每一天都过得不一样。常野同样繁忙，但她的任务范围小，而且，每一件事都要重复九次。她是个低级女佣，什么事都要负责，女主人们的每一个要求，她都不能拒绝。她的年薪相对较低，只有两枚小判。她听说自己的前任们都没干多久就辞职了，还抱怨上了职介所的当，她并不感到惊讶。常野常常要在友三郎的府邸待到半夜，由于没有换洗衣物和夹棉外袍，她冻得够呛。

一天夜里，她拖着疲倦的身躯回到租屋，给幸笃写信（义融仍然没给她回信）："工作艰难，手脚都酸麻了。我在那里干了四五天，实在太过辛苦，想要休息，便请了假。"但她也承认，有一些意外之喜的时候。当她最终忍无可忍的时候，其他用人们都报以同情。她们借给她一床被单，女主人给了她一张床垫，让她带回自己的房间。"我孤身来到此地，"她写道，"受许多人的帮助，安顿了下来。"然而，这种善意本身带来了羁绊。受人恩惠，便意味着欠下一笔人情债，而她又无力偿还。"我想告休一段时间，"她写道，"但我现在为他们所有人工作，人人都对我友善，我别无他法，只能继续照料他们。"她认为，唯一的办法就是效法前任，一旦时机到来便直接走人。

这是一招常用的手法，而且不难实现。用人们会告诉主人自己要到另一个地方的大神社（比如伊势或者金刀比罗）去参拜，接着便偷偷寻找另外的东家。与常野同时代的江户作家曲亭马琴抱怨说，自己一年里换了七任女佣。局面糟糕到一贯注重提倡忠义美德的幕府，竟然表彰了江户少有的一名长年侍奉同一位主家的仆人。常野抵达江户的前一年，町奉行推荐了一个名叫健次郎（Kenjirō）的男子，他为内藤新宿邮局附近的一位药剂师工作。町奉行写道，健次郎少年时便在此侍奉，很快便因勤奋受到好评。即便药店生意兴隆（部分原因跟他的努力分不开），他仍每天穿着简陋的木屐，熬更守夜地在药店配药。效劳契约到期以后，他拒收薪酬，留下来照料主人生病的妻子。他或许期待从主人那里得到些额外的安排作为回报，但主人心中另有打算，收养了一名继子，与自家女儿结婚并经营药店。即便如此，健次郎并未耿耿于怀。

健次郎因自己的德行得到了五枚银币的奖励，但大多数江户人无意效法他的忠心。常野也不例外。她已经抛弃了三段婚姻、一个家庭、一座村庄，甚至自己家乡所在的整整一个令制国。虽说接受了善意的话语和借来的床具，但她心里也自有一番打算。旗本毫无疑问是能照管好自己的。

最终，常野留在这户人家侍奉了几个星期，仅仅足够她了解其他仆人的名字和家里女主人们的偏好，认得出几个卖豆腐和木炭的小贩。她兴许逐渐习惯了每天轮流收拾家具和被褥，但永远也受不惯清晨的寒意。晚上，她摸黑走回到皆川町，连夜里摆摊的小贩们都早已收拾好了摊点。进入街区的大门紧闭着，守卫们在岗亭里半睡半醒。有几个小时，她所住的城市一角几乎安静了下来。回到租屋，她仍然没有换洗的衣服，便用借来的被单把自己裹起来，蜷缩进借来的榻榻米里。

那年十一月的最后一天，仲冬，终于下了一点雪。那只是飘下了几抹毛毛雪，按越后的标准，连雪都算不上，但江户的人们似乎认为这是一场盛事。雪在地上一夜未融，在庭院的小径上留下白色痕迹，人们竞相议论。第二天，也就是十二月的第一天，一场狂风席卷全城，当晚发生了常野在江户时的第一场大火。火情始于江户城堡另一侧的四谷，并未到达神田，但人人都很亢奋。离皆川町几条街之外的地方，町名主斋藤月岑冲进办公室，确保一切尽在掌控之中。

总有一天，松平友三郎的府邸也将失火。这是一场可以预见的灾难：没有人认为江户的建筑能够持久。他们认为，能够留存下来的，是这座城市的制度架构；是旗本的概念，而不是旗本本人；是幕府的概念，而不是将军本人。同样的道理，如果女佣不干了，友三郎家也有再雇一名女佣的能力。这套结构体系，已经存了200多年：幕府在江户的中心，武士在护城河周围，兵丁们在王国的腹地。他们怎么能预料到呢？躲不过的大难尚在大洋彼岸陌生男人们拟订的计划之中，而这些计划，就跟新女仆的打算一样无法预测。稳定的日子还能持续一段时间：旗本们继续专注地处理家务，时不时地停下来，赞美点评一下这个温暖而宁静、根本算不上冬天的冬天。

第六章
城市生活的新装

新年的第一天吉祥，第二天有趣。在江户，人们这样评价这个节日，不管是本地人还是移民，全都热切地期待着它。（见插图21）十二月最后一天是个忙碌得令人狂乱的日子，因为根据长久以来的传统，一年中所有的欠款必须在午夜前结清。商店敞开大门，竖起大大的招牌和灯笼，好让债主能找上门来。店主们坐在桌前开出收条，让其他商店的店员等着自己的款项从江户城各地收回来。整整一天，焦急不安的年轻人在街道上跑来跑去，冲进欠自家主人钱的商店，带着现金匆匆赶回，接着又出发去结算其他账目。午夜时分，最后一道钟声敲响，店主不再催收剩下的欠款，结转未付余额，合上账簿。接下来，就是新年大扫除的时候了。由于新年第一天破晓之后打扫不吉利（有可能无意间扫掉这一整年的好运气），所以，事情必须在晚上做完。黎明之前，清洁打扫结束，人人前往澡堂（在这一天，澡堂会为疲惫不堪的店主和雇员开到很晚）。早晨，他们沉沉睡去。招牌放下，用纸带扎好，店门紧闭。就连菜市和鱼市都歇业了。这是一年里唯一一个所有人都放假的日子。

商人们熟睡的时候，小街上就成了孩子们的乐园：他们放起动物形状的风筝，手执色彩鲜艳的板羽球拍和毽子。而主干道则属于武士们的队伍。最高级别的武士之家，一大早就派代表团到城堡向将军贺喜。他们走过的街区空无一人，难以辨认——成群结队的小贩消失了，摊贩的摊位也清理一空。高大的松枝支撑着店面，用稻草挂着纸质装饰品。街道干净多了，看上去甚至更宽敞了。球板击打毽子的撞击声、孩子们欢快的叫声、马蹄和木屐在冰冷街道上的踩踏声，取代了寻常可闻的叫卖声。

第二天，成年人倾巢而出。一大早，他们就去拥挤的理发店给头发上油、定型，把胡子和额头刮干净。接着，他们穿着崭新硬挺、一动起来甚至噼啪作响的和服和罩衣，去给客户和邻居拜年。女佣们的母亲冒昧地走出租屋，到大户人家去给女儿们的东家拜年。歌舞伎演员们坐着轿子在城市中穿梭，拜访茶馆、老主顾和老师，请求他们在新的一年里多加关照。

新年第二天的早晨，旗本松平友三郎前往江户城堡；他的地位还不够高，没资格参加第一天的游行。他家里的男男女女忙着为主人觐见幕府将军做准备，没有太多时间来庆祝节日。即使是在新年的第一天，其他人正在沉睡或爬上骏河台的山坡看日出时，他们也应该表现出忠诚。在旗本的府邸，按照习俗，家庭成员要按等级顺序在院子里集合。侍从们都穿着正式的制服，外面罩有印着家徽的无袖套裙。女人们，甚至是用人们，都按照格外正式的场合礼仪，把头发扎成分段的长马尾。人们鞠躬问安，在新年里侍奉主家。

住在城市另一边的常野，很高兴自己不在其间。

常野仍然是一名女佣，但她已经告别了神田那可怜的房间。她找到了一位新主人，这户人家异常富有，花了300两金币为自己的新妾室（一名京都艺伎）翻新了一套新房间。房屋仍在修建，但规划给人留下了深刻的印象。那里将有一间专用的茶室，全部采用浅绿色装饰。常野已经有好几个月没给义融和母亲写信了，她知道自己被逐出了家门，但这条消息，她克制不住地想要与亲人分享：到达江户九个月后，她终于得偿所愿。

常野的新地址在住吉町，位于戏院区中央。她所住的街区，一度是条烟花巷；现在，这个街区的主要街道名为"人偶街"，因为许多人偶制造商和卖家都住在这里。穿着精致刺绣长袍的人偶撑在店铺里、摊位上，一看就是昂贵的玩具。（见插图22）但在江户广受欢迎的木偶戏舞台上，它们出奇地栩栩如生。在默不作声的操纵师引导下，它们的小手（木工雕刻而成）能展开信件、提起灯笼，无力的肢体会因为发笑和愤怒而颤抖。它们哭泣时，会把闪亮的黑色假发垂到袖子上，一动不动的脸上似乎也充满了生气。

江户的三家主要歌舞伎戏院就在人偶街的对面。它们都涂着艳丽的颜色，挂着成串的灯笼，并装饰着巨大的木制招牌和真人大小的戏剧性场面绘画。戏院里闷热而拥挤。天花板上挂着几十盏灯笼，观众挤在舞台下面的榻榻米上，塞满二楼的楼座。戏院里最好的位置，紧靠一条狭窄的木制T型台，主演们便从这里出场。他们出现在大厅的后面，穿过人群，在灯笼的照射下闪闪发光，离观众近得几乎可以摸到。一上了台，他们便在鼓、弦乐和呜咽的笛子伴奏下载歌载舞。狮子甩动着长长的金毛，傲慢的年轻武士跺着脚夸耀自己的力量，英雄们优雅地挥舞着硕大的剑，击败敌人。美丽的女性（几乎总是由男人扮演）调情、舞蹈、哭泣。她们的脸上着彩妆，戴着浓密的假发，比画着妩媚的精致手势，比观众里的任何人都更具魅力（见插图23、24）。

舞台下，戏院区会忙碌到夜幕低垂，按照规定，观众必须在此时离开该地区，街区的大门合上。在大型歌舞伎演出的日子里，呼唤观众进入戏院的鼓声凌晨4点就响起，第一轮表演（喜剧短剧和舞蹈）黎明前开始。戏剧全天连续不断地上演，一幕又一幕，一出接一出，闲逛的路人和观众顺着人偶街川流不息，挤进这个人头攒动的街区。（见插图25）

在住吉町，常野离戏院近得能听到戏台上的喧嚣。她所在街区的商店出售与舞台相关的产品。有能让头发锃亮的发油，让肤色白皙的粉底，让嘴唇鲜艳欲滴的朱砂。一些包装用著名演员的名字打起了品牌。

常野买了几样自己无力抵挡的东西。她给嫂子佐野送去了发油。"江户最好的。"她说。她送给八岁的侄子辉白（Kihaku）一块手帕、几片烤海草（见插图26），送给母亲一样更奇异的东西——一枚银币，这是她向主人要的，主人也给了她。这是一枚"大黑"（Daikoku）币，币面上印着一尊大黑天笑脸财神。不过，这也是一个只有江户人才知道的笑话，是个一语双关的文字游戏。大黑常是（Daikoku Jōze）是江户造币厂负责官员的名字。他跟神明毫无关系，但一枚银币却是快乐的源泉，不是吗？常野努力偿还一些债务，至少，还掉那些可以用钱偿还的。她给前租屋家守甚助三朱金，给了林泉寺信徒安五郎（Yasugorō）100文铜板，充作他替她带来礼物和信件的报酬。但常野仍然欠安五郎500文，而且，住在江户的费用高得吓人。每一个茶碗、每一双筷子，她都得自己花钱买。她设法买了一个枕头和一双鞋，但还穿着自己从越后一路穿来的黑色和服和外套，每当她在街上碰到认识的人，都会感到尴尬。她叔叔要是能把欠她的三枚小判寄来就好了，这样她就能添置新衣服，也有足够的钱享受安顿下来的新环境了。

老实说，大戏院的一张票，兴许远远超出常野的负担能力。一个靠近舞台的包厢要花一枚半小判，几乎相当于普通女佣半年的薪水，就连后排最高处的廉价座位，也要花上一个月的报酬。不过，小戏院靠近舞台边的位置，站票，只需要几碗面条的钱就能买到。寺庙的空地上总有演出，非正式的街头表演就更多了。有时候，出演的甚至是同一批演员。

如果常野能买上一张票，她就能进入一个更明亮、更喧嚣、更迷人的世界，她可以在那里待上几个小时，沉醉其中，直到表演结束。但这样一来，江户的其余地方就相形见绌了。武阳隐士说过，歌舞伎让女性与现实脱节。"只要看过一次戏，女人就会沉迷此道，甚至愿意拿一天三顿饭的钱来换取再看一遍的机会，"他写道，"年轻女子去戏院，会被彻底迷住。"幸运的是，有一些不必花太多钱就能沉迷戏院的办法。常野可以在澡堂和街角的海报前逗留，观看当季戏剧的插画，在演职人员表里寻找自己最喜爱演员的名字。听到小巷里有兜售戏单的叫卖声，她可以跑出去买上一份。刚从木版印刷机上取下，戏单散发着廉价墨水的味道——一种发酵的柿子汁和菜籽油烟灰混合的味道，一种新品季的浓烈酸味。她可以一遍又一遍地阅读戏单，也可以翻看邻居们传阅的戏单。如果她愿意，她可以在墙上贴一张，每天晚上临睡前看一看，沉入梦乡，梦见那些以粗体字印刷的名角，以及那些用小字印出艺名的后起新秀。

而最如雷贯耳的一个名字——半四郎，却并未出现在任何一张戏单上。五代目岩井半四郎因扮演肆意妄为的天真少女而出名，但后来转而扮演恶毒的反派女性角色，多年来使用新艺名登台演出。（见插图27）但在戏剧业内，"岩井半四郎"为自己赢得了一席之地，在东京之外的其他地方也很有名，艺伎会从这个名字里借用一部分，作为自己的从业绰号。女性会穿一种叫作"半四郎"的木屐，它底部有小凹槽，很像他在舞台上穿的鞋子。就连关心戏院消息的越后人也知道半四郎这个名字；他们兴许看过他演出的印刷广告，在广告里，他总是穿着全套演出服，看上去妩媚动人。在离家出走之前，常野也许看过半四郎的海报，认为它代表了自己永远无法得到的一切：时尚、精致、江户。但如今，一切看起来很熟悉，像是能得到了。她甚至在给家里的信上随意地写出这个名字，"半四郎"，连姓氏都不署，如同那是她认识的人。在某种程度上，她差不多算是认识。她自豪地告诉家人，她就住在他的房子里。

公允地说，那不是他的主要宅邸，他也不住在那里。不管五代目岩井半四郎住在哪里，那都定然是个更豪华的地方。常野住的地方更朴素，是半四郎在住吉町的"别院"。半四郎的儿子一直住在这里，直至意外身故。现在，常野的新主人为自己的妾室租下了它。兴许他认为这会给她留下深刻的印象，因为身为艺伎，她自己也是艺术家，而且她来自以精致闻名的城市京都。它的确给常野留下了深刻的印象——但话说回来，几乎所有的事情都给她留下了深刻的印象，尤其是数目巨大的花销、发油，还有食物。

常野认为江户的每一样东西都十分美味。在北方农村生活了半辈子之后，她不禁感到难以承受：城里的餐馆像稻田里的杂草一般，遍地丛生。19世纪30年代，江户的家守仅在大街上就数出了近7000家现成食物和餐点的摊档。他们没法把每一条后巷的小贩、流动摊位和临时摊点都计算在内，因为他们无处不在，摇着叮当作响的铃铛，唱着哀婉的旋律，提供热腾腾的饺子和冷豆腐。至于家守们设法数过的商店，大部分卖的是一口就能吞下的糖果和小吃，或是用来配清酒的蒸鱼，超过700家店铺出售乌冬面或者荞麦面。面条一直是江户的特色食品，人们对面条酱汁的浓淡、该吃多快、嚼头怎样，一直都争论不休。真正的美食家坚称，等大多数寻常小店关门之后，从一家不知名的"夜猫子"摊点里买到，并站在档口当场吸溜的面条，味道最美。他们对寿司的讨论没这么深入。常野到达江户的十多年前，生鱼片手卷寿司才首次出现。尽管如此，它日益受到欢迎，尤其是在夏天，它可以作为一种唾手可得的廉价小吃。煮熟的虾和金枪鱼，只需要几枚铜板就能买到（鸡蛋虽说也是道美味，价格却贵了一倍）。

江户的正式餐馆远非常野所能负担，但她的新东家对其中一些可能很熟悉。在私密的房间和庭院里，商人、幕府官员和大名代表们聚在一起参加奢华的宴会，闪闪发光的托盘上送进一轮又一轮的菜品。人们说，在城里最时髦的餐馆"八百善"，厨师用甜米酒来洗萝卜，哪怕是土豆、泡菜和茶等普通菜品，也都按照严格的规范预备。名厨就像自诩参悟了格斗秘籍的剑客一般，性格激烈，自视甚高。他们用夸张的标题写出畅销的菜谱：《诸国名产萝卜料理秘传书》（*Secret Digest of Exceptional Radish Dishes Throughout the Land*）、《芋百珍》（*One Hundred Tricks with Sweet Potato*）和《料理预备及刀工秘传》（*The Digest of Secret Transmissions on Correct Food Preparation and Cutting*）。（见插图28）

但即使是在出名的餐馆，食物往往也不是最大的卖点。少不了会请来艺伎唱歌、跳舞、陪玩酒戏；常野的主人跟自己的新妾室，说不定就是这么相遇的。有时，餐馆是进行高度概念性艺术表演的场所，名演员和名画家会在那里进行不同寻常或不同流派的表演。书法家会以最快的速度为数十柄扇面题字；演员也要吟诗。名画家参加疯狂的竞赛，双手同时作画，甚至倒立作画。早就因《神奈川冲浪里》出了大名的老画家葛饰北斋经常出现在这类宴会上，虽然他说自己很久之前已对此感到厌倦，但和所有人一样，他需要钱。

常野的日常生活并不光鲜亮丽，但比在旗本府邸里打扫榻榻米、给水壶挨个儿灌水的几个星期要好。她为主人的新茶室备茶，这件事，她多少知道一点。尽管她家的物品清单里没有提及任何茶具，但一位受过良好教育的年轻女性理应熟悉跟茶相关的基本知识。她还做些跑腿工作（这是人人都能做的事），其余时间用来做针线活儿。她甚至为主人缝制了一件很难做的加厚丝绸绉纱长袍。缝纫是她引以为傲的手艺，她很庆幸自己长于此道。会做针线活儿的女佣比不会的女佣挣得多，有时甚至挣得跟做随从的武士一样多。

常野让母亲从家里给自己寄一把尺子来，虽然在江户买一把新的尺子很容易。或许那把尺子是她用着最称手的，或许只是因为熟悉它。不管置身何处，针线活儿的例行仪式都是一样的：挑开细密的针脚，锋利的刀子裁开丝绸发出刺啦刺啦的声音。很久以前，她跟母亲和妹妹清美一起练习，在庭院里堆满大雪的漫长冬天，靠这打发时间。她一直在为不同的生活做准备。她一定想过，有一天，她会教女儿怎样缝纫。

虽然没能如愿，但仍有理由心存感恩。戏院区传来了鼓声。叫卖蔬菜的小贩已经把菜切好，方便下锅。人偶们摇晃着木制的小脑袋。茶室布置优雅，她的地址上有着显赫的主家名字。她手里攒下了硬邦邦的银两。

还有，越后那些头发稀疏、大嗓门儿的讨厌老头子，没有一个成为她的丈夫。

从冬天直到春天，常野都要直面其他人有衣服可以换洗这件事。哪怕是在隆冬，阳光明媚的日子，后巷里也挂满了长袍、罩衣和样式各异的内衣。和服是分成一段一段晾晒的，它拆解开来，等晾干了再重新组装；罩衣用衣架撑起，宽大的袖子伸展着，在寒风里微微飘动。直到春末，花园里的盆栽开花之前，它们是灰尘扑扑的小巷里唯一的彩色斑点。大部分洗干净的衣服是条纹或花卉图案的棉布衣服，有的褪色了，有的衣角已经磨损。但也有少数丝绸衣物。按照十年后出版的一本书上所说，服装的标准正不断提高："过去，除了武士，农村几乎没有任何人能拥有一件加贺丝绸制成的条纹或带图案的外套。但现在，哪怕是后巷匠人，也无人不有。"这个说法太过夸张了。比如常野就没有加贺丝绸衣物。但这些挂着晾晒的衣服，仍然是一连串惊人的展示：每一件衣服都宣告有人拥有一样常野还不曾拥有的小小奢侈品——额外的换洗衣物，洗了一套还有另一套可以换。

与此同时，全彩印刷的匿名美女画像和歌舞伎表演广告，让常野知道了这座城市最时髦的人穿些什么。诚然，很多戏剧与历史人物有关，中世纪的武士服装也不在讨论之列。但其他戏剧是以当代女性为原型来塑造角色的：艺伎和店主的女儿。常野可以研究图案的形状、衣领的起伏、腰带的确切折痕、木屐的高度，并依靠直觉判断一个星期或者一个月里会流行些什么。一些舞台画像已经开始创造时尚史了：五代目市川团十郎的女佣角色，掀起了一股名为"团十郎茶"（Danjurō brown）的颜色风潮；佐野川市松扮演一名在劫难逃的年轻情人，他的表演引发了对黑白格"市松纹样"的狂热。五代目半四郎也有自己的纹样：半四郎方点，这种图案看起来像是麻花叶子首尾相扣。如果常野看过1840年1月的一份印刷广告，就能看到了不起的演员尾上荣三郎打扮成艺伎的样子。他裹着带紫色、橙色和绿色格子的罩衣，穿着缀有白色斑点的浅红色衬裙。

常野的黑衣服有一个优点，那就是不显脏，但很惨的是，她太不合乎时尚了。如果她还有别的罩衣和外套，是可以拿去交换的。哪怕是高级武士也习惯了光顾城里的当铺，那里卖的漂亮衣服价格相当优惠。就连全身是洞、几乎没法穿的衣服，也能找到买家。总有捡破烂的背着不成形的肮脏包袱走街串巷，他们什么都愿意收。常野绝不会想从他们手里买东西，但他们本来也不卖：他们会把当天收到的旧货送到神田川沿岸的货摊，破衣服会在那里洗干净了再卖。这是一座廉价旧货市场，休闲购物者可以很方便地买到东西，但对习惯了漂亮东西的常野来说还不太够档次。

离人偶街只有几条街的富泽町（Tomizawa-chō），有一座出名的二手服装市场。这个地区得名自17世纪初的大盗鸢泽半藏（此为音译，Tobizawa Kanzō），只是发音略有不同。鸢泽半藏被捕后有可能被处以死刑，为求保命，他跟幕府做了一笔交易：幕府赦免他，条件是他得从事合法职业，做二手服装买卖，并留心通过这条渠道处理赃物的其他窃贼。在他的同名市场里，收购相对高质量服装的经销商，会碰到购买并转售它们的掮客。有些东西会卖给江户的服装贩子，他们与拾荒匠恰好相反，肩上挑着挂有二手衣物的竹竿走街串巷。其他衣物会出售到东北诸省的商户，那里的农民渴望购买江户淘汰的废旧物什。常野家乡的一些邻居说不定就穿过来自富泽町的二手衣服。常野从前总是比他们穿得好得多，但眼下，她甚至没钱穿得足够暖和。她恳求哥哥幸笃："我其余的好东西都不需要。只是，求你，求你把我的厚外套和两件旧棉袍送来给我顶顶寒吧。"她还向母亲索要一条围裙、一面镜子、一只发夹和一把梳子，这样就能好好梳头了。

至少，常野的困境只是暂时的。赤贫者长期承受着衣物不足之苦，一些家庭的外衣比人丁还少。幕府甚至赞许过德行高尚的女儿在严冬不穿衣服，好让父母有长袍穿。与此同时，体力劳动者（以男性为主）习惯了近乎赤裸地干活儿。他们买不起衣服，而且做的工作也不需要穿衣服。他们只在腰间缠着兜裆布，推着手推车，扛着轿子，背着包袱和信件在城市里奔走。赤身裸体是他们地位低下的标志，就像武士在腰间佩带的两把佩刀一样清晰可见。似乎是为了弥补这一缺点，苦力们用五颜六色的文身装点自己的身体，文身从背部一直延伸到大腿，他们用厚厚的长袍和盔甲、闪闪发光的鱼鳞和龙鳞，以及直立的虎毛来遮挡暴露在外的皮肤。这些标记是反抗的象征，借鉴了幕府为罪犯文身的做法，同时也是以体力为生者骄傲的勋章：他们已经在江户生活了足够长的时间，有着稳定的收入积攒银钱，多年来能坚持一周又一周地拜访文身师傅。

有些人穿的长袍，是用几十张厚纸做成的。为此，要先把厚纸揉皱软化，接着用柿子汁处理隔热。这种衣服气味奇怪，但还算暖和。如果是用新纸制成，它们可以染成任意颜色，但绝对不能用水洗。还有更便宜的用旧纸做的衣服，上面还残留着印刷文字、插图和墨汁乱写乱画的微弱痕迹。最初，它们是歌舞伎的表演服，曾短暂地受到欢迎，人们为模仿它们，穿上装饰有随意涂鸦的高级丝绸。这是街头风格的高档版，把绝望打扮成城市魅力。

在常野居住的街区，每个人都明白服装和幻觉的道理。制片人、木匠、人偶雕刻师、发型师、画家、作家、布景设计师——他们都靠着维持令人眼花缭乱的假象为生。但年复一年地，它逐渐有磨损穿帮的迹象了，仍然有人出手阔绰得叫人啧啧称奇。有传言说，歌舞伎戏院河原崎座1839年制作的《国姓爷合战》里，三位主角的戏服花掉了1000枚小判，远超大多数旗本的年俸。但别的戏剧，大多没那么成功，演员只能穿从远处看起来显得豪华的戏服。明星们仍然穿着金线刺绣的中国丝绸。但这些戏服并不新，剧团会在演出间隔期送去典当，等到推出新戏时再赎回。

　　据说，名角们（包括五代目半四郎在内）一年能拿到的酬劳仍然超过1000两金币，戏院为了付钱给他们，可谓殚精竭虑。戏院背负着沉重的债务，筋疲力尽地反复重建。再加上夜晚人群密集，灯笼众多，戏院区很容易失火。有好几次，一家甚至几家大戏院悄悄没了声息。尽管歌舞伎仍有铁杆粉丝购买戏单，排在狭窄的"鼠门"前等候入场，但普通观众正逐渐萎缩。看戏太贵了，更何况可以看的东西还有很多。帐篷表演只需花几个铜板，有珍奇的鸟儿、豪猪、散发着臭气的鲸尸，还有完全用扫帚做成的高耸雕像。这类演出的明星是女摔跤手和耍蛇人、机械人体模型、胖得离谱的人、巨人、长着阳具的女人、长有鳞片的男孩。还有一个半是野人的孩子，能把自己的眼球挖出来给观众看。哪怕是最优秀的歌舞伎演员也没法跟这样的奇观争风头。

　　大型歌舞伎戏院的确努力想借鉴帐篷演出的一些魅力。19世纪最初的一二十年，它们的表演呈现华丽的幻觉和怪诞的奇观。到了常野住在那儿的时候，它们把戏剧的背景放在江户最污秽的角落，把主人公设定为出身低微的人。为了自己的主公牺牲一切的武士仍然出现在舞台上，但也加入了其他许多类型的角色：从不知道自己父母的被遗弃的孤儿、流窜的强盗、丑恶的鬼魂。推崇传统者大感绝望，一位剧作家抱怨歌舞伎"绝对已经触底"。

　　但是，这些新剧目捕捉到了江户生活的一个重要环节：让人们关注到欺骗——为生存所需，人人都在以不同的方式利用这种机制。靠着丝绸外套和钱，靠着纸袍和文身，人们塑造出一种坚不可摧的形象，但这从来没法叫人完全信服。或许，在衣服下面，江户所有的人都像歌舞伎剧《东海道四谷怪谈》里的女主角一样：当丈夫剥下顺从妻子的和服、拔掉她的发夹，打算用它们到当铺换取现金时，女人开始陷入疯癫状态，容颜尽毁。（见插图29）或许，江户的每个人都在用衣服和发夹来保持一种理智的幻觉。或许，他们原本都是善良的人，只不过，当他们一次次地发现永远没法抓住自认为属于自己的东西时，他们就变成了鬼怪。

新年伊始，常野的母亲终于寄来了一个包裹：两件棉袍。林泉寺的内勤传八把话说得很清楚：常野仍然是被正式逐出家门、断绝关系的。这些东西只是她妈妈担心她挨冻送来的非正式礼物，这正是常野需要的东西。后来她家里甚至还送来了一个更好的包裹，里面有无衬长袍和少许配饰，但两个包裹写的收件人都是她的前租屋家守甚助。甚助的妻子拿走了所有东西，甚助本人甚至连一件无衬和服都不肯给常野。常野仍然欠着他的钱，他大概认为自己有权拿到赔偿。在常野看来，他是个可憎之人。她给家人写信说，要是再送包裹到他家，应该加写一封恫吓他的信。

但通信不能解决她的问题——什么也不能。

越后的每一个人都希望常野认输回家。来自石神村的朋友、林泉寺的信徒矶贝安五郎在离开江户、回乡下去春收之前，成天念叨这事。常野深感失望，因为安五郎是自己跟村里的唯一联系，她希望他能把自己新生活的近况带给她母亲。"我想告诉他很多我没法轻易用文字写出来的事情，"常野写道，"但每回我见到他，他都会说：'回家去吧！回家去吧！'所以，我想对他说的许多话最终未说出口，我觉得这太丢脸了。"

转眼到了夏天，道路通畅了，她的家人认为是时候让她回家了。她收到了传八恳求她回家的一封信，她流着泪，把信读了好几遍。义融仍然不肯写信，但她总归并未失去自己的家人和村庄。然而，她必然会叫他们失望的：她不会离开江户，回到林泉寺令人窒息的生活里。就这方面而言，一切毫无改变。"我理解你们认为我应该在本月十八九日回家，但请恕我难以从命，"她写道，"不管我多么担心令你们不快，我仍然不打算嫁给一名鳏夫。"她的话听起来很冒犯，她担心这会疏远家人。她知道自己说这话的分量，当她的违逆以文字形式出现在家人手里，甚至会显得更加震撼。"就在我写这封信的时候，我把它拿起来又放下，反反复复十多次，即便如此，我还是为难得发抖。"她承认她很担心，但她意志已决。"毕竟，"她写道，"不管我写了什么，全都出自我的内心，请本着这种精神读这封信吧。"在信的末尾，她再次列出了自己仍然需要的东西：衣物、手帕、几块备用布匹和一把尺子。

常野有一件衣服可遮身，有一份自信可掩饰恐惧，还有一份工作可填补生活。这只是一套戏服、一个角色，但足够她过活了。

春去夏来，在江户的后巷，1840年还跟普通的年头一样。就在第一批鲤鱼旗挂出来庆祝男孩节之后，雨季让道路变得泥泞不堪。成千上万把雨伞似乎一下子就打开了。而当云层散开，数百万把纸扇又代替了雨伞。

在夏天最热的日子里，只要买得起，人人都吃鳗鱼。白天长到了极限，而横跨午夜的"夜猫子时段"几近消失。戏院上演廉价的恐怖剧，卖鲱鱼寿司的小贩开始卖活金鱼。

和往常一样，城里的流言充斥着可怕的通奸和谋杀故事，町奉行张贴在大门和布告板上的告示，说的则都是寻常事情。春天，他们责备职介所未能充分调查求职者的背景。几个月后随着夏天的到来，一份公告提醒人们不得在人群稠密处生火。夏末，町奉行表彰一名善良的理发师之子，因为他全身心地照料瘫痪的年迈父亲。唯一稍微叫人兴奋的公告赞许了一名巡夜和门卫的勇气，面对一名精神失常、拔刀威胁路人的男子，他们夺下了他的武器。

仲夏的一个节日，两国桥附近人群聚集。桥下的广场挤满了喧闹的小贩和敲锣打鼓的狂欢队伍，灯笼多得让夜晚亮如白昼。河面上，两队驳船上的人把点燃的鞭炮投向空中，比着看谁能放出更漂亮的烟火。有一阵子，小贩、锣鼓和江户所有人头顶上，都是烟花的一声声璀璨绽放，接着消失在烟雾中。灰烬像雪似的落在波光闪闪的河面上。

常野想到了越后。在夏天，雪乡似乎变得更近了，因为这时道路通畅，信件往来更快，不过，也有许多季节性移民已经离开城市去收割庄稼了。常野决定留下来，而来自石神村邻村的一名叫井泽博辅的人也决定留下来。两人在江户相遇之前，常野已经有24年没见过他了。井泽还是个孩子时，她就认识他，那时她是寺庙住持的女儿，他则是蒲生田村村长的儿子。他从前经常跟她的兄弟们一起玩。"你就像是他的弟弟，"常野写信给义融，"自然跟他很熟。"现在，每当两人见面，他们就聊起越后。博辅还经常给家里写信，能为她带来过去认识的人的消息，这番善意让常野倍觉感激，因为义融还是不肯写信。

她和博辅都觉得，老了以后还会回到越后。他们都希望死在家里，在田野与大山的围绕下，身边陪伴着认识了一辈子的人。

和常野一样，博辅放弃了乡下的稳妥人生，到江户城里冒险闯荡。他为旗本做过短工，等得到雇用，他便认为自己已经成了合格的武士。有时，在他和别人的信件里，他被叫作浪人，也就是没有主家的武士。这里有个技术性的细节：他的地位是暂时的，后代不能继承。他只是个自封的武士。不过，在受雇之后，他仍然穿着武士的长袴，佩戴家徽，人们尊重他所代表的家族的显赫地位。有时，他甚至会佩刀。因为博辅能够流利地读写，并有一定家族资源的支持，他比那些被老板派遣到兵营的普通下等人地位略高。他会像赶牲口一般驱赶工人，并分得后者的部分收入。对一个打定主意留在城里的人来说，这足够维持生活了。而且，从名声上听来，似乎也是村长儿子可以接受的一条出路。

博辅对常野说想要娶她。他至少是第九个产生这个念头的人——她结过三次婚，拒绝了五名追求者，只有这些人的名字，曾经出现在家族保存的文书上，而没出现过的，兴许更多。但博辅是第二个未经常野父母或哥哥转达，直接向她提出这一请求的人。第一个是她竭力拒绝的智鉴，那是在差不多一年前，前往江户的路上。博辅的情况不一样。他认识她的家人，还说不想冒犯失礼。他的求婚是正式的。

可供做决定的时间不多。博辅不怎么有耐心。他说，要是常野拒绝了他，他就去另娶别人。但常野的经历教会了她谨慎小心。她认为，他们应该再等等，经常见见面，重新熟悉一番。毕竟，过了24年，互不了解的地方太多了。眼下，她在江户的处境相对稳定：她喜欢自己的主人、街坊和工作。她的女佣同伴们（常野会向她们寻求建议，借用衣服），从实际的角度评估了她的处境："你现在很穷，但薪水还不赖。如果你靠自己谋生，不必听从别人，你是成功还是破产无关紧要。你会习惯的。"既然一个女人能独自在城里生活，何必找丈夫呢？

但一路驱使常野来到江户的自信，在能更清晰地看到将来的这一刻，变得有些动摇。她的财务岌岌可危，而且还欠着家守甚助的债。"你们都知道，"她写信给义融，"此刻，哪怕我想方设法地赚钱谋生，我也得自己购买每一双筷子和茶碗。这儿的东西太贵了。我难求温饱，哪怕凑够了四两金币，也必须拿给甚助。这让我很心痛，也很担心。"与此同时，对智鉴看走了眼的事，也给她造成了很大的心理负担。她请寺庙内勤传八把自己最初从江户寄出的信，都交给她母亲保管。"留在你处，让我甚是尴尬。"她写道。她想忘掉跟智鉴在一起的那几个星期。她不想留下让自己受辱的记录。

博辅可以帮常野偿还部分债务，解决她的财务问题，况且她门前也并没有更好的丈夫人选在排队等候。"如果博辅和我答应试试看，"她写道，"那么，只要我最终没能变成江户某个富人之妻，那就比待在这种不知如何是好的境况里好。"博辅也可以结束她和义融无休止的争执。如果她已经有了丈夫，哥哥就不可能把她再嫁出去。她情不自禁地重申："就算我一辈子待在家乡，我也绝不愿意嫁给鳏夫。"

此外，在对义融的反击里，似乎也夹杂着一丝满足感。三次了，常野的家人让她嫁给他们选中的男人，决定要她去的地方。

他们会说出那个男人的姓名，给她讲一些关于对方家族的事情，而她便能看到自己的未来：寺庙的女主人、农民、城镇妇女。可现在，选择权回到了她自己手里。

这一回，不再有宴会了。没有人可以主办，也没有人可以邀请。更重要的是，没人付钱了。没有人会采购鲸鱼肉，摆好清酒的酒杯。没有人会列出用人的名单、嫁妆的项目。没有满是邻居和朋友、唱着歌的送亲队伍，也没有家具从一户人家搬到另一户人家。只有常野，一个人，还有她好使的头脑、不灵光的眼神以及求生的本能。

一个邻居带着常野结婚的消息来到林泉寺，义融这才知道。全家人既惊且喜，虽说常野的母亲仍然希望她能回家。义融素来是个负责的人，他觉得自己有义务提醒博辅自己背负的担子："你兴许知道，她是个很自私的人，如果事情进展不利，请把她交还回家。"但他也很有礼貌地祝福这对新人好运："我们真诚地希望，由于你们一家人的善意与同情，你们可以幸福生活。你让我们所有人，尤其是我母亲，深感心安。"

这样的心安，是常野一家迫切需要的。那是不幸的一年。义融和常野的妹妹伊野去世了，他们的母亲患病，佐野怀孕困难。内勤传八患上了眼疾，无法轻松读写。就连义融也感觉不太舒服，很难保持通信。他给博辅（连带着也是写给自己的妹妹）写信时似乎松了一口气。他还给常野寄去了一份包裹：更多的衣服、被褥和一些用于缝纫的丝绸。现在，她需要的一切都有了。

常野知道博辅是个普通人，但他愿意做她的丈夫，这产生了一种魔力。她曾是耻辱和困窘的源头，遭到家人抛弃，不配得到善待，不够格称职，不值得信任，而且孤独。一年多的时间，她写信回家，家人给她的帮助都十分勉强，还略带侮辱的意味。但就因为"已婚"这个词，她的地位改变了。她得到了救赎。

博辅自信能改变常野的生活，倘若从这个角度责怪他，倒也很容易。和常野一样，他是个不安分的人。他同样离开了越后，翻山越岭，在同样的街道上奔波，寻找工作。但他在这座城市里来来往往，仿佛自己本来就有资格在这里。他从不曾像常野那般感到脆弱。他不会招来智鉴那种不受欢迎的关注，也不会面临要么屈服、要么被抛弃的抉择。他也不必承担后果。如果他曾遭受欺骗，如果他也有伤疤，那么，他至少不必为此道歉。

另外，常野一辈子都知道男人和女人是不同的。他们学习的技能不一样，书写的词语不一样，穿的衣服不一样，遭遇的命运不一样。哪怕是在净土里重生，女人也比男人难。一些传道的僧人说，女人会下一重地狱，那里专为用经血和分娩之血玷污了地球的人所保留。许多女性自觉罪孽深重，捐钱乞求救赎。常野从没想过自己长大后能跟父亲一样做一名僧侣。她从不曾想过能像哥哥一样会写汉诗，代表寺庙参加村中集会，向将军的属下撰写正式的请愿书，或是计算纳税款项。那就如同给她剃度一般荒唐可笑。

《女大学》的第一行写道："为女之道，既长则嫁，善事夫家。"常野在孩提时代就了解过这个概念，不是这本给女孩看的读物，就是那本。它们说的多多少少都一样。对常野来说，她12岁就嫁去了大石田，事情无疑就是如此。但随着时间的推移，每一名女性都了解到，它涉及的方方面面太多了。身为女性，必然会感到羞耻、自我怀疑，最重要的是，到处都是约束。奥妙在于，要学会占据允许她们生存的空间，一如在其他遥远的地方，女性学着用缠小的脚走路，戴着嘴嚼子呼吸，甚至把非难视为优势。毕竟，扛重物的女性不能穿紧身胸衣，也不能缠足，非常贫穷的妇女没钱学习礼仪，没有受过教育的女性不会写道歉信。

常野的笔下勾画出日文字母优美的线条。她使用的是柔和、女性化的语言。她对很多事情感到愤怒，但这怒火，对准的是具体的人，而非抽象的概念。她对家守甚助而非支付房租感到火冒三丈。她懊恼的是自己的哥哥，而非父权家庭制度。她怎么可能因为自己是个女人而生气呢？她压根儿不知道除了女人还可以成为其他什么样的人。

戏院河原崎座的后台，演员五代目岩井半四郎打开了他的舞台化妆箱——用碾碎的红花制成的厚厚胭脂，白色的面部粉底，用来衬托他那出了名的大眼睛的黑色墨水，还有大小不一的刷子、海绵和吸油布。1840年11月，他要扮演双重角色，两个都是女性：一个是站街女，一个是干瘪老妪。此时他65岁，离他第一次登台已过去了50年。他演过公主和纵火犯，女神和艺伎。1840年他扮演的这出戏是首次公演，角色是全新的。但变装的过程，总是一样的。

他把胡子刮得干干净净，涂抹上清洁膏。他把油和粉底混合在一起，制成一种厚厚的颜料，然后拿起最大的扁刷，在脖子和肩膀、前额、紧闭的眼睛、鼻子、粉红色的嘴唇上都各刷了几笔。接着，他把最淡的粉色（几乎看不出来）在眼皮中央和脸颊上扫了几次，最后覆盖上另一层白色。他在眼角点上朱红，用深黑色描画了眼线。他在粉白之上画出鲜艳的红唇。扮演市民的女儿，他会把唇线画得宽一些，扮演艺伎画成小小的噘嘴，扮演老妪画得更长。如果扮演已婚妇女，他会像常野一样，用黑色的牙粉涂抹每一颗牙齿。

他给自己戴上假发。他知道怎样穿上女人的衣服，怎样迈碎小的步子，怎样提高声调，怎样笑，怎样做手势，怎样抬起头。但是对他来说，做个女人并不是简单地寄居在角色当中，背好台词、乔装打扮，直至脱掉戏服，褪去妆容。那是他的身份，他的公众形象。没人想要看到他在印刷品上是个穿着普通棉袍的老人——那是他在家写诗时的样子。有时，他们想要看到年轻而凶猛的武士。但更多的时候，他们想要的是那个穿着紫红色长袍、有着深红色嘴唇和浓密黑发的漂亮女子。就连在纪念他的画像里，半四郎也是以年轻女子的样貌出现的。

大多数能在江户生存的人，都懂得身份的切换转变。有些人，比如半四郎，有着公共形象和私人形象。其他人则转变工作和邻里街区：用人们寻找新主人，租户搬到别处去。小贩在春天卖鲱鱼籽，冬天卖土豆。租屋里的女孩们练习三味线，直到能将自己再造成艺伎。生意失败的商人租来柳条篮，外出捡垃圾。小贩们放下竹竿，给蛤蜊和牡蛎剥壳。年轻的妻子们，突然成了寡妇，接受计件工作。人人都会改名。半四郎变成了杜若，半左卫门变成了辈（Yakara，音译），金四郎变成了景元，仪助成了义渊（Gi'en，音译）。

穿上家里送来的衣服，常野看起来仍然是原来的样子：一位来自外省富裕家庭的可敬女性。义融终于送来了她的东西：丝绸内衣，系内衣的细绳，深秋穿的夹棉衣服，还有和服宽腰带。每一天，她都照镜子（她终于有镜子可照了），把牙齿涂黑，自从她初婚以后一直这么做。她的这个习惯坚持太久，有些牙齿即便不染，也呈灰色。她的脸还是老样子，只是苍老了些，惠闻的女儿、义融的妹妹——常野，回头看着她。但在江户，她又一次结了婚，有机会成为一个全新的人。

城里归根结底会有人知道常野的家人和她的故事，但跟她接触的大多数人，见到的都是个普通人，一位30多岁的已婚妇女。他们不知道她曾上过当，遭受过背叛，让兄弟们蒙羞。他们不知道她曾失败过多少次，败得有多彻底。

她放弃了父母给她取的名字，开始在信上署名"金"。它短小精悍，听上去就像是"黄金"的"金"，很吉利。义融认可了这一改变。他在给这对新婚夫妇写信时，让博辅代为问候"奥金"——"奥金"是常野新名字的敬语形式。在他自己的笔记里，义融一直叫妹妹常野，也就是他习惯了的名字。但表面上，他愿意假装她已经成了另外一个人。

"奥金"听起来就值得尊敬。有没有可能，常野生命中戏剧性的部分，随着她的改名而结束了呢？奥金可以在江户平静地度过余生，没有人需要知道她是怎样婚姻失败、离家出逃的。没人会知道她和智鉴在一起的那几个星期，或是她在租屋里瑟瑟发抖的寒冷冬夜，还有她一连几个月没衣服可换的日子。奥金可以是任何人。奥金可以是一个从不让任何人担心的人，从不跟兄弟们争执，再也不会惹出麻烦。

第七章
家里的麻烦

日本的动荡，或许始于1837年那个绝望的夏天——"天保饥馑"最高峰——的大阪。大阪是日本第二大城市，有近40万人口，以吵闹喧嚣的商人为主，据说，他们吃得比日本群岛的任何人都要好。和江户、京都一样，大阪是幕府将军的领土，而不是手下大名控制的城市。幕府认为它有着战略意义。在日本的三大都市当中，江户是幕府所在地，京都属于天皇，而大阪是支撑这两座城市的经济动力。

大阪周边地区在"天保饥馑"中遭受的损失不如东北地区那么惨重，但米价仍然非常高；而幕府将粮食转移到江户以防止首都发生骚乱的政策，让局面更为恶化。大阪的穷人无力负担基本的生活必需品。

前幕府官员、儒家学者大盐平八郎震惊于生命的浪费。为什么穷人忍饥挨饿，富商却囤积大米和现金？为什么正直的人要听命于那些索贿受贿、日夜放荡的傲慢官僚呢？实际上，大多数幕府官员比从街上的孩子手里抢食物的普通强盗好不了多少。1837年夏天，大盐举起了"救民"的旗帜，组建了一支300人的队伍。（见插图30）他们一起试图从幕府手中夺取对大阪的控制权，坚信自己是在传达上天的裁判。但叛乱只持续了12个小时，就被幕府军队残酷镇压。整座城市里的成千上万栋建筑，焚毁一空。

大盐逃了出来，短暂地躲藏了一阵子。但当藏身之处遭到包围后，他点燃了房子，葬身于火海。他的同伙遭到活捉，在受到百般折磨后被处决。在审讯中死去的人，尸体用盐腌了，跟其他人一起钉在木架上示众。可看到这些烧焦的、血肉模糊、沉默无声的尸体，掌权的官员们仍不放心。如果连幕府的手下都能在全国最大的三座城市之一发动叛乱，那么，在其他地方，在那些未曾宣誓效忠德川家族的人当中，谁知道还会出现什么样的暴力抗议呢？这对幕府最重要的成就"大和"，有着什么样的警示意义呢？在日本各地，甚至在石神这样偏远的小村庄，人们也听到了起义的消息并暗中讨论，他们也向自己提出了相同的问题。

在江户，大阪爆发叛乱的消息加剧了人们对幕府都城产生动荡的担忧。江户町奉行与富裕的批发商及区长合作，在饥荒期间保证了城内的粮食供应，多亏了他们的努力，江户城才勉强躲开了暴乱。但经济仍然岌岌可危，穷人的数量极大，既吃不饱肚子，也盘点不清人数。一旦他们像18世纪80年代"天明饥馑"时那样发动暴乱，便有可能推翻幕府政权，如果得到大盐这样心怀不满的武士支持，后果不堪设想。更糟糕的是，大街上开始出现零散的不祥告示，警告说江户同情大盐的人正等待着发动起义的信号。町奉行采取了前所未有的举动，在日本桥脚下张贴了谴责大盐的通告。在人们的记忆中，这是江户首次正式承认一场发生在近千里之外的大阪的罪行。

后来，有人认为大盐叛乱是一个转折点，这场由"天保饥馑"导致的社会动荡是一颗火星，它缓缓燃烧，最终演变成了一场吞噬全日本的政治大火。但也有人主张，真正的危机始于晚些时候的1839年，来自离江户近3000公里外、嘈杂拥挤的广州市。那儿，有英国、法国和美国的工厂悬挂着国旗，有来做生意的印度商人，葡萄牙语、印地语、英语和广东话的生动结合，构成了当地的日常用语。广州是东亚的商业中心，有意在快速变化的经济和政治秩序中角逐影响力的帝国和企业对它青睐有加。但幕府将军的臣民，没有一个到访过那里。幕府禁止日本人涉足琉球诸岛以外的地方。

尽管常野和大多数日本人一样，对中国有些模糊的认识，那是古老智慧的源泉，故事书里英雄人物的故乡，但要是她听说过广州，那才出人意料呢。知识分子，尤其是驻扎在长崎的幕府官员，津津有味地阅读着中文典籍，而普通民众却对海洋对面的中国的同时代政治发展漠不关心。对大多数人来说，读上几首中文诗歌，在专门的"中国商品"专卖店里购买丝绸和瓷器（它们可能来自中国，也可能不是），这就足够了。1839年春天，中国官员林则徐在广州没收了英国商人的2万箱鸦片，但这件事过去了足足一年，也没有一个日本人听说过这个消息。就算常野知道这件事，也不会在意。她会以为，在一块遥远的土地上发生的鸦片冲突，跟自己毫无关系——虽然这是个错误的想法。

2万多箱鸦片，加起来1000多吨，价值1000万美元。林则徐没收了这种毒品，因为进口鸦片是非法的，他还接受了一项皇帝指派的任务：捣毁广州的鸦片贸易。更重要的是，他看到了鸦片成瘾怎样蹂躏了中国人民，站在官员的角度，他觉得自己有道德义务保护帝国的臣民免为贪婪堕落的外国人所伤。为了显示自己的决心和道德心，他召集了60名官员和500名工人，砸碎黏稠的黑色鸦片球，用盐溶解，冲进海湾。结束时，他还向海神祷告，为污染海水表示歉意。

英国商人知道自己从事的买卖违反了中国的法律，但他们也对一名中国官员把价值1000万美元的财产冲走却不赔偿而勃然大怒。他们呼吁英国政府为自己的损失进行报复，保护英国在鸦片贸易中的利益。英国国王不愿赔偿他们损失的货物，但经过议会的几轮辩论，英国派遣了由4艘蒸汽船和16艘军舰组成的舰队。1840年夏天，也就是常野和博辅在江户结婚的那个梦幻般的平静季节，舰队来到广州，释放出一支隔着大洋都能感受到的武装力量。

中国的清政府一败涂地。它的武器锈迹斑斑；一些枪支足有200多岁。指挥官们不得不把兵士们锁在堡垒里，以免他们逃跑。与此同时，英国吹嘘着自己在东亚地区的第一艘远洋轮船和全世界最强大的海军。随着中国在一场又一场的血战中连番败北，日本的有识之士开始注意到此事。他们的恐惧感越来越强烈，他们意识到：如果强大的清帝国都会战败，那么，要是西方的炮舰抵达江户港，日本绝无获胜的希望。最终，日本领导人意识到了"内忧外患"的危险，而受过教育的农民，以及住在城市廉租房里的普通人，也逐渐对此感同身受。这一不祥之兆将影响到所有日本人，不管是城堡里的幕府将军，还是越后稻田里的农民。但首先，它将吞噬江户。

1840年冬末，退位的暴躁的幕府将军德川家齐躺在江户城堡奄奄一息。他执政50年，生了几十个孩子，至今仍然是这个国家里最有权势的人。他的儿子，47岁的德川家庆已经接替他执掌幕府，但不如他强势。几个月来，家齐的武士侍从们一直对他的病情守口如瓶，担心如果消息传出，会导致权力出现真空。1841年2月27日，德川家齐最终咽气，但侍从们继续做着往日的工作，就如同他还活着一样。

当这个消息最终公布时，江户全城震撼。旗本之妻井关隆子写道："普通人里有能活到100岁的，但既然他是幕府将军，事事都随他的心意安排，你理所当然地认为他会活到70岁以上。身为幕府将军，他是全国最有影响力的人——他执掌政务和其他许多事情。人们敬畏他的精力，但人的寿数实在神秘。"在随后的哀悼期，井关家的男性50天都不许剃须理发。仅仅过了三个星期，他们看起来就像是完全不同的人了。这就是死亡的力量：让家人变成陌生人。

1841年夏天，常野的母亲在林泉寺去世。她也病了好几个月，家里人都不知道她能否熬过冬天。义融写信给常野，跟她介绍家里的情况：自从最小的妹妹伊野死后，母亲的病情恶化。她发高烧、心悸、呼吸困难。兄弟们聚在庙里，轮流守夜看着她。她有时似乎会好些，但随后便又再次衰弱。在病床上，她口授了一条短信给博辅："关于我的女儿奥金，她的本性和人们的期待不同，这让我倍感痛苦。我很抱歉。好在你仍然娶了她，让我松了一口气。将来也请你对她多多关照。"

常野收到母亲去世的消息，并不感到意外。在离家乡300公里的地方，她和博辅收集了来自林泉寺信众的吊慰。他们为她的丧礼送了香。常野写信回家，简短地提及了丧母之事："母上大人过身，我却在外侍奉，实为痛苦。"她还能说些什么呢？她母亲曾三次把她送走（第一次把她送走时她才12岁），为她谋求生计，希望她在熟悉的环境里安顿下来。但当常野自行其是地离开，母亲就心烦意乱。常野给她寄去写满暖心话的信件，宽慰她，全然不像在兄弟们面前表现出来的那般痛苦和恼怒。"我对支出用度和食物都甚为满意，"她写道，"唯一难办的是衣服。""我会一直留在江户，请勿多作挂念。""这里的老仆极为和善——您能寄来一些味噌泡菜让我作为谢礼吗？"或许她无法忍受母亲的评判，又或许她不愿意再招来更多的痛苦。她知道，只要母亲还活着，家乡就总有一个人会一直写信给她，一直挂念她。

常野的母亲去世后，江户并不会举行公开的悼念仪式。寺庙的钟声不会停止。戏院不会关门。节日不会取消。武士无须蓄须。只有通常的佛教仪式，一轮一轮地焚香，献上供品，死后第49天诵经祈祷。从常野记事起，她母亲就一直在为别人做这些事情。因为她是庙主之妻，这是她的任务。如今，当城市的其他地方完成了对退位幕府将军的哀悼，轮到常野点起香烛为母亲祈祷了。

1841年夏天，新告示逐渐张贴出来。有时，它们贴在街坊大门旁的墙上，那是守门的老人卖草鞋和金鱼的地方。告示总是贴在那里，町奉行为向人们灌输纪律，发布严厉的命令。通常，它们会针对一些具有象征性的小问题（比如消费昂贵的反季节蔬菜）大做文章。但现在，这些告示出现得更为频繁了，而且语气异常尖锐。平民不应穿戴丝绸面料，哪怕只是长袍衬里或袖口的点缀也不行。禁止使用天鹅绒，禁止佩戴金、银和玳瑁发饰。八幡祭的灯笼太亮太艳丽，应该更小更暗淡。市民在七夕节挂的竹草和纸质装饰品太长，只能挂短的。神田祭上人们不应该互赠礼物，连泡菜也不行，因为它奢侈无用。

这些语带威胁的告示，是一场史称"天保改革"的漫长行政重组运动的前奏。运动的设计师并非幕府将军本人，而是他的顾问、首席老中水野忠邦。（见插图31）水野认为，幕府需要一只强有力的手和一项全新的政策，面对国内动荡和外国侵略的双重威胁。家齐无意改革，但水野在这位退休将军过世后，察觉到了契机，并利用随之而来的乱局清洗了前将军的亲信，包括他身旁的强势女官。接着，水野说服了现任幕府将军家庆，宣布改革时代开始。这是对传统的致敬：早期的幕府将军想要充实财政、在大名面前展现权威时，也会使用同样的"改革"辞令。

对水野（一如对以前的幕府行政长官）来说，"改革"不仅仅是行政上的必需举措。它也是一项道德议程，认为日本人民应该回归理想化的过去，平民尊重统治者，并通过节俭和勤奋来展现其臣服。故此，身为幕府利益的热心倡导者，水野将自己定位为道德仲裁人。他在町奉行所里威逼下属，勒令其发布更多、更严厉的告示。

讽刺的是，水野的私德败坏至极。他大吃大喝，毫不检点。他就像一尊菩萨般对金银供品来者不拒，哪怕他的行为跟佛陀相去甚远。他从不帮助没钱的人，而且没有一晚不去风月场所花天酒地。没人为他说过一句好话。江户人开玩笑地说，他身上连毛发都是臭的。他们觉察出水野未曾言明的真正目的：巩固自己手里的权力。

起初，水野对民众道德提出做作的要求，似乎只会维持一个短暂的阶段。毕竟，这座城市的人以前见识过这种狂热。50年前，为了应对"天明大饥荒"和随后发生的骚乱，幕府政府发动过类似的改革。城市管理的结构性改革延续下来，但道德改革条令，几年后就变得无关紧要了。没有理由认为这一次会有什么不同。

江户人还有理由相信，要是幕府官员野心勃勃，攫取了太多权力，那就注定会倒台。事实上，常野家族跟这段注定失败的幕府改革历史能扯上一星半点的私人关联。常野最小的弟弟义仙搬到江户，到地位崇高的净土真宗寺庙德本寺效力，那里是刺客佐野政言的安息之地。18世纪末，佐野杀死了声名狼藉的老中田沼意次的儿子。和天保时代的改革者水野一样，田沼也因腐败和傲慢受人厌恶。儿子被杀后不久，他就垮台了，平民们欢欣鼓舞。作为对犯罪的惩罚，刺客佐野被迫当众剖腹自杀，但江户人民把他奉为英雄。他们称他为"拨乱反正大明神"，并在他墓前摆放鲜花。1841年，这座坟墓像是水野忠邦倒台的预兆，尽管义仙从未在信中提及。

在大多数情况下，义仙都试着跟政治，以及其他任何可能被认为有争议的事情保持距离。他和姐姐常野并不亲密，在他的成长过程中，也对她并不了解。他是常野家族诸多兄弟里最小的一个，他还是个小孩子的时候，常野就因为第一次婚姻远赴他乡。

几年后，"天保饥馑"最严重的一年，常野和义仙在林泉寺重逢，两人都离了婚，回到老家。但在常野再次结婚，并再次因婚姻失败意兴阑珊、承受折磨的时候，义仙却把自己改造成了一个勤奋负责的男人，带着家人的祝福前往江户。

义仙从来不是个叛逆的人，但他和自己脾气暴躁的姐姐在个性上有一点相同的地方。他们不像哥哥义融那么脆弱、自我怀疑又克制，反而都很独断自信。或许这是因为他们是家里年纪较小的弟妹：都不曾执掌过家庭事务，所以无须具备斡旋的手腕。义仙的字写得很漂亮，掌握的词汇也很丰富，但要是他认为某人愚蠢，他就会直接地写出"白痴"二字，毫无愧疚之意。

义仙认为自己是常野在江户的代理监护人。这是身为男性的部分特权和责任：和姐姐不同，他能够代表林泉寺处理村庄治理和财产分配事宜。实际上，几年前，在常野第二次离婚前，义仙就曾受命去与常野的前夫谈判。在江户，他常常带着生姜一类的小礼物去探望姐姐，之后把消息传递给义融。起初，他很高兴地汇报说，常野在第四次婚姻的最初几个月里没有碰到任何麻烦。"我知道博辅在村里的家人对他甚是牵挂，"他写道，"但他能得体地应对不同的人，所以无须太过担心。姐姐很幸福，看起来也很健康。"

但到了夏末，一份提交给町奉行的秘密报告警告说，一场经济灾难即将来临。大型服装店抱怨生意下滑，没有顾客了。木匠们抱怨说，由于人们重新考虑整修计划，施工停止。手艺人没有什么工作，娱乐区也安静得可怕。事实证明，改革宣言异常严厉，极大地抑制了消费，就连最贫穷的人都担心接下来会发生什么大事。

但水野忠邦仍然一意孤行。秋天，町奉行的官员让町名主组成"改革长"小组，要求他们提出额外的政策来控制社会混乱。他们自然听命照办。

他们抱怨说，各种各样的人都蒙着头脸走来走去。应当拦下这些奇怪人等，扯下他们的头巾，记下他们的名字。如有可疑之处，就将之扣留在岗哨。

女子习惯了穿男式短上衣。有些人是因为贫穷，别无衣物可穿，所以便借丈夫的外套来保暖。这是可以接受的。但还有一些女性穿着奢侈的男士外衣，受人误导，追求时尚，应发布公告禁止此类外衣。

自称"歌唱老师"的女性，许多人其实比非法妓女好不了多少，她们靠着传授普通女孩音乐，过着优裕的生活。江户的父母，应该为允许女儿和这样的人交往而感到羞愧。女孩们也应该脸红。此类课程应立刻结束，如果老师和学生拒不悔改，应向警卫报告。

普通人也在使用金银烟斗抽烟。此举太过奢侈，应立刻停止。

地图和旅游指南上总是印着一些无足轻重者之名，如相扑手、妓女和歌舞伎演员。此种做法必须禁止。

诸如此类的禁令，数也数不清。

九月，神田祭照常进行，但所有的平民妇女都穿着朴素的凉鞋，别着沉闷的发夹。旗本之妻井关隆子抱怨说，来自武士之家的年轻男子都穿着灰褐色的外套，她很怀念从前他们盛装出席宴会的英俊身影。在她看来，一切富有魅力的东西都被禁止了。又过了没几个星期，戏院区失火。大火从中村戏院开始，蔓延到隔壁街区的川崎戏院。这个社区经常失火——由于人和灯笼都挤在木制建筑里，实在很难避免意外发生——所以，乍看起来，这场火灾算不上一场大难。江户城里最著名的日记作家对此只简短地提了一下，他指出，戏院会搬到浅草，因为每逢失火，它们都会在浅草临时找个落脚处。但水野忠邦认为这次失火是个机会。

水野讨厌戏院，憎恶它们在城里的地位。他的理由来自武士对世袭特权和礼制的观点。严格来说，著名演员的地位低下，比平民还不如，但他们的报酬却让大多数旗本眼红。他们还促使江户人效法其昂贵到几乎滑稽的时装。町名主们抱怨的女性穿短上衣，其实错在演员。当歌舞伎表演者拾起粗俗的街头风格，哪怕武家女性也会模仿。让常野和其他城市女性着迷的整个戏院区，成了公共秩序混乱的噩梦。问题不光在于失火，问题还在于那些在街上游手好闲的小额放债人，他们收取极高的利息，派恶棍威胁还不起钱的人；问题还在于男人们在茶室里花钱就可以从年轻漂亮的"演员"那里买得春风一度；问题还在于这个地方弥漫的嘈杂、喧闹和放荡氛围。

水野曾考虑过彻底关闭戏院，但最后，他接受说服，把它们搬到了江户外围。町奉行传达了他的裁决，人偶和歌舞伎戏院相继搬迁。常野所在的古老街区一蹶不振。随着戏院的搬迁，茶室也搬走了。人偶制作商还在，但由于人偶戏院消失，它们看起来变得不太适宜。最终，鼓声停息，人群散去。

与此同时，城门出现了更多告示。人偶的高度不得超过20厘米。孩子们不需要这么精致的玩具；他们只会沉浸于不合宜的奢靡之风。女性不得穿戴精美刺绣品。不得燃放烟花。不得出售昂贵的盆栽。下雨时男子不得使用雨伞。豆腐的价格太高；或者说，豆腐块做得太小。豆腐每块作价八文铜钱，并需按统一规格切开。街区警卫室应说明对出借凉鞋、灯笼等物品的政策，并在墙上张贴明确的规则条例。

为女性提供服务的美发师不得再开展业务。连按日计酬的女工和女佣也要花钱请人梳理头发，这是"对金钱可耻的浪费"。她们只能凑合着自己把头发梳成乱糟糟的顶髻。如有女性不遵守规定，比如梳着时髦的发型、打了发油，会被当街逮捕。与此同时，男人们聚在城里商店的后屋、幕府粮仓背后的豪华茶室、日本桥附近的码头，置身神田市场里的柿子和葡萄之间。他们的对话紧张感十足。每个做买卖的人都很担心。江户的经济状况举步维艰，水野对控制市场价格所做的努力，并未如他所愿地迅速取得成功。有传言说政策即将发生重大转变。

深秋，传言中的法令颁布。幕府废除了批发商行会，这是数代人围绕江户经济发展起来的行业势力集团，水野认为是它们垄断供应链，抬高了价格。把持行会的家族，汇聚了江户地位最高的商人；他们运营业务的办事处，甚至会标在城市地图上。但随着政策变化，改革派长官奉命来到办事处，没收并销毁行会会员登记表。就连"批发商"一词，也成了禁用语，官方词汇表甚至剔除了它，不得示众。一百多年来，江户最大的几家商店都会拉起横幅宣传自己在行会里的地位。现在，所有的标识都得放下来。

几个星期后，十多名表演流行民歌的女乐手遭到突击逮捕。1842年，她们被判犯有妨害公共道德罪，还被戴上了枷锁。她们的乐器被砍成碎片，在町奉行所烧为灰烬。

常野和博辅听到了戏院区搬迁的传言，看到"批发商"横幅降下。起初，他们在经济动荡里还算过得宽裕，但随着经济进一步下滑，博辅逐渐难以找到稳定的工作，他和常野的钱很快便用完了。义仙震惊地发现自己的姐姐和姐夫生活在贫困中，但他无法说服常野离开。"如有突发危机，"他写信给义融，语带疲惫，"我会告知。"

常野换去了另一户武士家中侍奉，这次是在浅草附近。她的东家给了她一些蜡烛、木炭和一盏灯笼，她兴许还能得到的工资大概是几分金币，但她现在还得养活博辅。她开始典当个人物品来筹钱。她甚至当掉了一口小袋子，里面还装着一封信；她错过了邮件递送服务的截止日期，一直带着这封信四处奔波，想把它寄出去，直到她意识到自己的错误，无法赎回了。

在下一封终于寄回家乡的信里，她记下了几个同乡移民的故事。有个叫饭助（Iisuke）的人，来自家乡附近的村庄，在江户当职员。他找不到住的地方，只得东奔西跑，暂住在不同的朋友家。有个70岁的老妇，从前嫁到了江户，后来一贫如洗。她已经工作了一年，几乎衣不蔽体；此种情形，着实令人难过。还有一名女子，名叫波津（Hatsu），非常胖，是常野一个熟人的母亲。她经常到常野家来，吃他们的东西，索要零花钱。"她甚至不曾为自己给人添麻烦表示歉意。"常野写道。与此同时，常野还知道有人欠债70两金币。她简直不敢相信。"至于我，"她写道，"只因从当铺借了一两二分金币，看看我为此吃了多少苦头！"

常野所目睹的绝望，与她看见的身边的庞大财富（大到在越后根本无法想象的程度）形成了鲜明的对比。"乡下人对江户是什么样子、那些豪宅是什么样子毫无概念。"她写道。可即便是穷人，也必须维持体面。一如既往，常野认为，自己缺少合适的着装，未能尽到相应的社会责任。"我有四个用人同侪，"她说，"可除了告知我做错了些什么，他们从不跟我说话。他们彼此竞争，而且态度顽固。而今，我所有的衣服都送进了当铺，我正苦苦挣扎，但我想，要是能再设法坚持一阵子，情况兴许会好起来。"为避免兄弟们听不懂，她又补充说："这里跟乡下不一样；你不能就这样子邋遢地走来走去。"

水野的改革，表面上旨在限制炫耀性消费，但它蕴含的一点残酷讽刺在于，它使得苦苦挣扎的人们再也无法维持外表的体面。就连典当衣物（这往往是常野需要现金时的最后手段）也不如前几年那么管用了。町奉行所的探子们注意到，当铺存货太多，二手服装店几乎歇业：没人能用便宜价格买到衣服了，部分原因在于没人清楚什么样的衣服符合规矩。女性甚至不再佩戴廉价发饰，因为她们害怕引人侧目。比常野有钱的人摸不着头脑，比常野贫困的人完全没有衣服可穿。

与此同时，常野碰到了别的问题。"博辅的脾气极为糟糕，"她写道，"从去年开始，他随时随地都会动怒。他动辄与我吵架，如果碰到他真的特别生气，他会诅咒我所有的祖先，还让我滚回家乡去。"她不曾料到自己的婚姻竟然变得这么艰难。

"我知道自己是全无准备落到如此境地的，但他的亲戚都是些体面人，绝对没有理由相信他会落得如此田地。而且，并不是说我从未想过我们的未来，但我是出于爱慕才跟他结婚的，我想，哪怕我们碰到麻烦，也会同舟共济。等我们年纪都大了，就一起回家乡养老。"

这种对未来的憧憬似乎永远没法实现了，于是常野开始考虑下一步该怎么做。她甚至提出了离婚的可能性（这将是她第四次离婚）——但博辅听都不肯听。"我已经对他说过许多次，我想要分开，"她写道，"但毫无疑问，由我提出毫无意义。"从技术上说，离婚必须由丈夫提出并撰写休书，否则就不具备任何法律效力。常野询问义仙和其他哥哥，他们是否可以跟博辅或他的家人交涉，结束这段婚姻。但她并不一定想离开江户。她在信中提到，自己兴许可以在春天回家乡看看，但她似乎仍然怀有希望。只要再多坚持一阵子，应该会好起来的。

1842年夏天，清朝最终向强大的英国海军投降了。按照《南京条约》的规定，中国同意赔款2100万银元，割让香港岛，而最为严重的一条是，向英国开放中国港口进行贸易。关税是固定的，所以中国人不能为了保护国内产业而调整关税，英国获得治外法权，在中国土地上犯罪的英国公民有权让自己的同胞进行审判，无须服从当地法律。

在日本，幕府官员和关心国防的武士一致认为，这对中国来说是一场严重挫败，对自己的祖国有可能也是一场严重挫败。一些鹰派知识分子认为，应该让民众知晓此事的紧迫性，包括英国有可能会把注意力和战舰转向日本。幕府表示反对，更倾向于通常的保密政策。但谣言四起，就连江户的平民也听到了风声。

首席老中水野忠邦制订了加强日本防御的计划。幕府军队在江户附近的农村演习，身着西式军服，用荷兰语指挥。幕府收回向外国船只开火的命令，取而代之的是向这些船只提供水和木柴，并将它们送走。政策的转向并不是因为幕府政府决定欢迎外国人，而是因为，激怒英国的强大海军，不啻可怕的自杀策略。

与此同时，在江户，歌舞伎演员五代目市川海老藏（他经常跟五代目岩井半四郎演对手戏）（见插图27）被人从一家尚未迁出老区的大戏院里拖了出来。他被戴上枷锁，拖到町奉行所问罪，主要问题出在他的房子上。那是一栋位于深川的豪华别墅，花园里布满石灯笼，用平顶镶板装饰的天花板上闪着金色漆光，精心雕刻和镶嵌的家具上，摆放着一组精美的人偶。町奉行花了好几个月收集他的罪证，等待时机。他甚至想办法抄下了海老藏爷爷写给后代的遗书，强调要谦逊和节俭。町奉行斥责这位惊恐的演员："你不仅违背了幕府的律令，连爷爷的话你都不听！"

最后，町奉行将海老藏逐出了江户。他的华宅被夷为平地，宝物遭到没收，藏品散落各处。他那阳刚的声音再也未能在江户的戏院里回响。多年以后，海老藏将重返江户，但他所饰演的那些英雄，那些勇敢英俊的年轻男子，再也没人用同样的风格表现过。

1843年的新年，匆匆而来，又匆匆而去。江户的街道像往年那样空旷而干净，但装饰却简朴多了。清酒很贵，连富家武士之妻也抱怨连连。春天，四名20多岁的平民女子外出赏樱时遭到逮捕。没有一人穿着违禁面料——天鹅绒、锦缎或丝绸——但她们的服装在改革时期似乎仍旧"过分艳丽"。这个故事广为流传，人们哀叹处置不公："这是对轻浮之人的重罚。全是棉——哪怕是衬里——连一根丝都没有。"

1843年的第三个月，幕府又发布了一道新公告，对江户贫穷人口进行了更为直接的打击："近来，越来越多的人从农村进入江户，因为他们适应了城里的习俗，不愿回家。这令人极度不安。我们将进行一轮全新的人口普查，所有此类人等，都将遭返回乡。"公告的其余部分有些模糊，拥有商店、妻子和家庭的人，似乎可以宽大处理，但结束语说得一清二楚："凡近几年才入江户者、无妻无子者、租赁偏室为居者、短期劳力者，应立刻遣返乡村。"

常野有理由担心。她和博辅虽然已婚，但并无子嗣；他们没来几年；他们没有参与任何生产性活动。与此同时，博辅找不到足以维持他下等武士身份的工作。他和常野在城里四处漂泊，直到最终撞到了新宿。新宿位于江户西边的边界上，到处都是旅馆、餐馆和妓院。

新宿是旅行者的中转站，也是铁石心肠、冷酷无情的男人们的聚集地。他们是匪徒和保镖，甚至更糟。这个社区还提供150名合法妓女的服务，不受法律承认的编外妓女更是数倍于此。她们从茶室里接客，在街上招揽，在格子窗后等待。有些人来自越后，她们几乎是熟人，哪怕她们比常野年轻得多，来自更贫困的家庭。至于艺伎，无论男女，都扮演更具恫吓性、更时髦的形象，但1843年，他们比平常更低调。没人会忘记，18世纪初幕府的第一次改革时期，整个驿站都被关闭了；旅馆、妓院和餐馆一举荒废了50多年。尽管在水野上任的两年里，这个社区相对并未受到波及，但它的运气过不了多久肯定也会耗光。

常野和博辅，耗光了他们的运气，去投靠博辅的弟弟半左卫门。半左卫门巧言令色说服哥嫂的时候，是个名声不佳、到处打零工的人物。他改名字的次数多到别人记都记不住。或许这里藏着关键。在某种程度上，半左卫门拥有一份合法的工作，经营着一家餐馆，一种普通人"吃东西的地方"，苦力工人去廉价妓院的路上可以顺便过来吃顿饭。至少，这让常野有了些事情可做。她小时候在乡下学过做饭，但那是作为女儿、之后作为年轻妻子不得不学的事情。除此之外，她在烹饪方面没有特别的经验，但侍候主家的经历，教会了她怎样表现得有礼貌、怎样听受吩咐、怎样清理托盘。

但这并非一桩成功的生意。饥荒期间，餐馆的数量本就有所减少，到天保改革期间，处境就更艰难了。毫无疑问，对除水野忠邦之外的几乎所有人来说，把戏院搬到江户郊外、让打工者回乡下、强行降低物价，这些举措丝毫无助于促进经济繁荣。餐馆倒闭或许并非半左卫门的错，和常野成日吵架或许也不是博辅的错，但这样的局面让人无法忍受。

1843年夏天，在常野和博辅在新宿挣扎期间，幕府向在江户地区拥有地产的藩主和旗本下发了一连串的通告。幕府要求他们交出自己的土地（这部分内容立即生效）以换取其他领土（要等到合适的时候再分派）。不久，在大阪附近拥有封地的藩主收到了类似的消息，管理常野家乡越后国新潟港的藩主也收到了类似的消息。部分说来，这是一种防御举措，是一系列旨在增强幕府实力、免遭外国海军攻击的改革政策之一，但它同样也有着经济上的动机："私人名下不宜拥有比幕府更多的高产土地。"

遭到针对的藩主和旗本都目瞪口呆——幕府将军这么大尺度地动用权力，几乎闻所未闻。200多年来都没见过类似的事情。新的土地从哪儿来？要怎么分配？大名们兴许要等上许多年，甚至永远等下去。在此期间，他们的收入大幅减少，甚至彻底没了收入，要怎么生活下去呢？

在一片骚动中，神田祭突遭取消。据推测，原因是幕府将军的第23个孩子夭折了。住在高档社区里的武士家眷们本来已经去澡堂洗澡、安排做头发、拿出新衣服了，消息突然传来：不得举办庆典。江户城的气氛冷峻异常。

到了中秋，幕府终于迎来了爆发点。只要不发生骚乱，哪怕令人困惑的规章制度和混乱的经济给城市平民增添再多的挫败，他们的愤怒仍尚可抵挡，甚至无限期地抵挡，但江户大名和旗本们的怒火却完全是另一回事了。他们不允许自己的土地遭到剥夺并重新分配，他们的拒不妥协，让幕府的立场难以维系。

迫于压力，幕府将军意识到自己再不能被首席老中水野忠邦牵着鼻子走了。1843年闰九月的第13天，他罢免了水野。

消息立刻传开。水野的宅邸锁上了大门，但人们整天都聚集在那里，到了晚上，还欢呼喊叫。他们用小石头砸门——飞去的石头那么多，就仿佛从一小片盘旋在江户最受鄙视的人的住所上空的黑压压的乌云里，砸下了一场突如其来的冰雹。人群袭击了附近的哨所，赶跑了守卫的武士，扯出榻榻米垫子和家具，把所有东西都扔进了宅邸的排水沟。最后，住在附近的大名被迫派遣自己的手下去维持秩序。数百名低级武士提着印有家徽的灯笼集合，现场很快就变得像是发生了大火的情形：家具散落四处，人们在街上跑来跑去，武士试图控制人群。到了清早，武士们让这场狂欢偃旗息鼓，但年轻男女们仍然聚在一起看热闹。

整个秋天，街上的人都在玩击掌游戏，歌唱邪恶老中的垮台。这是上天的裁决，透过群众的声音传递。水野忠邦再也不会把自己的意志强加给江户的人民了。

在水野忠邦狼狈垮台的前几天，常野徒步穿过了整座城市，经过武士区迷宫般的白墙，绕过江户城堡外护城河的北侧边缘。她一路走到加贺藩主的府邸，以及差不多正好四年前，她抵达江户城第一天可能碰到过的赤门。她当时跟智鉴在一起——那是一段闹心的回忆。她和博辅结婚，本该抹去那个错误，恢复她的名誉。但女佣同伴们当初劝她全靠自己赌赌运气，话是一点也没说错。

常野拜访了位于不忍池畔的教证寺。夏天，水面上布满墨绿色的荷叶，但到了深秋，那里却只剩下一片荷梗和干枯的荷花，小鸭子在茎干间钻来浮去。天已经凉了，而且黑得很早。常野知道这座寺庙，是因为弟弟义仙在此工作。虽说她已经好几个月没见过义仙，也没跟他说过话——她和博辅搬到新宿去时，故意没有把新地址告诉义仙，想着兴许有一天能用到他的名字。果然，它派上了用场。从来都是这样。她那可敬的家庭和她破烂不堪的外表结合到一起，唤起了同情，寺里的僧人允许她暂住几天。

教证寺的住持叫来了义仙，义仙看到姐姐衣衫褴褛，靠着欺骗家里的熟人来逃离另一段麻烦的婚姻，异常尴尬。他盘算，以她眼下的状况，她是不可能留在江户了。出人意料地，常野勉强接受了他的看法。义仙舍不得花钱，便安排了一名信差护送她穿越山林返回家乡。但到了即将出发的前一天深夜，她改变了主意。她说，她没法离开，因为经营餐馆的小叔子半左卫门绝不会放她走。

理论上而言，半左卫门对常野没有可以声张的权力。他为她提供了住处和一份工作，但并不是她的丈夫。他没有特别的地位，也没有额外的权力，但是他很有威慑力。义仙确信半左卫门参与过某种非法活动。那人说话绝对匪气十足。

教证寺的住持找来半左卫门，问他为什么不让常野离开，半左卫门的回答令人错愕："只要我让常野留在此地，我就能从她家人手里榨出钱来供我喝酒——就从她哥哥开始。"义仙气坏了。常野怎么能跟这样一个不择手段的卑鄙男人扯上关系？这已经不是她第一次因为疏忽而危及家族声誉了。她陷入困境的消息自然会传到越后的朋友和家人那里——一贯如此。

义仙对常野彻底失望，准备跟她断绝关系。他希望义融能告诉自己，常野与他无关，不需要他来负责，反正她也不会听自己的。在义仙看来，他宁可根本没有这个姐姐。"真的，"他写道，"他们三个——常野、博辅和半左卫门——全都是蠢货。"

尽管如此，义仙还是做了些安排，帮常野另寻了一个住处。

他认识一位名叫宿仪助的针灸医生，正在自己曾工作过的德本寺为庙里的僧人治病。宿仪助的老家是出羽国，常野第一次结婚后曾在那里住过15年，他很同情常野，把她视为"来自北方的乡亲"。两人相处得很好，或许这不足为奇。常野在吸引男人方面从来没碰到过问题。也许，他们会谈起最上川的小镇、红花和白色帆船。

针灸医生自己没有多少钱，但他愿意雇常野做女佣，至少试用几个月。常野仍是已婚身份，但义仙没有想过这位针灸医生是否别有用心；他只是为找到了一个能照顾姐姐的人而长出一口气。"至少，她现在没法说我们从没为她做过些什么了。"他嘟囔道。他请德本寺的住持借给常野一些寝具，接着警告说，要是她再招惹麻烦，就马上送她回家。

事实上，他也并不乐观："女性实在很难避免陷入麻烦。即便常野想办法摆脱博辅和半左卫门，城里还是充满了可怕的男人。她兴许最终会沦为不知道哪儿的街边妓女。"和针灸医生宿仪助住在一起肯定比在路边卖淫要好，但就常野而言，这仍然不是什么诱人的前景。针灸之术，往往是穷人（而且多为残疾人）找不到其他工作的最后谋生手段。宿仪助落魄得连多余的被褥都没有。给针灸医生做女佣，具体要做些什么也不清楚。回到越后，1729年，当局曾为一名用人八藏（Hachizō）颁发了特别的奖状。八藏为一名极为贫穷的武士工作。为了维持生计，武士开始学习针灸，八藏主动提出把自己当成实习病人，让主人用针一次次地扎他，直到他的肚子肿胀发红。幕府认为这种行为值得称赞，但不是所有人都喜欢这样的工作。

幸运的是，常野发现了一条更好的出路：她去借被褥的德本寺需要一名女佣。虽说常野从未在浅草的寺庙区住过，但她对那儿很熟悉。搬迁后的戏院区就在附近，那块土地曾属于德本寺的一名武士信众。街道虽然不同，但戏院附近有不少熟悉的名字和面孔。氛围没那么活跃，但至少，遭受大清洗之后留下来的戏剧人还留在江户，在新起点上竭尽所能地讨生活。

对常野来说，在德本寺的工作更像是回到过去，而非全新的开始。寺庙是她童年的世界，每次经过，她都觉得自己变小了。她曾是受父母珍爱的寺庙的女儿，接着成了嫁去别的寺庙的儿媳，再接着是庙主哥哥惹是生非的离婚妹妹，现在成了又一座庙里的女佣。冬天，她清洁打扫，听受吩咐，寒冷而坚硬的日子一天天过去，就如同念珠手串上数过去的一颗颗寒冷而坚硬的珠子。她很少听到义仙的消息，虽说义仙与德本寺关系亲近，这是他在江户工作过的第一个地方。"他势利无情，我感到很恼火，"她在一封家信里抱怨，"每当他在我身边，他总是态度倨傲，说些可怕的话，比如'从今以后，我就要把你视为陌生人'。"这不足为奇，博辅对义仙也很气愤。博辅对所有人都很气愤。

尽管两人分开居住，常野仍然尽力接济博辅。她在信里告诉义融："在江户这里，不是什么地方都能借被褥给用人的。所以我问义仙：'他是我丈夫，能行行好借点东西给他吗？'义仙根本不理我，博辅自然大为光火。"

常野待在德本寺，因为这总算还是个不错的地方：有一个房间，一床被褥，一条毯子，一口火盆。据义仙所说，常野告诉德本寺的人，她留在寺里是因为希望自己的哥哥欣赏她的勤奋表现，从当铺赎回衣物。"到她离开的时候，他们都对她倍感厌倦。"他写道。

新年后不久，常野离开了德本寺，回到了博辅身边。很不幸，他的状况也没有好转。常野又找到了一份用人工作，但薪水不高。她尝试典当，但也毫无指望：她拿到的钱，还不到物品价值的一半。她进退两难。"江户人傲慢自大，"她抱怨说，"就因为我来自别的省份，他们认为我奇形怪状。"不管她有多生气，她穿得过分寒酸，又说不出什么回敬的话，实在于事无补。她的样子邋遢得都不好意思离开房间。

接下来的几个月，常野和博辅换了好几份工作。博辅找到一个岗位，干了几个月就又没了，于是常野开始做计件工作以维持生计。他们一度共穿同一条外袍。"我这么说你一定会很生气，"她写信给义融，"但博辅也在吃苦，我为他感到难过。"她写信的语气发生了巨大的变化。三年来，她的口吻一直颇带挑衅味，但现在她在反思，变得低三下四，几近泄气。她害怕变老，在污秽中死去。"一切都不曾按我设想的那样发展，"她写道，"从没想过竟如此挣扎。"

与此同时，博辅似乎越来越不稳定。每当他们挣到几个铜板，他就把钱全花在自己最喜欢的食物上。如果钱用完了，他就整天睡觉。到了秋天，他甚至再也不打算找工作了。

"如果我早对他的性格有哪怕一点点了解，"常野写道，"我绝不会嫁给他，不管他怎么努力劝说我。"她没法想象一个人怎么能这么难相处："我知道我脾气也不好，但从来没有遇到谁像他这么暴躁。真的，一千个人里恐怕都没有一个这么糟糕。他抓住别人的缺点就喋喋不休，但似乎从未注意过自己的不足。"博辅的朋友政义过来拜访，两个男人都申斥她，让她到自己富裕的哥哥那里去搞钱。这个打算失败后，他们又嘲笑她被剥夺了继承权。他们咒骂义融。"和尚真没用。"他们说。要是碰到两人情绪高昂，再有野心些，他们会像强盗般密谋策划。"我们会拿走你家所有的土地，"他们说，"石神村旁所有的土地都会变成我们的。"

　　常野和她家里的大多数人都不合拍，而且这种状态已经持续好长时间了，但石神村是她出生的地方。她的兄弟是她的至亲，他们的祖先同样也是她的祖先。博辅提起他们的时候，没有权利视之为敌。"我知道我和义融吵架，而且处得不好，"她后来写道，"可他还是我哥哥啊！博辅没日没夜地说他坏话，我很生气，因为他自己明明就是个白痴。"

　　"我受够了，"她写道，"对他完完全全、彻彻底底生厌了。"

　　在那艰难的几个月里，博辅和常野争吵不休，博辅写过六次休书。他甚至把它交给了常野，但每一次，又都夺了回来。第七次，也就是1844年9月的第一天，她拿着休书出了门。休书很短，只有三行半，是博辅最清晰的字迹，还盖了他的印章。休书里说她是个不称职的妻子，但也说她从此以后获得自由身。

　　断了回到义仙所在的德本寺的退路之后，常野知道最好别去找自己最小的弟弟求助了。相反，她找到了博辅的旧友藤原雄藏，他住在本乡，就在加贺藩主宅邸的赤门附近。他有一份侍奉武士的好工作，并有一间小屋，还答应照料她一阵子。

在职介所的帮助下，常野找到了一连串临时工作。照说她的月薪是一朱金币加200文铜板，但她只拿到了这个数目的一半多一点。与此同时，博辅仍在找她要钱，所以，她每个月给他寄500文铜板。等交完职介所的佣金，她就只剩300文铜板了。这比小贩做一天好买卖赚到的钱还少。

常野给兄弟们写了信，坦言一切：她说出了博辅种种可怕的行径，承认自己不该跟他结婚。她求他们为自己的未来做些安排，她想回家了。她想为母亲扫墓。

藤原雄藏让常野借住只是想帮个忙，他比常野还不乐意看到眼下的局面。他找来义仙，以为义仙可能觉得自己有责任帮助姐姐，可惜义仙全无此念。常野请求雄藏联系义融，所以，雄藏给林泉寺写了一封信，尽其所能地解释眼下的情况。他不知道到底发生了什么，只知道常野和博辅离婚了，她很穷，几乎没有衣服可穿。她需要钱——或者至少是一套新衣服——这样才能找到一份更好的工作，搬出自己的住处。

一个月后，雄藏的信没有收到回音，他又写了一封，再次解释了情况。这次措辞更严厉，必须有人对常野负责。她的丈夫让她沦为赤贫，她很难找到稳定的工作，最小的弟弟也对她置之不理。这实在令人震惊："两人似乎根本就没有同胞姐弟之情。"雄藏不可能让一个衣衫不整的离婚女性无限期地和自己住在一起。要么，义融寄衣服和零用钱来；要么，他得安排人护送常野回越后。

雄藏的第一封信寄出五周后，常野陷入困境的消息终于传到林泉寺，义融羞愧难当。前一年，他写信给义仙，告诉他别为常野操心：家里负担不起照料她的责任。但和往常一样，他心情矛盾，他说得很清楚，做出这个决定是出于绝望，并不是不关心常野："博辅理应是常野的监护人……你知道，由于我们是在春天才提起此事，本地处境殊为困窘，所以，哪怕她只想要一点点钱，我也无能为力。（她想嫁的）那人是谁不重要，我没法帮她，只能袖手旁观，让她自己奔个出路。"此刻，面对一位素未谋面的江户武士寄来的绝望信件，义融的打算肯定有所不同了。他给雄藏回信，郑重道歉，并答应想办法接常野回家。

义融找到了一名合适的护送者，来自以越后为总部的山王快递服务。义融派他一路到江户去接常野。其他安排的细节交给义仙，因为义仙本来就在江户。

义仙为自己开脱。"常野上一次说她想回家之后发生了那样的波折，"他写道，"我确信，（这一回）就算我去跟雄藏沟通，也不会顺利。"但他按照义融的引导，勤勉地安排着这趟行程。他甚至考虑过去申领一张官方通关文牒，好让常野在回家路上通过所有的哨卡。但最终，在向相关官员咨询后，他确信无此必要：他去问的每个人都告诉他，太麻烦了，不值得。

十一月底，护送者抵达江户，常野也准备好出发。但当博辅发现常野即将离开，他暴跳如雷。虽说博辅写了休书，但他从未想过让常野走。实际上，他甚至告诉义融在江户城里的一个熟人，除非常野回来，否则他不会归还她的任何东西。现在，他不顾一切地想把她留在江户。没错，他承认了，他们分开了，也很久没有说过话，但她不应该不跟自己商量就回娘家。更何况，现在回越后，是一年里最可怕的时候——谁会想在隆冬翻山越岭，走远路绕过哨卡呀？

愤怒中，博辅给义融写了一封信，又叫来了弟弟半左卫门。此时，半左卫门正化名武田五郎（这是他的诸多化名之一）在一位武士的宅邸工作。半左卫门招来常野，并让自己的一名武士熟人帮忙劝说她留下。这番努力泡汤后，他拒绝让她离开。他甚至设法扣下了护送的信差。但不知怎么回事，两人都从半左卫门手里溜走了。半左卫门在江户人脉很广，他派人在城里四处寻找常野，但一无所获。他恼羞成怒，径直去了义仙所在的寺庙，打算将义仙告官，争夺常野的监护权。但义仙神秘地消失了。与此同时，常野已经上了路。她在腊月六日清晨动身，不告而别。

1845年新年前夕，常野回到了林泉寺，此时她已年过四十，离过四次婚。她放弃了家乡的稻田，换来了江户后巷拥挤的连排租屋；放弃了寺庙的钟，换来了戏院的鼓；放弃了母亲的泡菜，换来了深夜的拉面。她做过女佣和女招待，当过浪人武士的妻子。她知道挣钱是什么感觉，知道如何安排预算便能支付房租，知道怎样盘算拿出几成薪水去职介所。她自己选择了一任丈夫（虽然她现在承认选得很差劲），还曾在旗本的宅邸和其他用人闲聊。她有过去，有家里没人相信的故事，可现在，她没有了未来。

在此前五年的动荡里，其他人吃了更多的苦。著名爱情小说作家为永春水，在改革的高潮中遭到逮捕并被控犯有淫秽罪，当所有原始木刻本被收缴后，他死于心碎——至少，所有人都这么说。（见插图32）也有人在审讯时崩溃，或是在等候处罚期间死在牢里。江户有数万人失去了生计。他们眼睁睁地看着自己的画作、乐器和毕生的心血毁于一旦。如果这些损失能带来某种持久的改变，也许能算有些意义。只可惜，日本似乎回到了同样无法维持的局面。只有法令不再执行，女性又开始去找理发师，普通人从箱子最底层翻出丝绸衬里的外袍，把它们从当铺里赎回来，大商行越后屋不再销售"谨慎之物"，祭礼节日如期举行，人们才知道改革结束了。除了搬迁戏院区、拘留无证妓女和音乐教师、毁坏乐器和儿童玩具之外，这场改革一事无成。这座城市——或者说这个国家——的根本问题，无一得到解决。江户的武士仍然穷困潦倒；贫苦民众仍然饥肠辘辘，不堪一击。外国的炮艇仍然吐着蒸汽、载着大炮在海上虎视眈眈，日本诸岛实际上照旧毫无防御能力。西方商人仍然向亚洲港口运送鸦片，而且，现在还配备了强大的英国海军保卫他们的利益，但即使是惩罚性的《南京条约》也并不像乍看起来那么一锤定音。没过几年，同一批利益集团在中国发动了第二次鸦片战争。

常野也再次回到了从前无法忍受的境地，是时候想想到底是什么地方出问题了。破坏她婚姻的，是来自外界的政治灾难吗？还是说，问题一直都在，就如同土壤里的枯萎病，等着机会到了就蠢蠢欲动？当她朝林泉寺的花园里看去，视线所及的是漫天大雪——这就是她，还有所有人能看到的一切了。

第八章
在町奉行所

与江户相比，农村生活单调而沉闷。一切都很熟悉：皑皑白雪覆盖田野；灰色的冰没有光彩；露天灶台传出湿冷的烟熏味。群山倒映在大塘光亮的冰面上，云朵从西边滚滚而来。墙壁上空空如也，没有涂鸦，也不贴告示——甚至没有江户随处可见的"小心火烛"的标识。在一座小小的农耕村落，大多数信息都是通过闲聊当面交换的，要不，就是写在折叠的纸条上挨个传递。

这个冬天，常野穿着棉袍和外套，盖着被褥和毯子，躲在结实的墙壁后度过。但过了几个星期，仍然很容易回想起暴露在城市里的感觉：江户的寒冷刺穿她单薄的棉内袍，陌生人的目光如剃刀般刮过她的脸；不知道姓名的陌生人，听到从墙壁另一边传来的每一声叹息、鼾声和争执。

在林泉寺，常野最小的妹妹伊野和她母亲的墓地上，竖起了崭新的墓碑。常野错过了头七仪式，但至少，她终于可以去扫墓了。常野的另一个妹妹俊野也去世了，但她的墓碑跟丈夫的家人立在一处。她去年春天突然病倒，家人把行医的哥哥幸笃送到了俊野丈夫的村子里。他竭力施救，但没能成功。去世之时，俊野年仅27岁。

与此同时，义融已步入中年，他的妻子佐野一如既往地繁忙，照顾几个年幼的孩子，还要打理寺庙。他们的儿子兼继承人辉白刚好满了12岁，在高田上学，学习汉文典籍和五经。常野让自己成了有用之人——多一双女人的手，总是很有用的。她可以帮忙做针线活儿，洗衣服，照料孩子，扫墓，打扫庙里的殿堂。

偶尔，她会发现房子里的某个地方，残留着自己过去的痕迹。春天，女佣洗衣服时，常野认出了一张用自己幼时衣服做的小毯子。母亲在她初次远嫁之后，用常野留下的东西拼成了它。她穿针引线的时候，一定惦记着小小年纪就结婚住到远方的女儿常野。她本可以把常野的衣服改得适合年纪更小的女儿们，但她却做了一张用来安慰小孩子的半大小毯子。或许，这原本是打算给常野第一个孩子的礼物。倘若果真如此，常野的母亲从未有机会送出它。

常野从脏衣服堆里抓起毯子，说道："我要留着这个，这是我的。"义融气坏了。他的家人已经用这块毯子30年了，它毫无疑问属于庙里，但他放了这件事。跟这种蠢人争论没有用，他说。实际上，他一定知道，每当常野真正想要一样东西，自己从来没有赢过，哪怕那只是一张用了30年的破毯子。再说，它压根儿就不值钱。或许那是对母亲的一种念想，象征治摩期待女儿过上的生活与常野真正所过生活之间不可逾越的距离。但常野想要这张毯子，也可能是出于个人原则。她从不放过属于自己的东西。

1846年春天，常野回家一年多，一名信差来到林泉寺，送来一封蒲生田村常野前小叔子写的信，是关于博辅的。博辅终于在江户找到一份固定工作，想让常野过去。他要自己的弟弟向林泉寺打听：常野愿意再一次嫁给他吗？

常野知道博辅所有的缺点：他的暴躁脾气，他的懒惰性子，他的贪心和轻信。他是一个真正糟糕的丈夫，而且，此刻距离两人灾难性地结束婚姻还不到一年半。她的家人都看不起他，这份据说是铁饭碗的新工作，他能干得了多久，谁说得准呢？她很可能会落得和前一次离开时一模一样的下场，在某个阴暗街区一间冷冰冰的租屋里，跟他为了又一次去当铺典当的事情争吵不休。

话说回来，博辅仍然是那个隔壁村子的男孩，在江户，她原本可以一个人独自过下去，但却选了他做丈夫。他是为数不多能同时理解她生活分为两部分的人之一（他自己也放弃了越后的稳妥生活，到江户城里追求不确定的未来），他也是她遇到的唯一一个脾气跟自己旗鼓相当的男人。如果她不回到他身边，就只能留在林泉寺，给佐野和女用人们帮忙，义融能否永远容忍她的存在，也是个未知数。她需要到别的地方去。

江户并不是世界上唯一一个能去的地方。日本有些城下町从不下雪，那里的风闻起来像小柑橘，农民一年能种三轮甘薯，收获三季水稻。此外还有京都古城，常野当新娘时去过，天皇在他的宫殿里吟诗，织工用红花染色的丝绸织出奢华的锦缎。

在这之外，在异国他乡的土地上，还有其他城市，那儿有老虎在密林中漫步，红鸟在草原上鸣叫。仓库里堆放着一箱箱茶叶、棉布和鸦片；市场里有贩卖紧扎干辣椒和绿松石的老妇人；

大教堂里，一户户人家合唱着复活节赞美诗。在有些地方，春雨洒落在鹅卵石和玻璃窗上，妇女们有的穿着喇叭形的裙子，裹着紧身胸衣；有的身着纱丽，戴着金手镯；有的穿着二手布匹，佩着穿珠头饰；有的戴着有小纽扣的羊皮手套；也有的光着脚，衣衫褴褛。跟常野同龄的妇女们，为了咖喱叶讨价还价，购买成盒的巧克力松露，照顾孩子，清洗地板，待在家里织羊毛围巾。她们的一些姐妹在巨大的工厂里摆弄着哗哗作响的纺织机。她们的一些兄弟下地挖煤。

在少数遥远的首府和起风的港口，男人们对日本产生了好奇心。他们装载船只，拟订计划。他们想象着日本的城市，阅读着关于幕府的故事。他们看到了这块"锁着双门闩的土地"，便想要打开它，争取贸易，赚得利润，攫夺荣耀。和常野一样（她曾把自己的命运想象成一扇紧闭的大门），他们认为江户就是开门的钥匙。

就在常野斟酌博辅的求婚期间，两艘美国军舰驶往江户。指挥官是1812年美国第二次独立战争时的老兵，叫詹姆斯·贝特尔（James Biddle），他刚与中国缔结了第一个美中条约[1]，希望在此基础上成功与日本天皇签署类似的商业协议。他来到江户湾口，发现自己的船立刻被一艘艘日本驳船团团围住，驳船上满是全副武装的武士。武士们接下了他开放贸易关系的陈情书，他的舰船抛锚停泊时，他们自由地登船，四处查看。他们满心好奇，贝特尔也乐于介绍。他还很感激获得了补给，包括几百只鸡、青苹果

1　这里指《中美望厦条约》。

和成桶干净的饮用水，这是他在整次远征期间得到的最好口粮。但关于他的陈情书，幕府的一位家老执笔起草了回复，坚决拒绝了通商请求：日本不会与美国进行贸易——除了荷兰和中国，日本不与其他任何国家通商。

这个消息令人失望，收到它的过程更叫人沮丧。为了收到回函，贝特尔登上了一艘日本船只，但并未提醒船员。一名日本武士看到他爬上船，吓了一跳，把他往后一推，令他踉跄地跌回自己的船上。贝特尔大为光火，有一阵子，他的部下以为他要下令打开炮台。谢天谢地，他总算控制住了自己的脾气。这一事件令所有相关人员感到难堪，而日本一直为美国在太平洋地区的野心感到忧心忡忡，这场难堪更让局面雪上加霜。贝特尔准将永远无法到达江户，但美国海军会回来。

常野的梦想跨不过大洋。她对鹅卵石、咖喱叶或大教堂一无所知；她从来没有扬起过船帆，也不曾在望不到陆地的地方，爬上桅杆顶端，四处眺望。她的雄心很具体，局限于已知的世界，局限于她曾爱过却被迫放弃的城市。对她来说，再没有别的地方可去了。所以，当博辅的中间人亲自来讨论他的求婚时，常野没有犹豫。是的，她说，她想去。

一如既往，义融是个问题。他不同意常野再婚。为什么他要允许妹妹回到不能养活她的丈夫身边，而且，这个丈夫还曾试图勒索妻子家的钱财，当掉她的所有衣服？义融读了妹妹从江户寄回家的所有信件；常野自己也说过，这个丈夫密谋夺走她家的土地，还诅咒她的祖先。义融不断提醒每一个人，博辅在严冬抛弃常野的时候，是自己花钱把常野从江户带回了家。

最终，义融还是同意了，但他要常野答应一个条件。常野将放弃与林泉寺的一切联系；她再也不能使用家族的名字，再也不能向家人要钱。义融起草了文件，免生是非。经过一连串商榷、交换草稿，又盖了一连串的印章之后，常野被正式逐出家族，从石神村的户口登记簿上除名。

常野急切地想尽快离开，但义融还不能完全接受这样的安排。在她预计出发的前四天，他告诉自己的妹夫，如果常野能拿到关川关卡的通关文牒，他感觉会舒服许多，尽管从相关官员那里拿到通牒需要30天。常野觉得不可思议——为什么她不能跟其他人一样绕过关卡？从信中知道常野延误的消息，博辅怒不可遏，甚至威胁要取消婚事。一直在生病的寺庙内勤传八不得不提醒义融，他的固执将事与愿违：常野一心想要离开，她没有别的地方可住。再说，她是个自私的蠢女人，义融应该为摆脱她感到高兴。他应该收起自己的骄傲，告诉博辅一切都是误会，让常野早些离开。

常野离开的前几天，她跟义融和一位中间人会面，商讨正式的财务安排，这是她离开这个家族的标志。他们仔细查阅了从她第一次结婚开始的记录，统计了开销，交接了财产。他们计算了她从未穿过的衣服，她被拖欠的零花钱。他们再次扯出了智鉴的事，以及她在出省途中卖掉的衣服。他们甚至提到了最近发生的旧毯子事件。

义融相信白纸黑字的魔力，以及誊写、盖章和保存草稿的仪式感。他一定是相信，细致的结算工作，可以清除每个人的债务，消除宿怨。否则，在一座小小的村庄里，怎么会有人能对这一切放手释然呢？但这种记录是男人的工作，是继承了家族名字和产业的孝顺儿子们的工作，是他们用墨汁涂黑了印章按在纸上。常野曾靠着自己的记忆和信件来试着列出清单，但这一次，她没有未尽的事宜，也没必要做记录。

常野最后一次从越后启程时，博辅的家人为她送行，一直送到高田。这更像是她第一次结婚时与家人的分别（带着行李，仪式感十足），而不像她上一次去江户时的旅程，那时她什么东西也没带，偷偷离开。这一回，她收拾了四箱衣服让家人寄去。她走过熟悉的山路，穿过群山来到了新井驿站，遇到了一队11名女性旅者，接着又到了草津，和一位朋友待在一起。这趟旅途很轻松，只用了13天。但她抵达江户那天，风雨交加，整个社区都被洪水淹没。所有的商店都安上了防风百叶窗，排雨沟下放置的大桶早已满溢。她在泥泞的街道上蹒跚前进，一面与北风搏斗，一面避开撑着雨伞的人。她回家了。

博辅的新主公，不是个说不上名字的寻常旗本。他是江户最有名也最繁忙的旗本之一。他的头衔一出，便会唤起敬畏——"恐惧和颤抖"，平民们经常在书信中这么提到。他便是江户町奉行，远山左卫门尉景元。

町奉行分为两位，一南一北，按月轮流当值。两人都负责整个城市，职责范围非常广：审判刑事案件、受理请愿、发布法令、管理城市治安和消防准备工作，以及道路维护和水务。南北町奉行以办公室所在位置命名，两地相隔不到一公里。1846年，远山占据了稍大的南町奉行所，靠近江户城堡的数寄屋桥，东向银座和筑地的平民区。他在这个职位上只干了一年，但工作熟稔，因为他在天保改革初期曾担任过北町奉行。常野看到过的许多张贴在城中坊门上的强硬告示，都出自远山景元所辖的奉行所，他的手下亦曾拖走街上时髦的年轻女性。

在幕后，远山从未同意过这些改革，他曾与家老水野忠邦及其同僚，另一位町奉行鸟居耀藏就改革政策的实施展开过激烈的争论。远山对严格区分武士和平民并无异议。和他那些更保守的同僚一样，他认为把秩序强加给江户城里的顽固刁民是自己的责任，甚至可以说，他傲慢，说教味十足。

1841年，一名女性向他所在的町奉行所提起民事诉讼，他满腹狐疑："此人——此女——竟到我的机关提起诉状。她是个惹麻烦的人。女人们一天一天地跑来我的机关提起诉状，我也听到了她们的投诉，但她们都是在自找麻烦。"然而，远山也相信，自己有责任保护平民的生计。水野提议搬迁戏院区时，远山提交了一份详细的备忘录，阐述反对意见，理由是搬迁将使住在该街区的人们变得贫穷，破坏当地房东的地产价值。水野发布废除批发商行会的命令时，远山扣住命令，迟迟不肯下发。水野提议将外乡移民逐出江户，远山以"新来者为经济运行所必需"为由反对。

在上述每一个场合，远山的逻辑都来自俯视城市人口的武士视角。他来自一个重视地位和侍奉的家庭。他的父亲是一户旗本家族的养子，这个家族的俸禄低，在历史上地位平庸，是他改变了这家人的轨迹。他在选拔人才出任官职的考试中获得高分，开辟了一条通往幕府最高阶层的道路。他被任命为大监察、长崎奉行，最后是勘定奉行。他成了理想的官员，备受赞扬，经常获得举荐，擅长中国诗词，并学习射箭、骑术和近身格斗。他对儿子的期待也很高。

但远山从来拿不准自己的未来会怎样。他是长子，但收养他父亲的旗本家族坚持要让自己的亲生儿子之一作为正式继承人。在远山成年之初的大部分岁月，他的晋升之路都是堵死的。与此同时，他的父亲经常不在家，向北前往遥远的北海道，向南到长崎，向西到对马岛。远山留在江户，受高级武士家族所有纪律的约束，却又没有实现抱负与才能的出路。

或许，这是为什么多年以后，市民们会讲述远山年轻时不务正业的故事。他们说，他曾与城里的小偷和赌徒勾结，吓坏了父母。他们说，他频繁光顾城里的每一家妓院。他们说，他的上半身覆满文身，那是劳力者、黑帮和罪犯的标志。或许，这个故事里有真实的地方，又或许，他们想要寻找一种解释，为什么一个在旗本家出生和成长的人，对城市的贫民们表现出如此的同情。不管怎么说，他们围绕这个人，构建了一段传奇。对江户人来说，远山景元永远不会是一个生有八个孩子的中年父亲，一个患上了严重痔疮、到江户城堡里觐见都没法骑马只得申请坐轿子的男人。相反，他永远是他们想象中那个潇洒的年轻人，他熟悉他们的街道、玩他们的游戏、说他们的语言，却不知怎么升到了城市管理的最高位置，现在坐在那儿审理他们所有人。

江户町奉行的职位，恐怕是同类职位里工作最为繁重者，人们都说，当值的人往往会工作得疲惫而死。许多就任的人也的确是在任上过世的。但50多岁、赤面阔脸的远山，战胜了这种可能性。他仍然精力充沛，审问罪犯时的洪亮嗓门儿常给人留下深刻的印象。他已经没有什么好证明的了。他在幕府的地位，甚至比他极具才华的父亲还高，而且成为幕府最受信赖的谋士之一。他和妻子阿惠已结婚30多年，他们的孩子都走上了光明的事业和婚姻之路。

远山和离过婚的越后移民博辅几乎没有任何共同之处，博辅有着不光彩的过去，武士身份也几乎全靠伪装。即便如此，一位高官也能明白博辅能派上怎样的用场。旗本常常雇用家丁作为调停人，并礼貌地称之为"津贴辅佐"，恐吓债权人，敲诈住在自己封地上的农民。博辅还可以给町奉行的工作帮帮忙。远山大部分的调查员都是世袭官职的武士，但他也有一些私人家丁协助调查。如果是这样，博辅对江户黑暗角落的了解，兴许能有些助益。就算事实证明他完全不称职，派他去给管家跑跑腿、扛扛长矛和箱子总是可以的。

对博辅而言，能侍奉远山简直是交到了难以置信的好运，它意味着有望获得他从未找到过的安全感。多年来，博辅一直在旗本的府邸间来来往往，通常只能干上一个来月就会被打发走。但町奉行远山的名声可不同于寻常大名或旗本——只要他还在职，便需要人手，而且他也有能力源源不断地支付手下薪水。终于，博辅能跟妻子住在一起了。他和常野可以在南町奉行所合住在一间房子里（按照规定，远山及其家庭成员，在他担任町奉行期间都必须住在奉行所）。

常野的新家是江户最令人恐惧的地方之一。就连它的正门都散发着不祥的气场，屋顶铺着厚厚的黑瓦，大门两侧是有着弧形屋顶的岗亭。这样的布置带给奉行所一种威吓感，仿佛它蹲伏在平民住宅区的边缘，浓黑的眉毛紧紧皱着。1846年6月，常野第一次来到此地，大门紧锁着，表明南町奉行不当值，不再接受新的案件或请愿书，诉讼人只能到北町奉行所。当然，远山仍在辛勤地工作，处理文书事务，进行长期调查，与幕府大政官就先例进行沟通，参加会议。但远山的办公室要到下个月才会恢复生机，届时，南町奉行所才会敞开沉重的木门受理城中事务。

奉行大人当值的时候，每天一大早大门就会打开，直到傍晚才关。门后面，一条蓝色石头小径整齐地从一片黑亮亮的碎石海洋中间穿过，通往奉行所的主楼。这是一座很大的庭院，用于骑兵队伍列队立正，或是奉行大人由随从陪同骑马外出办理正式事务等仪式性场合。

普通人从不使用大门（大门的作用主要是展示威严），他们从大门右侧的小门穿过。夜里，右门会为了紧急请愿或其他突发情况打开；白天，这里会挤满为打官司作证的诉讼人和被告。他们都挤在一间狭小的接待室里，等着负责传唤的守卫叫到自己的名字和案件。一般来说，在右门前等候这一冗长而耗时的经历，会让民事诉讼的当事人望而生畏；而且，这种痛苦体验在案件处理的过程中往往还会重复多次。

右门虽然很不方便，但总比左门要好得多——每个人都会竭力避开左门。该入口专为刑事案件中的被告保留。出现在这里的时候，他们已经接受过町奉行所警务站的审讯，遍体鳞伤，不成人形。大多数人都认了罪。对一些人来说，看到警务站的刑具就足以信服。其他人则被捆起来打得服服帖帖。一旦被押到奉行所，他们就没指望脱罪了，只有承受幕府的连番施威——庄严宏伟的奉行所，以及远山左卫门尉景元这个人，都是幕府权力的象征。

被告在拘留室里等着叫到名字；接着，守卫用一把硕大的钥匙打开一扇锁着的门，押着他们来到一座宽阔的院子，地面铺满粗糙的白沙。被告将跪在那里，等候审讯。倘若他们能抬起眼睛，会看到远山和手下坐在沙地上搭的木质平台上，俯视着他们。审讯过程总是经过精心编排：白沙之上从无意外，这是座不允许即兴发挥的"戏院"。远山会瞥一眼摆在面前的文件，用洪亮的声音问道："叫什么名字？""住在哪里？""户主何人？"虽然这些问题的答案，他早就知道。

对跪在沙地上状如筛糠的被告来说，每一次审讯都将烙在记忆里。而对远山来说，大部分时间，这只是枯燥的例行公事。他通常没时间回顾案件的事实情况，直到被告跪在自己面前。每年都有数万件民事和刑事案件提交到南町奉行所，所以，案件细节必然会交由下级人员处理。但在调查的关键时刻，包括在初审中确认罪犯身份，总是需要奉行大人在场的。有时候，犯人会在深夜被带到奉行所，因为他们是在大门关闭后的时段被捕的。这时，远山不得不匆匆穿过住所的大堂，穿过迷宫般的连排办公室，来到白沙庭院。冬天，他和手下会坐在星空下，借着灯笼的亮光写字，每次提问，远山的呼吸都会呵出一团雾气。白沙庭院没有火炉。这不是个舒服的地方。

白沙地上进行的第一轮审讯，几乎总按同样的方式结束。远山将正式宣告："着令此人入狱待查。"之后，被告将被押送至小传马町的一处可怕建筑，那里素以尖锐锋利的栅栏为外人所知。在又黑又挤的房间里，被告将受到牢头惯例的虐待，尤其是没有亲友愿意支付保护费的话。他还可能面临新一轮的审讯，要是他否认或是拒绝重复最初的供词，他将遭受鞭打，被迫跪在开有槽口的木板上，大腿压上沉重的石头。唯一的喘息机会是回到白沙庭院，继续受审，或是领受判决。

常野来这里一个月，调整适应远山的家庭、等着越后送来行李期间，一场广为人知的判决在南町奉行所进行。被告是一名叫冈田良民（Okada Ryōmin）的男子，是江户城堡里负责端茶送水的低级官员。这桩案件之所以引人关注，是因为他的罪行太过大胆：他试图趁着深夜大家入睡的时候从城堡储藏室里偷东西。倒霉的是，他的同事听到储藏室附近传来奇怪声响，便组队去看个究竟。他们提着灯笼顺着走廊往前走，当光亮落在罪犯脸上时，他们大吃一惊：窃贼竟然是内鬼。冈田五年前就偷过300两金币，并最终侥幸脱身，贪婪驱使他再次下手，只是这一回就没那么走运了。

远山判冈田良民斩首示众，这是专属重罪的惩罚。行刑处决是在监狱的院子里，在一小群武士的监督下，一名武士负责挥出那可怕的一刀。但把冈田按住的人则是弃民，这些人从事背负了死亡与不洁污名的工作。当冈田的头颅掉在地上，他们中会有一个人准备好把它从尘土里捡起，用草席裹上。另一个人抱着尸身，让脖子上的血流到事前挖好的地洞里。一群面目狰狞的弃民和巡警把冈田的头颅带到城市边缘的刑场，钉在长矛上，并在一旁竖起公布其罪行详情的告示牌。尸体的其余部分留给幕府的首席刽子手和试刀人山田浅右卫门。如果他认为冈田的身体适合"试刀",便会小心翼翼地用绳子把它吊起来,用将军的某一把刀将它砍成几段,写下笔记,报告刀刃状况。试刀完毕后,山田浅右卫门会将胆囊摘下带给妻子,后者再把它制成家族的秘传药物。

对奉行大人远山来说,宣布死刑并不是一件不同寻常的事。多年来,他曾判处数百人死刑。就在处死冈田的那个月,还有十个人死在了监狱里;而在繁忙的月份,这个数字会是二十甚至更多。如果远山对一个人手下留情,那一定是有原因的:它是为了送出信息,让江户人注意到。冈田被斩首的两个月前,远山给一名犯人减了刑。此人来自一个犯罪团伙,他们假扮幕府官员,向寺庙勒索钱财。等待判决期间,他所有的同伙都已经死在了牢里。后来监狱失火,大门敞开,他本可趁机逃跑。但失火后的次日,他又回到了监狱,向狱吏自首,哪怕他有充分理由相信,自己要么会死在黑乎乎的牢房里,要么会由刽子手处死。若非发生了这场火灾,远山会判他砍头。但他注意到了这人的顺从,改为将他流放远岛。

常野跟这些案件没有什么关系,只是从跟丈夫一起工作的武士嘴里听说了这些八卦。她属于家庭,而非公域。虽然两个领域只隔着一步之遥,但一道道锁着的门立在两者边界。这一次,她站在了正确的这边。可沦落到另一边是那么容易:要是她溜过关川哨卡时被逮住;要是1844年那个可怕的冬天,她因为没有衣服穿,从公共浴室偷走别的女人的外套——一切没法细想。博辅同样曾经穷困潦倒。他兴许会是个跪在沙地上瑟瑟发抖的犯人，而不是身着饰有町奉行家徽的外套、佩带双刀的武士。

界限是这么清晰：一道门、一张通行证、一个头衔、一件外衣、一段婚姻。这边，是落魄；那边，是安稳。造成差异的不是常野的性格或行为。界限那么清晰，因为它们是随意划下的；门是紧锁的，因为房间隔得太近。只要拐错一个弯（或者拐对一个弯），你就会到达一个你根本没想过要去的地方。

江户町奉行依靠骑警（与力）和巡警（同心）来维护城市的治安。许多位置是世袭的，并附属于各种官职：远山手下有23名骑警和大约150名巡警，北町奉行所也有数目大致相同的人手。跟常野和博辅（他们是奉行官的私人随从，跟他一直住在南町奉行所）不同，骑警和巡警及其家人住在一个叫作八丁堀的拥挤社区。既然有这么多执法人员，八丁堀最初肯定是江户最安全的地方。但随着时间的推移，武士逐渐将自己的土地再划出小块，修建租屋，不同类型的人搬了进来。一开始，搬来的人是医生和儒学者，一个适合跟低级武士混居的阶层。但最终，赌客和皮条客也渐渐聚集此地，因为给当警察的房东付房租，最好的保护莫过于此了。

骑警的级别比巡警高得多。当骑警出现在白沙庭院，他们坐在平台上，位于奉行两侧，而巡警则跟嫌犯一样，坐在地上。警察的大部分时间用于调查、协调巡逻人手、询问嫌疑人和证人。他们的大部分工作是阻止民事诉讼，减少町奉行的工作量。"这么解决挺好，"他们或许会说，"干吗不拿了这笔钱，让孩子们好好生活呢？你也不必费这么多事。"他们的年俸仅有200石，但有许多受贿的机会，可以增加收入。武士会花钱让调查大事化小、小事化了，民事诉讼的当事人会送礼以换取有利的聆讯。

骑警通常骑着马在街道上穿行，巡警则徒步在城市中巡逻。哪怕隔着很远也能一眼认出他们的样子，但那跟时尚偶像相去甚远。他们的头发会梳成扇形的结，外衣上饰有町奉行所的徽记，腰间挎着金属警棍和佩刀。他们的主要任务是进行调查和逮捕，但也要收集信息。高级巡警，也叫"密探"，负责敏感事务调查，收集有关幕府将军及其家人的谣言。但哪怕是普通巡警也会听到各种有趣的事情：出现了会说话的马；硕大的婴儿满嘴尖牙；女书法老师突然长出了睾丸；小女孩遭狐狸附体；城堡护城河里可能有海怪；海湾里来了外国船只；一条巨大的鲤鱼转世变成了鬼，吓唬那些吃过鲤鱼的粗心小孩子。了解谣言对町奉行很重要，因为它们会滋生动乱，也可能是一种预兆，预示不祥之事即将发生。

一些巡警在清晨和傍晚按规定路线巡逻，风雨无阻。也有人走不规则路线，还有人要去检查建筑工地，勘察消防。街区警备室会把他们派出去调查奇怪的事情，比如常常发生的可疑溺水。常野住在町奉行所的第一年，一名泥水匠在自己和朋友租来的游船上喝醉了，靠在船舷小便时摔了下去。一名女佣想辞职，父母却逼她回到主人身边，于是女佣跳了河。店主的三个活泼女儿，被人发现浮在河面上，绑在一起。一名歌舞伎演员和戏院引座员从划艇侧面落水溺毙，显然是为了捞回失手脱落的船桨。而这些还只是报告得最多的案件。

江户的巡警只有不到200人，单靠他们无法管理这样一座庞大的城市。他们需要调查和信息两方面的帮助；他们需要有人了解犯罪分子及其网络，这些人并不身居町奉行的高位，也无须像武士那样受到正式约束。他们需要有人能跨过司法管辖区，找出已经转入地下的人。为达到这一目的，他们雇用"冈引"，这是曾在小传马町监狱蹲过一两次牢或是曾被逐出城市一段时间的罪犯所变成的线人。从正式的角度看，这些人并不存在。然而，他们穿着劳工长裤，腰佩木剑，陪同巡警巡逻。

　　冈引存在于一个奇怪的空间，犯罪与官僚惯例在这里的边界十分模糊。线人获得正式任命，还可晋升成其他人的上级。他们从町奉行所领取稳定的薪水，这些钱来自罚款，由巡警分发。他们还定期开会。每天早晨，分配给远山手下巡警的冈引都会在神田的松吉茶室（Matsuyoshi Teahouse）讨论当天事务。一些是逮捕和调查，也即他们拿薪水所做的工作。但他们也是自由从业者，享受着这一职位带来的相对豁免权。因为知道自己不太可能遭到查抄，他们经常私设赌博。他们向轻罪罪犯勒索保护费，条件是不向町奉行告发。如果犯罪者是女性，冈引有时会强迫她们卖淫，保留收益。

　　江户人通常对冈引感到恐惧，并努力避开他们，但这很难做到，因为冈引和巡警一起巡逻，每当发现有人开了一家店，他们都会绕道回来索取保护费。就连幕府的一位家老也注意到了这一点。他抱怨说，人们害怕冈引远甚于町名主——后者才应该是社区的领导者。但远山一直认为，奉行所的线人是必要之恶，还曾请求雇用更多冈引以维持秩序。

城市犯罪组织还有附带的好处，至少对那些与町奉行所关系密切的人来说是这样。一位著名的儒学者被扒手偷走了一沓文件，出钱拜托自己的骑警朋友帮忙。骑警召来一名巡警，巡警联络了线人。等学者跟朋友喝完酒之后，所有的东西都完璧归赵了。

多年后，人们说，当远山坐在白沙庭院的平台上，用呆板的语言向罪犯宣判死刑时，他会抹下袖子，试图掩盖手臂上露出的文身。这是真的吗？这有什么关系吗？文身是一种隐喻，奉行大人的外衣也是。它们共同表达了一种隐而不宣的默契：在庄严和正式的外表之下，对程序不折不扣的遵照执行之外，奉行大人的手下会顺着地下世界弯弯曲曲、五光十色的小路往前走。就奉行官本人而言，在他的职权范围之内，正义与犯罪深深纠缠，无法分开。远山的黑袍能罩住他的身体，但皮肤上的文身却抹不掉。

现在，常野成了奉行大人一家的成员，用不着太担心偶发犯罪了。偷了她衣服的老家守甚助，绝不会对一个受远山庇护的女性做出同样举动。她的法律地位也发生了变化。博辅侍奉远山大人的时候，他的身份是一名武士，只要一直受雇，他的地位就不会动摇。他在村里的哥哥，一度担心博辅将一事无成，现在却带着敬畏的口吻提起弟弟"极为重要的职位"。常野仍然扫地、端盘子、为丈夫做晚饭、操心日常支出用度，但地位和安全感事关重要。严格来说，她丈夫现在的地位，比她所有兄弟们都要高了。

当常野选择了博辅放弃了家人，她感到了失落。一回到江户，她就试图拜访义仙，但义仙把她打发走了。他说，义融禁止自己跟她说话。这不大可能，因为义融自己仍然收下了常野送去的礼物（书法用纸），还问起了她留在家里的雪靴。但常野跟义融的通信也时有时无。她自己的确试过。春天，她给自己的侄女和村里的其他女孩送去了人偶，或许是想着它们能在女孩节上及时送到，但她从未收到过任何回音。她终于在江户立稳了脚跟，但却跟家人比早年更加疏远，毕竟，她住在租屋时还给家人写去一封又一封的信。

到1848年秋天，常野做了个栩栩如生的怪梦。不知怎的，时间倒序流淌，她又变成了一个小女孩，和她的兄弟们在林泉寺玩耍。她醒来，迷迷糊糊地想，这真是太离奇了，可片刻之后，一名信差便带着义仙的信出现了。信上说，他病得很重，可能快要死了，他想见她最后一面。那个梦是个预兆，她想。常野已经两年没听到弟弟的消息了。

常野把信拿给博辅看，但他却满腹狐疑："你弟弟跟我们断绝了关系，现在他生病了，却写信说想见自己的姐姐？他到底在想什么？"常野不知道的是，博辅已经知道义仙病重得快死了。几天之前，信差带着义仙临终前的道歉信来见他。博辅把那可怜人拒之门外，长篇大论地说义仙之前对自己和常野是多么恶劣。博辅的地位变了，暴躁的脾气却一点也没变。

常野自己叫了一名医生去看义仙，没告诉博辅（他也没必要知道）。几天后，奉行大人全家正忙着准备远山二女儿及其家人的到访，常野溜了出去，走了两里半的路程到了教证寺，义仙正躺在寺里奄奄一息。1843年那个凄惨的冬天，为了躲避丈夫，常野曾在这座寺庙里过了四天可怕的日子。如今，五年过去，她直接从奉行大人的官邸过来。

常野发现义仙躺在被褥上。他已经躺了好些日子，动弹不得。他写给常野的最后一封信是口授的，因为他连笔都拿不起来了。一名僧人已经清点了义仙的物品，教证寺的住持把清单塞进了他的毯子里。人人都知道他行将离开人世，这是他们为了确保他的事务有序推进的法子。他已经没有能力跟踪身外之物了。几个月来，随着健康状况恶化，他一直在努力联系常野。他叫来了他们共同的朋友、针灸师宿仪助，甚至还拜托博辅的弟弟、黑帮成员半左卫门出面斡旋。义仙一直讨厌半左卫门，但现在他发现自己要仰赖这个曾经被他贬斥为"坏人"和"白痴"的家伙。义仙有充分的理由相信自己再也见不到家里的任何人了。

常野跪在义仙的褥子旁，他握紧她的手。两人一同祈祷，然后，常野问他还能不能进食，他想要吃什么。"葡萄，"义仙说，"或者梨子。如果能行的话，小蛤蜊也可以。我不胜感激。"针灸师宿仪助也在场，他和常野都问还有什么可以为义仙做的，但义仙没有说话。或许，他已经说不出话来。他和常野从未讨论过两人的过往。她没有提起自己的兄弟们，她的婚姻，还有他们多年的疏远。回到家时，常野感到心有所失。

回到南町奉行所，家里的女人们仍然忙着接待远山女儿的来访，此外，大家还在为一件重要活动做准备。奉行大人受召去江户城堡，参加有幕府将军在场的"公事上听"。这种会晤很少举行，至多每隔几年开一次，涉及的利害甚广。町奉行、寺社奉行、勘定奉行都将出席，此外还有各监察、内侍和所有家老。每一名奉行都将在诸官员面前审理两起案件。所有活动结束后，奉行将收到幕府将军的礼物，通常是整套的服装。如果奉行表现特别出色，还可能获得特别嘉奖。1841年，远山曾获此殊荣，但他也不能躺在名望簿上。在他上朝前的日子，全家人都忙得不可开交，整理衣服、饰品、马匹，接受礼物和好运的祝福。

常野太忙了，忙到传来义仙过身（就在她去探望的第二天）的消息时，她竟抽不出身来。次日拂晓，她赶到教证寺。因为她是义仙最近的亲人，由她为葬礼准备遗体。"为他净身的时候，我碰到了麻烦，因为气味太可怕了。"她写道，"我自己把水泼在他身上，接着半左卫门和庙里的一名仆人帮我为他清洗。"后来，她为义仙穿上了一件朴素的长袍，它通体无结，因为打结或许会把他和过去生活的业障缠在一起。他的僧人同僚们聚在一起为他诵经，写下他的法号（死后的名字），接着把他放入棺材。葬礼上，僧侣和吊唁者在钟鼓的伴奏下同念颂词，向佛陀表示感谢。此后，他们把义仙的灵柩抬到城市边缘小冢原刑场旁的一座寺庙，放入火中，只留灰烬和骨头。

常野以送葬者的身份（很久以前，也曾以僧人之妻的身份）参加过许多葬礼，但这是她第一次照料亲人的遗体。准确地说，这应该是义融的工作，但他在遥远的越后。他写信为未能前往道歉；他让博辅和常野找信差把义仙的骨灰送回林泉寺。

常野似乎为把葬礼仪式全交给陌生人经手感到很不安，她不得不付钱给那些几乎不认识的人，让他们来主持葬礼，为弟弟写下法号。在写给义融的信中，她强调自己已经尽力做了能做的事情。"我亲自为他身上泼水，"她写道，"尽管我可以花钱找人替我做，但要是那样的话，经手的就必定是个陌生人了。"但她也承认，义仙的法号必须出自陌生人之手，这个（她家族常做的）神圣任务如今成了一项有偿的仪式，只要出钱即可。

事实证明，义仙死后，出了一些令人不快的事情。三座寺庙为谁来主持他的葬礼（并获得报酬）而发生争吵。更糟糕的是，教证寺住持藏在义仙被褥里的财物清单不见了。常野和她的小叔子半左卫门有充分的理由认为义仙的一些东西被人偷走了，只是没法证明。

半左卫门考虑过把案件交给寺社奉行，但证据怎么也找不到，最终，他得出结论，不值得这么做，他不想给葬礼添乱子。博辅和常野给义融寄去了重新找回来的物品清单，外加垫付的丧礼和接待哀悼者的费用。他们卖掉了义仙的大部分衣物，把钱捐给了寺庙，还把一些遗物放进棺材，作为献给佛陀的供奉。

想想看，忠诚、顺从、总是按照哥哥的要求去做的弟弟义仙，竟然这样结束了生命，在一桩神秘罪行的阴影里，被僧人和寺庙背叛；而最终照料他的人竟然是常野，这都是多么离奇呀！

町奉行远山专门负责处理后事。在他当值的那几个月里，他坐在白沙庭院的平台上，宣判人们的命运：犯人一般是被逐出江户，或者被砍头，有时是被绑在火刑柱上烧死。但那是别人故事的结局，他并不擅长管理自己的后事。

他开始连续几个月告休，靠北町奉行来弥补自己的缺席。远山的一个亲戚旗本打着奉行大人的旗号在大阪的大米市场赊账而遭逮捕。尽管远山跟此事无关，但这也太丢人了。他生病的次数越来越多。他变得孤僻起来。

常野比奉行大人年轻十岁，但她也在逐渐变老，便盘算起了自己的身后事。她和博辅没有继承人，两人老后将无人照料。他们讨论过要收养孩子的问题，江户也有些人选，但他们不愿意收养陌生人。如果孩子是自己的亲戚就不一样了。博辅仍然担心跟常野的家人直接联系，便要自己的兄弟写信给义融提议收养孩子的事：义融愿意把自己的女儿大竹过继给博辅和常野吗？义仙过世后，这个家族似乎有望弥合分歧。如果义融做过回复，相关信件并未保存下来。但他明明知道博辅是个什么样的人，怎么可能送自己的女儿去呢？这是个不顾一切、根本不可能被接受的请求。

义融在大约一年后，也就是1849年的第11个月去世。他在林泉寺生活了一辈子，养育了五个孩子，主持了无数的仪式，诵读经文。他体现了父亲的希望，也承担了自己的责任。50年后，他最终变成了一个他年轻时并不适应的角色，他去世时知道，长子辉白已经受戒，并将继承家业。按他的家族、村庄和他所秉持信仰的标准看，义融是了不起的成功者。关于他的债务、不满、灾难性的第一次婚姻、他与兄弟姐妹的斗争，所有的记录都埋葬进了日常信件的旧纸堆。

对常野来说，义融的去世，标志着一场终生争论的结束。他们的角色是对立的，他们的性格也是如此。他不安，焦虑，内省；她冲动，意志力强。他推她，她反抗。她制订计划，他站出来阻拦。他们给彼此带来痛苦，但谁也没有放手。比起常野的丈夫，比起义仙，甚至比起他们的母亲，义融都是常野的人生里最为恒定不变的角色，是代表家的人，虽然处处都是约束，但又有着令人安心的熟悉感。义融是长子，收到的礼物比常野多。孩提时代，他能跑了，她还只能爬；他能学习中文诗歌，她只能练习针线活儿；他离开家乡去受戒，她却嫁到了遥远的异乡；他待在家里，她离家出走；他成熟稳重，她叛逆反抗。他说她蛮横、愚蠢、荒唐、脾气暴躁、冥顽不化，可他却总是让步，因为她更强大、更自信。如果没有了他，她该怎么知道自己是谁？

再也不会有答复了。江户再也收不到出自他手笔、言辞优雅的信件了。再也不会有关于钱财的谈判了，再也不会有对常野不良行为的长篇说教了。最后，他们谁都没赢，也没有和解。

越后从未显得如此遥远。

第九章
尾声与后事

1852年1月，海军准将马休·卡尔布莱斯·佩里（Matthew Calbraith Perry）收到华盛顿发来的电报：准备指挥东印度分舰队。（见插图33）他全无准备。他参加过两次美国战争——1812年战争和美墨战争。他有10个孩子，他差点死于黄热病，最后他得到了通往纽约的钥匙。他横渡过大西洋，周游过非洲海岸，穿越过地中海，但他从没见过太平洋。

57岁的佩里仍然有着一头浓密的深色头发，也有着如铁的目光，但他并不渴望展开新的冒险。他认为自己更乐意接管地中海分舰队，带着家人环游欧洲。他还担心，海军废除了鞭刑，自己该怎样维持纪律呢？他对上峰要自己做的事情也满腹狐疑。他会像华盛顿的政客们提议的那样，被派去要日本开放贸易吗？还是被派去当民主大使，以改变日本政府体制为最终目标？佩里对美国让旧君主制国家皈依到新共和政体下的热情持有怀疑态度，而美国的这种热情，在1848年欧洲革命之后只增不减。他认为，自己的同胞们应该"学会不去干涉邻居的事情，只关心我们自己的事情"。

然而，他实实在在地明白这项使命的重要性。此前的四年，他一直在陆上履行职责，监督布鲁克林海军造船厂新蒸汽舰的制造。这些最先进的船只，是为了向世界展示美国的实力，但如果途中没有地方装载煤炭，就无法跨越太平洋抵达中国的通商口岸。美国国务卿丹尼尔·韦伯斯特（Daniel Webster）对商业和战争都很关心，他表示，建立补给站符合国家的利益，是一项神圣的事业。他写道，煤炭"是上天的恩赐，是万物的造物主为了人类大家庭的福祉，沉淀在日本诸岛的深处"。佩里不太可能受这番夸张言辞的蛊惑，但他能理解其中的利害关系，尤其是对军队而言。美国海军能够尽其所能地制造蒸汽战舰，但如果没有日本的煤炭，它就无法在东方与英国抗衡。

　　佩里要求得到保证。他想选择自己最喜欢的军官作为陪同，也想确保自己不会遇到像老朋友贝特尔那样的耻辱局面，被一个无名武士推到一边。佩里还需要确认，美国政府授权他可在必要时动用武力。他可不打算大老远地横跨半个地球，遭到礼貌的回绝之后便给打发走，只换回一些饮用水和鸡作为补给。

　　得到保证后，这位老准将准备再一次出海了。起初，海军让他指挥据说使用最先进蒸汽技术的普林斯顿号，但佩里对它心存疑虑：它的结构很糟糕，锅炉也不可靠。相反，他主动选择了自己最喜欢的密西西比号，这艘船在美墨战争中为他提供了很好的服务。这是一艘漂亮的侧轮蒸汽船，由他亲自监督制造。它优雅、有力，有高高的桅杆和现代化的八英寸口径大炮，能以超过七节的速度航行，必定会给日本人留下深刻的印象。

　　佩里从位于纽约的家前往安纳波利斯，总统米勒德·菲尔莫尔（Millard Fillmore）在此地登上密西西比号，祝这次使命顺利完成。船装上煤，前往弗吉尼亚州诺福克郊外一座拥有6000人口（有奴隶，也有自由民）的勤劳小镇。佩里在那里监督船只获得最后阶段的补给，确保得到了所需的一切：饮用水、新鲜水果和蔬菜、吊床、烈酒、仪器、笔和墨水。为日本人准备的礼物也用了几个月的时间筹办：农具和书籍、机织棉布，以及塞缪尔·柯尔特（Samuel Colt）军工厂制造的武器。其中最重要的一件东西是美国总统寄给日本天皇的信，备有英文、荷兰文和中文三种文本。这是对"友谊"和"商业"的请求，尤其是请求美国船只获得补给，为船只失事的美国水手提供住宿。它吹嘘新加入美利坚合众国的加利福尼亚州富可敌国——"每年（出产）价值6000万美元的黄金"——并吹嘘美国的蒸汽船只需18天便可到达日本。这封公文的外观同样自信而傲慢。一张用蓝色丝绒包着的大羊皮纸，放在一口紫檀木匣里，旁边还搁着纯金盒子所装的美国国玺。

终于，信件签署完毕，船只也装载好了补给，佩里准将准备出发了。1852年11月24日，他指挥着超载的密西西比号（船吃水比平时深了三尺）离开诺福克。他的目的地是江户。

常野和博辅如今侍奉的是另一位新主人——信浓饭山藩的藩主本多助成。他的宅邸离常野在江户的第一个雇主、旗本松平友三郎的住处仅有一街之隔。那儿离皆川町只有很短一段路，常野刚到江户的最初几个星期，就是在那里痛苦度过的。但确切地说，这并不等于兜兜转转回到了出发点。现在，她结了婚，为武士家庭侍奉多年。此刻离她当初在江户城里分不清方向的日子，已经过去快15年了。那时，她在冰冷的租屋熬到午夜，就着燃烧的灯油和纸，给她不愿失去的家人写信。此刻，她年逾48岁，从前通信的几乎所有故人都已不在人世。她已九年没回越后了，她与乡下的联系越发稀少。她仍在工作，仍在挣扎，她能从遥远的墓碑和再也收不到的信件中计算故人的凋零。但她知道自己属于哪里。她至少可以说取得了一场来之不易的小小胜利：她终于成了一个江户人。

1853年初，常野病倒了。她以前生过很多次病——在19世纪，任何活到中年的人，都可以称为幸存者。但这一次不太一样。显然，这是一种"风寒病"：发烧打摆子。几十年后，医生才能做出更准确的诊断，到底是斑疹伤寒、疟疾还是流感。几个星期过去了，她全无好转。博辅找来医生，医生给她开了药，但似乎没有效果。他咨询了另一位医生，后者另外开了药，但常野拒绝服用。"我不会好了。"她说，博辅意识到，没什么可做的了。她一如既往地固执。最后，她稍微好了些，能喝些清酒，但似乎病得还是很重。博辅向主家告假。他坚称自己尽了一切努力："全靠我自己在照顾她。"他用颤抖的手写道，语气听起来仍然跟从前一般暴躁。

博辅写信给常野的侄子辉白，常野曾寄过铜板给他。"他现在一定很大了！"她在给义仙的一封信中写道。那是好些年前的事了。现在，21岁的辉白受了戒，成了林泉寺的庙主。他从小就没见过自己的姑妈。他写了一封礼貌的回信，并附上了两枚小金币。他说，菲薄所赠，令人赧颜。

常野发烧病倒期间，佩里准将和手下正在马达加斯加东部出产糖的小岛毛里求斯。过去的几个月，他们的船越过了大西洋，绕过了好望角。毛里求斯尤其令人感兴趣，不仅因为当地港口设施非常完善（佩里曾想向美国灯塔管理局写一份报告，他认为后者可以从中学到一些东西），这也是一个可以观察到大英帝国废除奴隶制带来了什么样结果的地方（毫无疑问，佩里想到了美国的政治辩论）。佩里准将写道，印第安劳工取代了非洲奴隶，他对此印象很好，因为种植园主仍然可设法获取利润。春天，常野在长达几个星期的疼痛和冷战中辗转反侧，舰队平稳驶过印度洋，到达锡兰[1]，穿过新加坡海峡，抵达广州。佩里对这座传说中的港口城市大感失望，说这里遍地都是"衣衫褴褛、几不遮体的可怜人""贫穷而肮脏"。密西西比号上的少年乘务长设法上了岸，花了几天时间观光，过得很愉快。他学会了讨价还价，吃了几顿丰盛的饭菜，和朋友们在街上放烟花："中国人一定以为我们是一群刚出笼的妖怪！"

几个星期后，常野过世。到这时候，她已经病了将近三个月。这段日子，她一定是迷迷糊糊就晃过去了。她甚至可能都没意识到这是在一年里的什么时候——是江户的初夏，紫藤盛开、布谷鸟鸣叫的季节；是挥起纸扇、支起蚊帐的季节；是小贩售卖鸭蛋、到日本桥玩偶市场闲逛的季节。

有人知道了确切的日期，并转告她的家人：那是嘉永六年四

1　锡兰，即现在的斯里兰卡。

月的第六天。常野一直说，她想在年迈时回家。她希望死后能葬在家人身边。但她选择了博辅（和江户），她不再属于石神村，不再属于大塘旁的寺庙。

她年轻的时候初抵江户，在脑子里展开连篇的计算，然后写到纸上。她记下了留给叔叔的金币和留在当铺的衣服，她在各种工作中挣到的薪水，她欠家守的房租，以及她借款的利息。在这些清单和计算中，她也写下了无法量化的得与失。她渴望看看这座城市，这个愿望，在一个秋高气爽的日子里实现了。后来，当她被迫直面同行旅伴对自己的所作所为后，她感到羞辱。她在做第一份工作时感到疲惫和挫折；美食、发油、银币，以及戏院区那些如雷贯耳的名字，带给了她欣喜。她曾对自己选择的丈夫怀有希望；之后又对他的失败感到愤怒。义仙拒绝她的时候，她愤怒；义仙离开人世的时候，她伤心不已。算计到最后，她得到了城市，失去了故土；得到了丈夫，失去了家人；得到了一定程度的独立，失去了生育自己孩子的机会。或许，当她最后一次放下笔，她认为人生值得。

对佩里和他的水手们来说，常野去世的那天是1853年5月13日，星期五。他们停泊在上海，佩里准将把指挥舰从自己心爱的密西西比号转移到空间更宽敞的萨斯奎哈纳号。这两艘船，都将陪伴他前往日本；一路上，他还将跟萨拉托加号和普利茅斯号会合。这样一来，他总共可指挥四艘军舰，足以震慑日本人。

在上海，佩里得空考察了东亚政治形势。中国正处在太平天国起义造成的动荡之中。他写道："可以毫不夸张地认为，这些内部动荡只是东方国家局面发生剧变的开端，而且，它们与盎格鲁-撒克逊种族的非凡进步有联系。"虽然他之前对把共和主义视为救世福音的做法持保留态度，但他忍不住预言："将会有一场浩浩荡荡的革命，推翻目前仍占优势的专制权力，取而代之的政府形式，将更符合此一时代的精神与知识。"他想，等他到了日本，他会让这一时代任务加快进度，把一个落后的国家拽进当下。

他会在第二天和次日夜晚的大部分时间装载燃煤，接着，他的船便将最终驶向日本群岛。

在常野死后的日子里，必须有人来处理信件、丧礼和悼念等所有俗世琐务。仪式有可能是在德本寺或教证寺举行的，这两座寺庙，与常野和博辅的关系最为紧密，只可惜，跟常野和义融不同，博辅和辉白都不是爱勤勤勉勉留存记录和往来信件的人。五年前，义仙去世时，有多份清单和信件留作记录，可常野死后，却几乎完全没有留下记录。林泉寺的档案里只留下一张小纸条，上面写着常野的死亡日期、年龄和法号。在来世，她将以"聪明、杰出、灵巧和顺从的女性""听话"为人所知。这是她的最后一次变身。

博辅也许继续活了30年。他有可能再婚，也有可能在侍奉其他家族的过程中走完人生路，也可能在租屋里一个人逝去。他甚至有可能最终回到了越后，履行他一直向常野所做的承诺。他可能有过另一种生活，也可能在常野去世后不久就死了，但这些，没有留下任何痕迹。

常野还活着的时候，她用手里的笔给兄弟们写信，让博辅停驻在了书面上，也让他为后世留下了一些东西。在信中，她在字里行间神奇地召唤出了他：他策划阴谋，他睡觉吃饭。他用甜言蜜语引诱她，用可怕的想法激怒她。他改变了她的人生轨迹，而作为交换，她写下他的名字，让他也活了下来。在林泉寺的档案里，博辅是一个活生生的人，是常野的丈夫。但她死后，却把他留在了历史的某个遥远彼岸。这是一件多么令人哀伤的事，只可惜他兴许并不明白：没有了她，他便遭到遗忘。

常野去世的"七七"祭奠正值盛夏：按照西方历法，是7月1日。江户（也可能是在越后）的某个人，趁着她的灵魂徘徊于阴阳两界之间时，做了祷告，吟唱经文。但没有记录。

佩里准将和船员们同样正站在模棱两可的领土上。他们登陆了琉球，它是清朝的朝贡国，但在军事上受日本控制。佩里知道这些岛屿是"日本的属地"，而且，他的一举一动，都受到日本间谍的紧盯。经过一番坚持和交涉，他成功地与琉球太后摄政王在她的宫殿会面。这里的风景和食物让他印象深刻，但他对这里的茶（"味道很淡，没有糖和牛奶"）和人（"不说真话、不讲诚信"）评价不佳。他更喜欢东边的小笠原群岛，它让他想起大西洋上的葡萄园之岛马德拉。但他的手下喜欢他们遇到的人，并为琉球的自然美景目瞪口呆。潜水员深入水下检查船只时，发现自己置身水下花园，到处都是活珊瑚，还有鲜艳的鱼来回穿梭。

7月2日，也就是常野的灵魂完全安息并进入净土的那一天，佩里的船只离开琉球，前往江户。接下来的五天，他们沿着海岸航行，穿过一团浓雾。其间浓雾曾短暂地散开，露出富士山的迷人景色。随后，7月8日，他们在距离江户大约38公里的浦贺抛下了锚，而日本人正在此地等候着他们。数条木船立刻包围了佩里的舰队。一条船上，有人举起一张用法语书写的公告，要求舰队离开。佩里当然拒绝了。密西西比号上的乘务长看着日本人疯狂地比画手势，心想："他们一定都认为，我们是怪人。"

他猜得不错。船只抵达的消息立即传到了江户。到1853年，有关鸦片战争的书籍已在日本广为流传，甚至一些识字的平民也知道喷着毒雾的黑船是个巨大的威胁。城里的流言，从寻常的打架斗殴、澡堂失火等闲聊，转向了关于外国船只和浦贺奉行命运的紧张讨论。很快，更多的船开始出现在舰队周围：船上是希望看一眼舰队的普通平民。

佩里仍未找到合适的官员来收取自己的信，便威胁说要亲自上呈。他调转四艘船，朝着内陆驶去。此时，美方的船只已被100艘日本船团团围住，大部分船上都是手持武器的武士。密西西比号拉响汽笛，刺耳的声音划破水面。舢板上的一些人猛然停下划桨，站起身目瞪口呆地盯着，仿佛全然不知道接下来会发生些什么。其他船则匆匆朝着岸边划去。

美国人展示的武力达到了预期的效果。第二天，日本人安排了一个地方让佩里呈交国信。7月14日，他和大约400人搭乘一艘驳船上岸，还带上了一支铜管乐队，演奏《哥伦比亚万岁》（*Hail Columbia*），这是一首缓慢的进行曲，不时被密西西比号的汽笛声打断。（见插图34）陪同上了驳船的少年乘务长说，这让他连血管里的血液都在兴奋地颤抖，可他看到岸上人们的表情如同末日降临一般。在两名非裔保镖的陪同下，佩里受到了大批幕府官员的迎接。距离会场周围两公里多的海岸边上，排列着数万名的武士。两名英俊的船上侍者走到前头，呈上佩里装在木匣及黄金小盒里的公文。佩里说，他会给日本一年的时间考虑，届时他将回来。在《扬基歌》的伴奏下，他离开会场。

江户的气氛异常严峻。市中心的日本桥如同被废弃了一般：没有人扛着行李过桥，没有武士出门办事，河面上没有一艘船。两岸的商店和货摊都关门了；鱼市空无一人。一名外出散步的医生给外省的亲戚们写信说："此地荒凉寂寞，真令人心碎。寻常日子，午夜后街上都挤满了人，但如今我走过五六个街区，却只遇到三两行人。"

城里的低层武士准备与来年返回的蒸汽军舰开战，他们购买武器和马具，练习枪法。与此同时，幕府的高级官员却筹划着，担心着，还向各藩主发送备忘录，征求意见。孝明天皇反对与外国人签订任何允许其入侵日本神圣诸岛的条约。他在京都龙颜大怒，人人都知道他一意反对。但最终，幕府这边的官员认为眼下别无选择：他们亲眼见到了黑船和枪炮。它们可以向日本沿海城市开火，将之夷为平地。它们可以封锁浦贺港，断绝江户的粮食来源。佩里回国后，幕府的官员将谈判签订条约。

1854年初春，佩里率舰队回到日本，成为轰动一时的盛事。江户的平民嘴里说着要去朝圣，其实却是偷偷溜出去看黑船——这一回的黑船变成了八艘；有些人甚至租下渔船出海。对无法亲眼看到这一奇观的人，画家们绘制了巨大的插图，表现喷火的船和船上那些与众不同的人物。有看起来胖乎乎、耷拉着眼睛的佩里；有看起来瘦削而博学的美国译员；有正在演奏乐器的乐手；还有黑人水手，衣着褴褛，在绳索间穿梭。

　　3月8日，双方在横滨村附近的一块农田举行了峰会。江户的町名主都收到了警告：他们会听到巨大的噪声，庆祝的枪声，但他们应该告诉市民不必惊慌。美国人带来了一支500多人的代表团，包括三支不同的乐队。江户人对菜单很感兴趣，相关消息已流传在外：菜单里包括各种鸡翅、生鱼片、腌菜和新鲜蔬菜、若干种鱼料理、两种茶，当然，少不了清酒。有传言说，一顿饭的价格是每名美国人三枚小判。佩里远征队的画家品尝了部分食物，既高兴又困惑：这些菜肴无法用语言描述。没有面包，代替它的似乎是一种味道很淡的奶酪（其实是豆腐）。

　　此次峰会的主要议题是商谈《神奈川条约》，它向美国船只开放了两座港口：江户以南的下田港和北海道北部岛屿的箱馆港（现函馆）。它还允许美国领事在日本定居，以便谈判另一项范围更广的通商条约。美国人对此进展感到满意。最后，一位陪同代表团的人评价说："很难说日本真正渴望被'打开'，一如没有哪一只牡蛎真正渴望被'打开'。然而，等时机到来，它优雅地屈服了，一如我有幸遇到的任何一只牡蛎。"

　　只有一件事让他大感失望：佩里本来想在江户靠岸，这样他就能在离开之前看到这座城市，参与谈判的高级武士劝阻了他。他们解释说，佩里的舰队离江户太近，可能会引发大规模恐慌。他们说，如果他再坚持，幕府就会要他们负责，他们除了自杀别无选择。最终，佩里率船队朝江户湾口行驶到半途（以证明他有进入江户湾的能力），接着便折返了。参与佩里任务中的人，没有一个亲眼见到江户。

佩里以英雄的身份归来，并在他生命的最后几年，为自己的声誉增光添彩：他打开了日本。教科书会讲述他和他的舰队在现代世界的形成中发挥了怎样的作用，却无暇提及常野，哪怕半个字。这可以理解。有什么必要这么做呢？她是个无足轻重的人物，死在佩里到来之前，就算她没死，佩里也绝不会见到像她那样的人。他会见的是武士、外交官，都是举足轻重的人物。多年以后，他们的名字和生卒年月，也会整整齐齐地出现在字典和百科全书里。对佩里来说，也对他们所有人来说，在外交关系的大剧中，女性连背景板都算不上，充其量她们只是舞台工作人员，默默地搬来道具，接着便退回属于自己的地方。

佩里的船是一个属于男人的世界，谈判桌亦然。在陆地上的某个地方，有人把18颗纽扣一颗颗地缝在海军准将的上衣上，还一针一线地绣好他肩章上的穗子。但他不需要思考这个问题。在签订条约的那一刻，他无须费心思考那个在布鲁克林海军司令家擦银器、擦地板的人，也无须费心思考那个照顾他孙子孙女、确保他的名字和家族能在世上延续的人。当武士们从横滨郊外归来，也会有人帮他们洗衣服，接受邻居的礼物和询问，检查孩子们的功课，准备父母要吃的药。那一晚，以及之后的所有夜晚，有人为他们收拾餐盘、沏茶，为他们整理被褥、倒水、点灯、抱孩子、吩咐用人，躺下的时候还惦记着他们的衣服、雪鞋、柴火、感冒、婚礼、算命先生、书写纸张和铜板。每一位女性都有过自己的动机，留下的理由，离开的打算，她的雄心与想法，1000件要记下来的事情，甚至更多她从来不曾写下来的事情。

常野不可能从英雄的角度看待自己的一生，认为她为国家的建设、开放或新时代的出现有所贡献。她是一个人，一个个体，一个自己做出选择的女性，而且（她兴许会这么认为）身后留下的东西几近于无。没有孩子，没有遗产。只有信件。但如果像她这样的女性不曾从乡下涌入江户，江户就不会发展。如果没有她们擦地板、卖木炭、记账、洗衣服和端食物，经济就无法运转。如果没有她们买戏票、买发夹、买布片和面条，幕府将军的这座伟大的城市，根本就不会成为一座城市。那将是一座尘土飞扬的军事哨卡，只住着1000人左右，全是男性，不值得佩里大费周章地想要把它"打开"。

常野的遗产是江户这座伟大的城市：她的雄心，她毕生的事业。她对另一种生活的渴望驱使她离开了故乡，她或许会说，江户的经历改变了她，但她也塑造了这座城市。每一口她等着汲水的井；每一枚她花掉的铜板；每一件她典当或缝补过的衣服；每一个她端起过的盘子；移居江户的重大决定，以及那天之后和多年里她所做的每一个微小的选择。是那些像常野一样的女性，是她们让家庭运转起来，让小贩四处走动；是她们让町奉行的法令得以颁布；是她们把农夫送到出羽国的红花田，把批发商送到神田市场；是她们在中村座戏院点亮灯笼；是她们在日本桥旁修造起了大商店。这座城市，不仅仅是常野生活的背景，也是她一天又一天创造出来的地方。她死后，其他女性，其他不认识的人，会继承她的事业。

佩里的船离开之后，10月2日的深夜，一场地震席卷江户。墙壁化为齑粉，屋顶坍塌瓦解。幕府将军从城堡内逃了出来，在花园中避难。消防塔上的消防人员站不稳脚。火盆和灯笼被掀翻，干草垫和地板失火。在清晨的黑暗时刻，身着消防服的藩主们骑马穿过街道前往江户城堡，躲避着火焰，在废墟中穿行。他们必须向将军表达敬意，表达关心，表明他们已经准备好了。受地震影响最严重的是地势低洼的平民区，比如筑地，常野的姑丈文七曾住在那里，以及神田明神附近拥挤的社区。常野曾经服侍过的骏河台把持着更为稳定的高地。但余震引发的大火，在租屋和府邸中蔓延肆虐。在藩主街，几乎没有一个院落幸免。南町奉行所奇迹般地完好无损，但它周围的藩主官邸均遭烧毁。部分原因在于，佩里到来后，藩主们囤积了枪支火药，等火焰舔舐到弹药库，它们立时爆炸。光是会津藩主的住处，就损失了130人和13匹马。

整座城市大约有7000人在地震中丧生，1.5万栋建筑毁于地震及余震，以及由此发生的火灾。有好几个月，人们都住在临时防震棚里。尽管澡堂和理发店几天内就设法重新开放，但城市的供应已经彻底中断，没有一个小贩有东西可以四处叫卖兜售。味噌、盐和泡菜供不应求，有报道称，一些旗本家的武士不得不挖出营房墙面原本用作黏合剂的米粒为食。如果发生的是一场普通的火灾，城里总会有一部分地方幸免于难，也更容易恢复正常。而这一回，整个江户都受到地震波及，全城人都躲不开。

地震并不是佩里造成的，但是江户人认为黑船和大地的晃动，是因果相关的灾难。一种民间信仰认为，地震是一条巨大的地下鲇鱼引起的。鱼一扑腾，地面就颤动。在震后发行的400多份匿名瓦版大报中，艺术家们描绘了鲇鱼、它的受害者和受益者：

靠重建赚钱的木匠、泥水匠和瓦商。（见插图35）在一幅版画中，黑鲇鱼化身为黑色蒸汽船，吐出的不是蒸汽而是金币，预示着对外贸易和利润。在另一幅版画中，鲇鱼和佩里进行了一场激烈的拔河比赛，由一名江户泥瓦匠担任裁判。"别再聊什么没用的贸易了！"鲇鱼吼道。"你在说什么，你这条蠢鲇鱼？"佩里回答说，"我的国家是怀带仁慈和同情之心的国度。"（见插图36）地震和外国威胁之间的联系并不明显，人们也无法完全肯定鲇鱼是祸害还是救星，但他们察觉到自己所站的地面不稳定。

另外，佩里的使命所造成的长期回响，既强烈，又具有破坏性。幕府不仅与美国，还与所有西方大国签订了通商条约。1858年，一系列名为《安政条约》的协议规定，美国、俄罗斯、英国、法国和荷兰都可任命领事，并在日本指定的开放港口展开贸易。各国支付固定关税，这意味着日本人无法自行设定税率。孝明天皇继续反对这些条约，成为反对幕府政策的各方势力的集结点。很快，激进的武士们发出呼吁，要听从天皇的意愿，驱逐外国人："尊勤君王，攘斥外夷！"1863年，数百年来都不曾离开江户的幕府将军，前往京都觐见天皇。他试图阻止一场即将发生的叛乱。

常野第一任短暂的雇主，旗本松平友三郎卷入了这场政治动荡。常野去世之前，他被京都附近的龟山藩主收养，日后成了新任藩主，取名为信义。他雄心不减，也很有才干，成了幕府家老，并被任命为出使外国列强的特使。这是一个声望很高但却吃力不讨好的职位。幕府一直处在十分无力的谈判地位上，而代表幕府跟外国人打交道，让他成了仇外激进分子的目标。

1862年，友三郎遭遇了最严重的危机。当时，来自西南强藩萨摩的武士谋杀了一名在东海道上误入藩主随行队伍的英国商人。事实上，这个英国人的一些同胞认为这是他自讨苦吃：他经常喝醉酒，大声喧哗，惹人讨厌。但英国无法对这样的侮辱坐视不理，他们要求幕府处决肇事者并赔款。赔款的数目惊人，相当于幕府年收入的1/3。帮忙磋商协议的任务落到了友三郎身上。激进分子对此事激烈反对，他们有武器，组织得越来越严密，而且非常危险。但他们并不是友三郎的主要关注点。他担心的是，如果英国人的要求得不到满足，他们可能会轰炸江户。他制订了计划，从江户堡疏散将军夫人，还下令暂时改变东海道的路线，以免它受到来自海上的攻击。当市民陷入恐慌，开始囤积粮食，他又设计了一项战略让江户平静下来。1839年，他雇用常野时，只是一名崭露头角的年轻旗本，这一切似乎完全无法想象。

江户躲过了轰炸，但幕府不得不赔款并做出道歉，这进一步激怒了国内的批评人士。与此同时，从1859年开始，欧洲和美国商人来到开放的横滨港进行贸易。他们的人数并不多（到19世纪60年代，只有一两百人），但没人能忽视他们的存在：他们购买丝绸，狂饮无度，屠宰耕牛，在人们的稻田里赛马。日本商人涌入港口，出售丝绸和奶牛，提供服务，兑换货币。外国人抢购金币，引发了江户的大规模通货膨胀；生活成本上升了50%。随着贸易绕过江户的老牌批发商，直接流向横滨，这座城市开始萎缩。接着，到1862年，幕府将军放宽了藩主每两年需在首都待一年的规定，成千上万的武士离开江户。1862年到1868年，江户损失了一半的人口。

最后一轮打击降临的时候，这座城市已经站不直身子了：西南部的武士发动起义，以"尊王倒幕"为口号。他们占领了京都，然后进军江户。最后一任德川幕府将军已经辞去了职务。与他所有的前任不同，他从未在江户堡居住过；在他短暂的统治期间，他一直待在京都附近，试图安抚天皇和他的盟友。等他意识到起义军打算废除幕府并夺取他的土地时，他乘船逃回江户，率军抵抗。只是到了这时，他已无力回天。

江户的防卫落到了一个江户本地人的手里，一名旗本之子。他的父亲是胜小吉，在常野当女佣的那些年，他是个无能的武士，在城里撒谎、偷窃、赌博。胜小吉的儿子跟父亲的性格完全相反："严肃""节俭""从不浪费"。年轻时，他就以对西方军事技术的研究，以及认为幕府需要建立现代海军的观点而出名。和几乎所有江户人一样，他也改了名字，叫"海舟"（意为"大海"与"船只"）。

1860年，在父亲去世10年后，胜海舟成为咸临丸的船长，这是第一艘驶往美国的日本船只。他在旧金山待了几个月，接着前往纽约。沃尔特·惠特曼用诗句记下了他的团队沿着百老汇大道游行的那一幕："越过西部的海洋／从日本远道而来／黑脸膛的、腰佩双剑的使节们彬彬有礼，仰靠着坐在敞篷马车中，光着头，泰然自若／今天驶过曼哈顿市区。"[1]回到家，胜海舟为一条西式裤子配上了草屐和分指短袜。他把短剑别在腰带上，就像把手枪插在枪套里。他继承了父亲的江户气派，哪怕性格不太像。

1　摘自惠特曼的诗集《草叶集》，诗名为《百老汇大街上一支壮丽的行列》。

1868年春天里的一个阴沉日子，当倒幕派的军队到达江户时，胜海舟主持了有关城堡投降事宜的谈判。他能预见到末日的来临，并希望日本不会陷入血腥内战，如若不然，它很容易沦入外国统治者之手。在他日后所写的关于投降谈判的书里，胜海舟回忆说，他曾对倒幕军队的首领说："如果你们决心用野蛮的武力威胁弱小的人民，我们将毫不犹豫地接受挑战。即便如此，我们无非是让自己变成外国的笑柄。如果你能放过这座城市，我个人和官方都会感恩至死。"他的这种姿态招致其他幕府同僚的批评，后者曾多次企图暗杀他，但它发挥了作用。胜海舟交出了城堡，他的城市——他父亲的城市，常野的城市——躲过了毁于火海的命运。

然而，江户仍然成了旧日过往的幽灵，对于它将来会变成什么样子，只有模模糊糊的一道影子。从常野去世、佩里的船停泊在浦贺港，15年转瞬而逝。常野所熟悉的世界——大大小小的旗本，町奉行所里的奉行大人，城堡里的幕府将军，军营里的武士——已经烟消云散。

要是常野活得再久一点，她便将看到一座新的城市——东京——从废墟中崛起，这样的重生不会让她感到惊讶：她认识的江户曾经历过火灾、地震、饥荒，以及水野忠邦灾难性的改革。但另一些变化则令人震惊，她那一代的女性将见证她们从前想都不敢想的事情。

1811年出生于农村家庭的诗人松尾多势子，和常野的妹妹们年龄相仿。她50多岁时成了尊王派的政治活动家。1869年的第三个月，她去京都最后一次见到她仍然崇拜的天皇离开自己的首都。他坐在四面封闭的轿子里，周围簇拥着一队武士和朝臣。自打京都建成，天皇的朝廷就一直在这里，距今已有将近1100年。但现在，天皇将移驾到江户进行统治。这是一个巨大的转变，一个时代的终结。在幕府倒台之前，没有一位天皇到过江户。他们甚至从未见过富士山。但新政权的设计者认为，不管是为了国家，还是为了幕府的前首都，此举都是必要的。京都有传统艺术和历史，大阪有商业。他们担心，没有了国家的政府，东京将一无所有。

但等东京确立了作为日本帝国首都的地位，它的繁荣便远远超过了人们最疯狂的想象。常野所熟悉的地方，发生了天翻地覆的变化。本愿寺眺望大海的筑地，到19世纪60年代变成了外国角。它的中心地区成了首都的一处新名胜：筑地保互留馆（Hoterukan），外国人也叫它Yedo T'skege酒店，这是一座有着弧形大门和鲜红色百叶窗的巨大建筑，屋顶上装点着带有青铜风铃、略失协调的风向标。附近的一片草地被称为海军场，因为那儿是海军学校和训练设施的所在地，不过，它足够空旷，孩子们在夏天会去地里捉蚱蜢。直到20世纪，筑地才成为全世界最大鱼市的代名词。19世纪八九十年代，常野50年前在神田租下住处的无名社区皆川町，仍然没什么人知道，但它的隔壁社区三川町却因拥挤不堪的跳蚤客栈、当铺、廉价餐馆和霍乱暴发出了名。它曾多次出现在一本名为《黑暗东京》（*In Darkest Tokyo*）的揭露黑幕的书籍里。常野曾在这个地方度过了人生中最黑暗的几个月，她认得出挤满租屋的绝望者（不少人都是外地来的移民）的画像。但幸运的是，她对霍乱一无所知，因为霍乱最早是在1858年由外国船只带到这里来的（虽然这些船也带来了外面世界的许多其他东西）。

住吉町，也就是常野为五代目岩井半四郎工作过的别院的所在地，被并入了更大的"人偶镇"社区。新时代的头几年，一座受欢迎的神社搬迁到该地区，取代了歌舞伎和木偶戏院一度所扮演的吸引人流的角色。有一阵子，它是东京最繁华的购物区，一幅来自19世纪80年代的版画保留下了它的高光时刻：一座高耸的砖砌烟囱，朝着成群结队的购物者喷吐浓烟。

银座（常野最喜欢的雇主在此工作）经历了更戏剧性的转变。它于1872年被一场大火焚毁，筑地酒店也毁于此次火灾。新政府继续推进江户城市改造的宏大传统，借口火灾开展了新一轮的城市规划。银座变成了一个崭新的社区，楼房是砖砌的，窗户从纸糊变成了玻璃，街面宽敞，架起了煤气路灯，铺设了人行道。版画艺术家们很喜欢这一设想——又冒出一处新名胜！——在他们笔下，这里马车和人力车熙熙攘攘，挤满了穿着和服、手持黑色雨伞、头戴圆顶礼帽的时髦男子。事实上，没有太多人喜欢住在新修的"砖城"里，因为这样的建筑闷热而潮湿。有十多年，就连著名的宽阔街道看起来也稍显尴尬，因为道路两旁栽种着杂乱的小树苗。尽管如此，它仍然成了一个重要的象征：现代东京总有一天会变成的样子。

越后也发生了变化。石神村与邻村合并成了新的实体，因袭天皇之名，成为明治村。辉白向新地方政府申请酿造清酒的许可，并为一所公立小学的修建捐赠了14日元。下一代，不管是男童还是女童，都将一同学习相同的科目。辉白小时候，学的是父亲和祖父从前都学过的东西。长辈们教他怎样通过自己的村庄和所在的省份确定身份归属。但他的孙辈们会学着说自己是日本人，来自新潟县。

1886年，高田修起了火车站，到1894年，每天有6趟列车穿过群山前往长野。女性出行要绕过关川哨卡或是偷偷从狗门溜出的日子，早已一去不复返。短短几十年里，常野用整整10天才完成、还带给她无数辛酸记忆的旅程，只需要花上两日元，用一个整天就能完成了（包括转车）。火车抵达东京新建的上野站，就在教证寺附近，她曾到那里探望垂死的弟弟。

如果常野活得久一些，就能亲眼看到这一切。尊王派活动家松尾多势子去世于1894年。她活着看到了自己的孙辈们结婚，开始自己的人生。出生在1868年幕府倒台、还政于天皇时期的那一代女孩，继承的是一个不同的世界。表面上，大多数人的生活跟自己的母亲和祖母仍然很像，忙着操持家务、照料婴儿、在农场劳作、当女佣、洗衣服、做饭，但她们的志向改变了：新的命运有可能拉开序幕。她们中有些人，成为第一批出访外国的人，第一批就读大学的人，第一批出版自传的人，第一批参加巡回讲演的人。那一代女性中有一个人，一名越后武士之女，后来成为美国著名作家。她1874年出生于雪国越后一个很像高田的城堡小镇，那地方，常野应该能认得出来。而到了1950年，她在纽约哥伦比亚大学教授日语。她感觉，自己用一代人的时间活了几百年。

但常野并没有活得更久些，她也没有孩子。她从不曾迎接孙女从小学回到家，拽着孩子头上的蝴蝶结，把书本放到一边，问她今天学了些什么：骑着白马的天皇，世界各地的国家，电报的魔力，邮戳技术。她从不曾斜倚着一张矮桌，用僵硬的手指捧着进口茶杯，听小女孩喋喋不休地谈论班级里取笑自己的男孩，或是把墨水洒在桌子上的朋友。

如果常野的人生稍有不同 —— 如果义融把女儿大竹过继给了她；如果她能活到1853年春，看到佩里的船抵达浦贺；如果她在随后的几十年里，熬过了火灾、地震、传染病，坚强地活了下来（其他许多人都做到了），那会怎么样呢？如果她有机会坐在东京的一间小屋，孙女累了不想写作业，就让奶奶讲个故事，她会说些什么呢？如果常野还活着，她兴许会很谨慎，不愿意讲述一个包含了这么多心碎片段的故事，那个故事里有太多的选择，一个成长在不同时代的小姑娘是完全无法理解的。她兴许是个脾气暴躁、不太容易相处的奶奶，一如她从来是个脾气暴躁、不太容易相处的妻子。她兴许没时间讲故事。她兴许希望义融把自己的信烧掉。但也许她会把杯子放下，把茶稍微晾一晾。也许她最终想要讲出自己的故事，从自己的那一面开始讲，那会比她兄弟们的故事好，显然也比历史学家充满"也许"和"大概"的故事好。如果常野开口，而且一直讲下去，她的声音有可能会填满整个房间。她听起来就像自己的母亲和姐妹们，带着从未丢失的越后口音。

"哦，那是很久很久以前了。"她兴许会说。接着，时间倒流，天皇退回京都宫殿的阴影中，银座的砖块融入泥土。电报线路上的信号消失，人力车变回轿子。从高田出发的火车线路化为尘土，积雪在山口堆积。东京，世界地图上的一个小点，逐渐没了形状，它的边缘流动，淌出血迹。高楼倒下，古老的木质消防塔拔地而起，小巷像迷宫般扩张。小贩哼着古老的歌谣，沿街叫卖；巡警和冈引来回巡视，妇女们聚在井边，四处搜罗旧铜板。船只汇集到日本桥的鱼市；武士们排队穿过大手门。江户的睡莲在花架上盛开；最后一任町奉行大人登上白沙庭院里的地台；五代目岩井半四郎从戏院后门进来，踩着高底木屐猫步前行，黑色的眸子闪闪发亮。城市将永无尽头，而她的故事，又一次开始。

结　语

　　常野徒步走入江户的180年后，我带着小儿子来到了东京。那是同一个季节——介于深秋和初冬之间的一个晴朗日子，空气中没有一丝雪的痕迹。我们从机场出发，搭乘20世纪90年代初大张旗鼓开通（那时正值"泡沫时代"的高峰期，日本似乎将要接管全世界）的成田特快。我们飞快地经过了一小片稻田，穿过了郊区荒凉的弹子房和娱乐中心。接着，我们钻进一条隧道，转眼便来到了这座全世界最大城市的中心。

　　那天晚上，四岁的儿子坐在第37层酒店客房的窗前，看着火车从东京站进进出出。它们看起来像是玩具：车身是草绿色，或是鲜艳的橙色。接下来的几天，他爱上了从他手指里把地铁票吸进去、半秒钟后又吐出来的机器。他如痴如醉地站在自动贩卖机前，盯着一排排奇怪的瓶子；百货公司食品大厅里一排排的烤鱼让他目瞪口呆。他去了一家当代艺术博物馆，在流光溢彩的霓虹灯瀑布下跳舞。对他来说，这就是东京：一座孩子的城市，一切都很新鲜。

　　我看到的是一座我认识了20多年的城市，一座钢筋混凝土构成的灰色森林，从海湾一直延伸到群山。13条地铁线，36条单轨线，绕着东京皇居的绿色空间盘旋。3800万人——身着商务套装和和服、薄纱蓬蓬裙、紧身牛仔裤、校服、草原连衣裙——乘坐自动扶梯，排队等待甜点，阅读平装小说，喝咖啡，盯着手机。一座无穷无尽的城市，我多年来学习和度夏的背景——我的第二故乡。

但追访常野人生近10年后，我还能看到另一座更古老城市的基本轮廓：那座城市为她所熟悉，那里最高耸的建筑是摇摇晃晃的消防塔，往来交通的声音是厚底木屐踩在泥土上的咚咚响，皇居的地基是江户城堡的旧址。在新宿的玻璃和钢铁大厦之间的某个地方，常野和博辅尝试经营一家餐馆；在上野公园的纪念碑附近，她跪在弟弟的病床前与他告别。顺着银座大型百货公司和奢侈品精品店走上一小段路，她便穿过了南町奉行所的长长走廊。（见插图37）

属于常野的那座城市的大部分自然景观已消失殆尽，被地震、火灾和燃烧弹夷为平地。只有少数例外：通往加贺藩主宅邸的一道赤门（常野兴许就是通过它进入江户的），至今仍屹立在东京大学主校区的入口；江户城堡的富士美眺望塔仍然站在灰色石头的沉重基座上，俯瞰着城市。但大部分的江户，只停留在集体记忆的领域里了。在博物馆的玻璃背后，在每一家书店的角落，在工人社区的购物拱廊，在以鳗鱼和面条为主的老餐馆后厨，都可以看到它的身影。东京最新建起的一条地铁，叫作大江户线，似乎显得很契合：老城仍在新城表面下运行，按自己的隐秘节奏行动着。但你必须知道它在哪里，怎样感受它的存在。

在国内，如果我在研讨室、机场或校车站提到江户，哪怕是那些一眼就能认出东京的人也会用茫然的眼神看着这个词。江户流行文化的重要元素——歌舞伎、艺伎和木刻版画——获得了一种普遍的日本感和永恒感。葛饰北斋的《神奈川冲浪里》就是一个标志，它的浪花喷涂在购物袋和咖啡杯上，但这幅作品所诞生的城市——他曾坐在城里的餐馆里，在仰慕者面前一挥而就——已经消失了。在本应有个叫江户的鲜活、嘈杂和混乱的地方，现在却是一片空白，或者充其量有一种雅致的文化，一种外来的、触不可及的东西。

但是江户是可以了解的，江户人民也一样，我们甚至能了解哪怕是没有留下伟大名字或成就的人。他们无法预见日后将发生的一切：他们的城市将被重新命名，幕府会被推翻，他的木制房屋将由砖石取代，接着是钢铁和混凝土。他们无法预见到自己的世界将怎样风卷残云般迅速扩张，他们那没有边界的城市，将成为全球众多首都之一，变成地图上的一个点。但这些人把他们的故事留了下来，供我们寻找，他们不是旧时日本或者消失传统文化的代表，他们是一座充满活力的大城市的命脉，他们行走在泥泞的街道上，他们因为邻居太吵而辗转难眠，他们用钱购买墨水和纸张，以便写信回家。他们的声音，从170年前和半个地球之外传到我们耳中，熟悉得令人惊讶。他们告诉我们城市的噪声和拥挤、雄心、能源和成本。只要他们的字迹尚存，常野那看似离我们很远的世界，就不会完全消失。

致　谢

　　为了保存史料、教育公众（包括像我这样的外国研究人员），日本的档案工作者不知疲倦地从事着创造性工作。在我的研究过程中，新潟县档案馆的全体工作人员给予了我极大帮助；他们标记出检索工具（当时，这些标记尚未数码化，而是纸质的），带我参观保存江户时代武器的地下储藏室。有一回，我在一份文件的背面发现了字迹潦草的常野的出生日期（那真是个令人难忘的时刻），他们帮我做了确认。

　　我特别感谢田宫美奈子、皆川一也和尾崎纪子。在东京都档案馆，档案馆馆长西木光一和广濑早苗周到而慷慨地为我指引资料。在大石田历史博物馆和档案馆，大谷俊三耐心地解释了这座小镇的历史。其他档案员和公共历史学家创建了我频频引用的城市、村庄和县级历史。多亏了他们的工作，这本书才有了问世的可能。

　　其他日本学者也非常慷慨地拿出了自己的时间和专业知识。上越教育大学的历史学家浅仓优子带我参观了常野成长的地方，分享了她对这一地区的深刻了解。江户伟大的历史学家吉田伸之撰写了许多学术文章，为我描绘这座城市提供了信息。他和吉田由利子帮我解读了两份最难懂的文件，甚至在出租车后座上用我的小手机屏幕阅读了其中一份。我也要感谢横山百合子分享了她对女性和性别历史的严谨分析，以及广川和花对医学史的深刻见解。最后，我的第一位日本导师薮田贯想必能从我的字里行间察觉自己的影响。是他给了我第一本古文字学词典，要是他知道这本词典已被我用得彻底散架了，一定很高兴。

阅读本书的相关文件，常常感觉像是一项不可能完成的任务，有时，人们的笔迹超出了我的破译能力。我的朋友兼同事村山弘太郎帮我解读了第一批文件，并对常野的书写方式有了一些认识。劳拉·莫雷蒂和山崎良弘在我碰壁时分享了他们的专业知识。山片隆司是一位出色的文件解读和阐释者。没有他誊写义仙和义融的一些信件，我不可能完成这个项目。

撰写本书期间，我很幸运地获得了日本国家人文基金会、日美友好委员会、爱丽丝·卡普兰人文学院和西北大学温伯格文理学院的慷慨资助。我的学术社群也提供了宝贵的支持。费边·德里克斯勒和岛崎聪子阅读了部分章节，发表了精彩的评论，安德鲁·梁帮忙完成了一些棘手的解读工作。埃文·杨向我介绍了井关隆子的日记。丹尼尔·波茨曼、大卫·豪厄尔、卢克·罗伯茨、安妮·沃索尔、萨拉·马扎、黛博拉·科恩、汤姆·高巴兹和劳拉·海因通读了整本手稿，并在西北大学历史系主办的图书研讨会上发表了评论——他们让这本书获得了极大的改进。我特别感谢戴尼多年来一直为我发来有关这个项目的电子邮件。我还要感谢我的远程日本历史写作小组——大卫·斯帕福德、摩根·皮特尔卡和马伦·埃勒斯——的鼓励。

感谢伊利诺伊州埃文·斯顿西北大学的尤加·李、拉杰夫·金拉、梅丽莎·麦考莱、彼得·卡罗尔、海顿·切里、彼得·海斯、凯特林·菲茨、埃德·穆尔、达涅利·默瓦尔、肯·艾尔、爱德华·吉布森和阿德里安·兰多夫。感谢我最初的年假写作小组：凯文·博伊尔、苏珊·皮尔森、杰拉尔多·卡达瓦、海伦·蒂尔利和迈克尔·艾伦；感谢安纳里斯·卡诺、苏珊·德尔拉希姆、埃里克·韦斯特、特里西娅·刘和贾思明·布默。在其他方面，我还要感谢安德鲁·戈登、黛博拉·贝克、斯科特·布朗和珍妮丝·仁村，感谢他们在项目的不同阶段提供的建议和支持。

把这本书带到世上的，是一群了不起的女性。吉尔·克内里姆和露西·克莱兰看到了这个项目（讲述一个遥远之地一位无名女子的故事）的潜力。凯西·贝尔登是一位杰出的编辑和支持者，英国温德斯出版社的贝基·哈迪也是。

感谢我的朋友们：黛博拉·科恩，我的第一位也是最不可或缺的读者；劳拉·布鲁克和萨拉·雅克比，我在Waysmeet网站上的写作小组；东京和美国中西部的Amagais；以及Strong Female Protagonists网站上的朋友们：莉兹·马舍姆、珍妮·康纳利和杰西卡·杰克逊，她们横跨美国的各个时区与父权制做斗争。

最后，感谢我的家人：约翰·斯坦利和芭芭拉·斯坦利；凯特·斯坦利、道格·霍普克及其家人；查克林一家；还有我的两个小儿子，山姆和亨利；我的丈夫布拉德，几乎随时都能让我笑——他是我一生的挚爱。

注　释

序　言

I 1801年：在西方，人们认为新世纪的头一年是1801年，而非1800年。

I 美国总统约翰·亚当斯：Emerson and Magnus, *The Nineteenth Century and After*, 77。

I 拿破仑：Schwartz, *Century's End*, 144。

I 法兰西共和日历：Shaw, *Time and the French Revolution*, 103–104。

I "更大的变化"：*The Messenger* (New Haven, CT)，1801年1月1日。同样，*The American Citizen and General Advertiser*也预言"一个新的时代即将开始，在这个新时代，原则、才能和共和的品格将战胜邪恶、无知和个人恶习"，和平与幸福将惠及"世界各地的自由之友"。*The American Citizen and General Advertiser*，1801年1月1日。

II 120万人口：对人口的估计，Takeuchi, *Edo shakaishi no kenkyū*, 17–19。

II 其中一份税单：林泉寺文书#587。我使用简短形式引用林泉寺的单据。每份文件的完整标题、作者和日期，请参阅新潟县档案馆的网络搜索帮助（https://www.pref-lib.niigata.niigata.jp/?page_id=569）。林泉寺单据的参考编号是E9806。

III 惠闻的邻居们已经絮好了：Suzuki, *Snow Country Tales*, 9–21。

III 蜿蜒穿过村庄的小路与河道：林泉寺文书#1452。

Ⅲ　惠闻一家：Niigata kenritsu bunshokan, ed., "Shozō monjo annai"。

Ⅲ　"甲斐之虎"的大将武田信玄：Sato, *Legends of the Samurai*, 204–231。

Ⅲ　日本的军事新霸主（幕府将军的前身）：Berry, *Hideyoshi*。

Ⅳ　他日常生活的每个角落：Howell, *Geographies of Identity in Nineteenth-Century Japan*。

Ⅴ　那是艰难的一年："Ōgata daiakusaku ni tsuki sho haishaku nado gansho", in Ōgata chōshi hensan iinkai, ed., *Ōgata chōshi, shiryō-hen*, 219–220。

Ⅴ　一些装满纸张的盒子：这些物品，现已从盒子中取出，整齐地归档成为《林泉寺文书》，保存在新潟县档案馆。

Ⅴ　数量惊人的村民……都通晓文字：1/5的估计来自Tone Keizaburō对日本关东地方农村学校出勤率的研究，这一地区的人受教育程度相对较高。Rubinger, *Popular Literacy in Early Modern Japan*, 131。

Ⅶ　网站上：https://www.pref-lib.niigata.niigata.jp/?page_id=569。

第一章　远方

001　婴儿诞生的礼物：林泉寺文书#1012。

001　她出生的头一个星期并未起名：Bacon, *Japanese Girls and Women*, 2–3。

001　很多婴儿都活不下来：大约40%的婴儿死亡是在出生后的第一个月。Drixler, *Mabiki*, 252。

001　例行的活动：类似的例子见Ōguchi, *Edojō ōoku o mezasu mura no musume*, 27–28。

001　接生婆：林泉寺的出生记录上总是会至少列出两名村妇的名字作为接生婆，并以金币支付其报酬。接生婆的工作内容，见Yonemoto, *The Problem of Women*, 247, n. 41。

002　尿布：Horikiri, *The Stories Clothes Tell*, 16–17。

002　乡村歌谣：Tamanoi, "Songs as Weapons"。

003 石神村的土地已经有一半: *Kubiki sonshi: tsūshi-hen*, 398。

003 河边百间町的山田一家: *Kubiki sonshi: tsūshi-hen*, 402。

004 花钱是比较随性的: 例子可见Takahashi, *Mura no tenaraijuku*, 16–17。

004 亲鸾上人: Dobbins, *Letters of the Nun Eshinni*。

004 "这真是一个……教派": Teeuwen and Nakai, eds., *Lust, Commerce, and Corruption*, 164。

005 一般会养育大家庭，认为杀婴……是罪过: Drixler, *Mabiki*, 42–43。

005 "足以填满三千世界的珍宝": Tokuryū (1772–1858), *Bomori kyokai kikigaki*, translated and quoted in Starling, "Domestic Religion in Late Edo-Period Sermons", 281。

005 蹒跚学步的孩子都会: 至于婴儿们能否得到救赎，存在一些争论。见 Drixler, Mabiki, 54。

005 当地的口音: 我们可以从她写的信中看出这一点。她会把江户"Edo"写成"Ido"，把"mairu"写成"maeru"。女性在书面文字中使用方言发音的讨论，见Yabuta, *Joseishi to shite no kinsei*, 275–291。

005 划桨般穿行在粉状的雪里: Suzuki, *Snow Country Tales*, 13–16, 149, 168。

006 幸笃: 家人叫他井泽幸笃，他是高田的一名医生。见林泉寺文书#2111。常野叫他"哥哥"，见林泉寺文书#1709。

006 到了隆冬时节，雪堆已经高得: Suzuki, *Snow Country Tales*, 13–16。

006 "这到底有什么好玩的呢": Suzuki, *Snow Country Tales*, 9。

007 "从秋分到春分，土地都上冻": *Kubiki sonshi: tsūshi-hen*, 53。

007 大塘和小塘: *Kubiki sonshi: tsūshi-hen*, 336。

007 绘制出色彩鲜艳的地图: 林泉寺文书#1451，#1452。

007 伊能忠敬: Wigen, *A Malleable Map*, 93–97; Frumer, *Making Time*, 94–101。

007 测量日记: Sakuma, ed., *Inō Tadataka Sokuryō nikki*, 69。

007 越后南部地图: Inō, "Echigo: Echigo, Tagiri, Takada, Tonami" [map], in *Dai-Nihon enkai yochi zenzu*, vol. 80 (1821), accessed through National Diet Library Digital Collection, http://dl.ndl.go.jp/info:ndljp/

pid/1286631?tocOpened=1。

008 日本的自然科学家们：Marcon, *The Knowledge of Nature and the Nature of Knowledge in Early Modern Japan*, 256–259。

008 到了七八岁：女孩在这个年纪开始接受教育，例子可见Takai, *Tenpōki, shōnen shōjo no kyōyō keisei katei no kenkyū*, 21; Etsu Inagaki Sugimoto, a samurai daughter from Echigo, refers to an "after the sixth-birthday school", *Daughter of the Samurai*, 17. On girls' school attendance and education in general see Rubinger, *Popular Literacy in Early Modern Japan*, 120–124, 133–136; Kornicki, "Women, Education, and Literacy", in Kornicki, Patessio, and Rowley, eds., *The Female as Subject: Reading and Writing in Early Modern Japan*, 7–38; and Corbett, *Cultivating Femininity*, 37–41。

009 被迫向公婆道歉：Kornicki, "Women, Education, and Literacy", 12。

009 一个成熟的姑娘：Takai, *Tenpōki, shōnen shōjo no kyōyō keisei katei no kenkyū*, 24–25; Yabuta, "Nishitani Saku and Her Mother: 'Writing' in the Lives of Edo Period Women", in Kornicki, Patessio, and Rowley, eds., *The Female as Subject*, 141–150。

009 乡村学校：关于学校教育，见Rubinger, *Popular Literacy in Early Modern Japan*，127–136; Takai举了桐生女老师的例子，她招收男女学生，*Tenpōki, shōnen shōjo no kyōyō keisei katei no kenkyū*, 20–24。义融的儿子辉白跟着本地一位老师学中国的四书五经，林泉寺文书#1645。

009 《名头》：(*Nagashiraji tsukushi*) Takahashi, *Mura no tenaraijuku*, 29–30。

009 越后国诸县：这些教科书都是当地各自编撰的，这样颈城村的学校就会有自己的《村名头》，列出附近的村庄、山脉等。各省份也有单独的《名头》。Koizumi Yoshinaga, "Learning to Read and Write: A Study of Tenaraibon," in Hayek and Horiuchi, eds., *Listen, Copy, Read*, 100; Takahashi, *Mura no tenaraijuku*, 30。

010 他隐隐约约地知道，自己生活在众神之地：有关神道里诸多的神、菩萨，及其在大众宗教中的关系，见Hardacre, *Shintō: A History*, chapter 9。

010　对幕府将军的权势更为尊崇：藩主对幕府的服从情况，见Roberts, *Performing the Great Peace*。

011　实用手册：Takai, *Tenpōki, shōnen shōjo no kyōyō keisei katei no kenkyū*, 31–34。

011　把自己的诗作装订成册：林泉寺文书#1521。

011　义融……引用：林泉寺文书#1726。

012　再版了数百次：Yonemoto, *Problem of Women*, 6。

012　"盖女子必修之德也"：*The Greater Learning for Women*, translated in Chamberlain, *Things Japanese*, 455。

012　《女万岁宝文库》："Onna manzai takarabako"（1784）, in Emori, ed., *Edo jidai josei seikatsu ezu daijiten*, vol. 4, 174。

012　有一页又一页的图片：Yabuta, "*Onna daigaku no naka no 'Chūgoku'* ", in Cho and Suda, eds., *Hikakushtikeki ni mita kinsei Nihon*, 141–162。

013　"为女之道"：*The Treasure Chest of the Greater Learning for Women*, author's copy。

013　做一件不带衬里的和服：Dalby, *Kimono*, 20–21, 70; 亦可见diagrams reprinted from instruction manuals in Emori, ed., *Edo jidai josei seikatsu ezu daijiten*, vol. 4, 109–114。

013　方法总是有对有错：关于自我修养和女性举止的课程，见Yonemoto, *Problem of Women*, chapter 2, for an overview (51–92)，具体的例子可见Sugimoto, *Daughter of the Samurai*, 24; Takai, *Tenpōki, shōnen shōjo no kyōyō keisei katei no kenkyū*, 42–44。

014　"女子当多艺"：引自Yonemoto, *Problem of Women*, 67。

014　"我缝纫和书法很差"：引自Gordon, *Fabricating Consumers*, 70。

014　缝纫的正确方法是："Onna manzai takara bunko"（1784）, in Emori, ed., *Edo jidai josei seikatsu ezu daijiten*, vol. 4, 112–113。

014　针脚：Guth, "Theorizing the Hari Kuyō"。

015 都会在夫家展示：Lindsey, *Fertility and Pleasure*, 82–83, 181–182。

016 几十件衣服：林泉寺文书#1680。

016 全都归功于一个……早已消逝的全球贸易时代：Fujita, "Japan Indianized"。

017 停止了白银出口，1685年，又限制了铜的出口：Jansen, *China in the Tokugawa World*, 40。

017 限制从中国进口丝绸：Wigen, *The Making of a Japanese Periphery*, 97–98; Morris-Suzuki, *The Technological Transformation of Japan*, 29。

018 南京条纹……圣多美条纹：林泉寺文书#1680。

018 "条纹"这个词：Fujita, "Japan Indianized", 190–191。

018 钟表：Frumer, "Translating Time"; Jansen, *China in the Tokugawa World*, 36–37。

018 眼镜；……放大镜；……望远镜：Screech, *The Lens Within the Heart*, 182–183。

019 恩格伯特·坎普弗尔……"封闭的帝国"：Bodart-Bailey, ed., *Kaempfer's Japan*, 29。

019 鸦片：Spence, *The Search for Modern China*, 131–132。

019 载有海獭皮的独木舟……乱棍打死：Igler, *The Great Ocean*。

019 囚犯：Anderson, "Convict Passages in the Indian Ocean"。

020 在与太平洋毗邻的常州：Howell, "Foreign Encounters and Informal Diplomacy in Early Modern Japan", 302。

020 "如果日本那片双重封锁的土地"：Melville, Moby-Dick, 127。

020 环球远航的俄罗斯人：Krusenstern, *Voyage Round the World in the Years 1803, 1804, 1805 and 1806*, 210–250。

020 少数捕鲸人：Howell, "Foreign Encounters", 304–308。

020 日本水手：Miyachi, *Bakumatsu ishin henkaku-shi: jō*, 77–94. 也要感谢 Anne Walthall提示我参考Saitō Yoshi yuki关于这一话题的未刊作品。

021 本多利明：Keene, *The Japanese Discovery of Europe*, 91–112。

022　这艘悬挂荷兰国旗的船径直驶进了长崎港……自杀谢罪：Wilson, *Defensive Positions*, 113–121。

022　俄罗斯人放弃了：Shmagin, "Diplomacy and Force, Borders and Borderlands", 100–134。

022　"戴安娜"号：Golownin, *Narrative of My Captivity in Japan*。

022　"瘟疫船"：Igler, *The Great Ocean*, 65。

022　"长相可怖的白男人"：Olaudah Equiano, quoted in Rediker, *The Slave Ship*, 108。

022　梅香：林泉寺文书#1015，#1016。

023　黑色的恶鬼：Suzuki, *Snow Country Tales*, 151–152。

023　打着赤膊的木匠：Suzuki, *Snow Country Tales*, 132。

023　从江户回来的人：Tsukamoto, *Chiisa na rekishi to ooki na rekishi*, 144。

024　惠闻年轻时：林泉寺文书#1072。

024　义融……去了那儿：林泉寺文书#935。

024　常野的叔叔：林泉寺文书#859。

024　"江户式发型"：Iwabuchi, "Edo kinban bushi ga mita 'Edo' to kunimoto", 63。

024　饶有兴致的故事：Suzuki, *Snow Country Tales*, 151–152。

024　一项无法达到的标准：Takai, *Tenpōki, shōnen shōjo no kyōyō keisei katei no kenkyū*, 61–75。

025　美代："Aiwatase mōsu issatsu no koto", Kansei 10.7, Hasegawa-ke monjo, Niigata Prefectural Archives。

025　理世：Katakura, "Bakumatsu ishinki no toshi kazoku to joshi rōdō", 87。

025　多岐：Saitō, *Shichiyashi no kenkyū*, 155–206。

025　苏美：Hayashi, "Kasama jōkamachi ni okeru joseizō", in Kinsei joseishi kenyūkai, ed., *Edo jidai no joseitachi*, 262–266. 几个月后，苏美在板桥驿站做了妓女，但她的哥哥替她赎了身，把她交由浅草的一个旧衣服经销商监护。

025 美治：Walthall, "Fille de paysan, épouse de samourai"; Masuda, "Yoshino Michi no shōgai", in Kinsei joseishi kenkyūkai, ed., *Edo jidai no joseitachi*, 115–146。

025 大范围存在的漫长传统：Stanley, "Maidservants' Tales"。

025 "违逆父亲的意愿"：引自Hubbard, *City Women*, 22。

025 芬兰姑娘：Moring, "Migration, Servanthood, and Assimilation in a New Environment", in Fauve-Chamoux, ed., *Domestic Service and the Formation of European Identity*, 49–50。

025 玛丽－安妮·拉法基：Maza, *Servants and Masters in Eighteenth-Century France*, 41。

026 安努什卡：Martin, *Enlightened Metropolis*, 249–250。

027 "我想去江户"：林泉寺文书#1716。常野在林泉寺文书 #1710中表达过类似的情绪，她叔叔也说她提过此事，见林泉寺文书#1697。

第二章　半生乡下岁月

028 1816年：从她1831年结婚后 "15年" 送回家时倒推计算所得，林泉寺文书#1777。

028 "日月百代之过客"：Matsuo, *The Narrow Road to Oku*, 19。

029 所有的女孩：Cornell, "Why Are There No Spinsters in Japan?"; Walthall, "The Lifecycle of Farm Women"。

029 12岁结婚固然年龄太小：常野的双亲承认她还很年幼，后来也感谢净愿寺收留了这个年纪的她。林泉寺文书#1777。平均而言，人口学家Hayami Akira估计，19世纪中后期，越后女孩可能在19岁左右结婚，但在北方省份，他发现18世纪初年仅10岁的女孩就结婚了。Hayami, "Another Fossa Magna: Proportion Marrying and Age at Marriage in Late Nineteenth-Century Japan"。

029 她的姑姑千里（Chisato）也是13岁便嫁为人妇：林泉寺文书#906。

029 大多数女孩12岁时甚至尚未初潮：前工业化社会，女子月经初潮出现得较晚；这一假设出自Drixler, *Mabiki*。

029 14岁以下的女孩年龄太小：相关案例可见Stanley, *Selling Women*, chapter 6, in which a fourteen-year-old prostitute was considered "too young"。

029 好几代人都互相通信往来：信封见林泉寺文书#1978，地址是常野的祖父所写，他当时住在净愿寺。但信封和信件内容并不一致——里面是常野的弟弟义麟写来的信件。

029 有近千名居民：Ōishida kyōiku iinkai, *Ōishida chōritsu rekishi minzoku shiryōkan shiryōshū*, vol. 7: *Shūmon ninbetsuchō*。

029 红花：Kikuchi, "Benibana emaki o yomu"。

029 芭蕉17世纪到访此地：Bashō, *The Narrow Road to Oku*, 103。

030 "我也想骑黑马……"：Nishiyama, *Edo Culture*, 105。

030 婚姻对女性来说是成年的标志：Nagano, "Nihon kinsei nōson ni okeru maskyurinitī no kōchika to jendā"。

031 味噌桶：林泉寺文书#1767。

031 付给工人多少钱：林泉寺文书#1763。

031 清美伶牙俐齿，她的丈夫抱怨说：林泉寺文书#1764。

032 "清美的行径，其恶不输罪徒"：林泉寺文书#1939。

032 执拗的大名：Kasaya, *Shukun 'oshikome' no kōzō*。

032 笼子会放在院子：Yamakawa, *Women of the Mito Domain*, 184–189。

032 义融进入婚姻生活的过程：下面故事的完整版来自义融留下的记叙 "Nairan ichijō"，林泉寺文书#2758。

032 但已经是一家之主，担任住持也有五年了：林泉寺文书#2852。

035 "去年五月，义麟行为失检"：林泉寺文书#2758。

035 义融次年再婚：林泉寺文书#1823。

035 去世于1859年：林泉寺文书#1039。关于谥号（法名），见Williams,

The Other Side of Zen, 26–29。

036 **林泉寺的女人们都长着嘴巴**：义融抱怨母亲和清美在他婚姻失败后诋毁自己。林泉寺文书#2758。

036 **佐野结婚时，已满25岁**：佐野的年纪根据林泉寺文书#911推算。

036 **她生了五个孩子**：林泉寺文书#911。

036 **暖心的信件**：林泉寺文书#1699；林泉寺文书#1725；林泉寺文书#1712。

036 **他们也应当对他回报以爱**：林泉寺文书#2758。

036 **不管她跟义融吵得多厉害**：林泉寺文书#2049。

037 **义麟……来到了大石田**：林泉寺文书#2758。

037 **从京都长途旅行**：林泉寺文书#981。

037 **他写信回林泉寺**：林泉寺文书#1978。

037 **一场大火**：Nagai, *Ōishida chōshi*, 203。日期是天保1.3.19；"净愿寺隔壁的寺庙"是净泉寺。

038 **损失了……整套珍贵的佛教经书**：Seki, "Shihon chakushoku 'Ōishida kashi ezu' ni tsuite", 43–44, 48。

038 **正式的休书**：林泉寺文书#1777。

038 **数千人的责任**：此处根据净愿寺信徒的家庭人口登记册估计。Ōishida kyōiku iinkai, Ōishida chōritsu rekishi minzoku shiryōkan shiryōshū, vol. 7: Shūmon ninbetsuchō, 6–13, 36–43。

038 **"家严家慈……大为震恐"**：林泉寺文书#1777。

039 **近一半的女性**：Kurosu, "Divorce in Early Modern Rural Japan", 126, 135; 有关离婚的普遍性，见Kurosu, "Remarriage in a Stem Family System"; Fuess, *Divorce in Japan*。

040 **20多岁就离婚的女性**：Kurosu, "Remarriage in a Stem Family System", 432。

040 **她的父亲担心**：林泉寺文书#1777。

040 **对方是农民**：林泉寺文书#1675；林泉寺文书#1674。

040 **对外展示**：Lindsey, *Fertility and Pleasure*, 79–88。

040 　"没有衬里的和服"：林泉寺文书#1694。

040 　新添置的衣物：林泉寺文书#1678。

040 　俊野：林泉寺文书#2107。

040 　欣然接受：林泉寺文书#1678。

041 　举办了一场聚会：此事细节见林泉寺文书#1675; 林泉寺文书#1674。

041 　指望获得施舍：Ehlers, *Give and Take*, 86–89。

041 　人们排在道路两边：*Ōshima sonshi*, 774。

041 　如果有官方消息：Niigata kenshi tsūshi-hen, vol. 5: kinsei 3, 705。

042 　大岛的许多年轻人：*Ōshima sonshi*, 430, 432。

042 　一走就是好几年：*Ōshima sonshi*, 431。

042 　村民们凑了一笔钱：*Ōshima sonshi*, 439。

042 　她家里的每一个人：Walthall, "The Lifecycle of Farm Women"。

042 　种植什么品种：规划耕作的过程，见*Kubiki sonshi*, 382–385, 388。

043 　万年历和耕作手册：计算日本其他地区的农耕之家，见Smith, *The Agrarian Origins of Modern Japan*。

043 　1833年，也就是常野抵达大岛的那一年：后文关于大岛地区"天保饥馑"的描述，参考了多个来源，包括*Kubiki sonshi*, 439; *Ōshima sonshi*, 417–419; *Niigata kenshi tsūshi 5: kinsei* 3, 17–22; *Jōetsu shishi: tsūshihen* 3, kinsei 1, 267–273; and "Kisai tomegaki", Tenpō 9 in *Niigata kenshi shiryō-hen* 6: *kinsei* 1: Jōetsu, 854; and *Matsudai chōshi*, vol. 1, 553–557。

044 　美祢村，村长惊慌失措：*Ōshima sonshi*, 418。

044 　白马村："Kisai tomegaki", in *Niigata kenshi shiryō hen*, vol. 5: *kinsei* 1: Jōetsu, 854。

045 　整个地区：*Jōetsu shishi, tsūshi-hen* 3, kinsei 1, 272; Kikuchi, *Nihon no rekishi saigai*, 151 (chart showing Takada)。

045 　"为历年之最劣"："Kisai tomegaki", in *Niigata kenshi shiryō* hen, vol. 5: kinsei 1: Jōetsu, 854。

045 义融卖掉……一片林地：林泉寺文书#441。

045 信件交流：林泉寺文书#450。

045 大石田这座昔日的繁荣城镇，这一回遭受了灭顶之灾：林泉寺文书#1737。

046 损失了10%以上：Janetta，"Famine Mortality in Japan"，431. 统计数据中包括了迁出；该地区为飞驒。

046 东北传来了一些可怕的报告……继续工作：Kikuchi, *Kinsei no kikin*, 200–205. Domain here is Akita。

046 纷纷把儿媳妇打发掉：*Ōshima sonshi*, 418。

046 虚弱的人一天天地消失不见：见Kimi的故事*Ōshima sonshi*, 436–437; *Matsudai chōshi jōkan*, 556。

046 产下了一个健康的女孩：林泉寺文书#2109。

046 人们一直都是这么做的：Yonemoto，"Adoption and the Maintenance of the Early Modern Elite"。

046 从自己的叔叔那儿听说离婚：林泉寺文书#1682。

047 "倒也无甚特别糟糕之事"：林泉寺文书#1686。

047 答应义融留下：林泉寺文书#1674。

047 寺庙的死亡登记簿：林泉寺文书#1275。

047 父亲便于初秋过世：林泉寺文书#1876。

047 "年来常野、义麟、义仙皆离异"：林泉寺文书#1876。

048 四位潜在丈夫：Gotō, *Essa josei*, 399–402。

048 整体而言：*Jōetsu shishi*, vol. 3, *kinsei* 1, 132, 141。

048 起初，常野答应了：林泉寺文书#1677；Gotō, *Essa josei*, 399–400。

048 一桩全新的婚事：Gotō, *Essa josei*, 401. 第三次婚礼的细节及后续情况，见林泉寺文书#1673。

049 稻田町：*Jōetsu shishi tsūshi-hen* 4, 293. Map of Takada in ibid., 314。

049 高田却让人感到充满活力：Sugimoto Etsu描述过另一座类似的雪国城堡镇长冈的冬天，见*Daughter of the Samurai*, 1–2。

049 婚礼后仅仅六周：林泉寺文书#1673。

050 她曾打算一死了之：林泉寺文书#2049。

050 "她结了婚"：林泉寺文书#1714。

050 某个地方会有个鳏夫：我们知道，常野原本可能嫁给一个鳏夫，这是她自己说的，见林泉寺文书#1710 和林泉寺文书#2049。实际上，她第一次婚姻失败，义融就打算这么做了。林泉寺文书#1777。

050 "要是待在家里"……"所行有违众意"……"若我勇毅不足"：林泉寺文书#1710。

050 用金属加固的木门：kanado，林泉寺文书#1710。

051 常野一直对父母说：林泉寺文书#1697。

051 她还跟自己的叔叔：林泉寺文书#1716。

051 常野告诉义融和母亲：林泉寺文书#1704。

051 她把自己嫁妆箱里的不少东西卖给：林泉寺文书#2096。

051 留下了3枚小判：林泉寺文书#2049。

051 她先前就认识此人：义融写信说，智鉴曾在9月22日拜访过寺庙，常野两天后离家出走。林泉寺文书 #1726。

051 当时，常野就告诉他：林泉寺文书 #1716。

052 常野和智鉴在桥上相见：林泉寺文书 #1716。

第三章　去江户

053 起初，计划离开的过程似乎很平常：常野在高田最后一天的情形，来自她信中的描述，尤其是林泉寺文书#1700和林泉寺文书#1716。

053 义融一直认为：林泉寺文书 #2758。

054 常野的一个弟弟：林泉寺文书 #2758。

054 有个出名的故事：Ōshima sonshi, 452–453。

056 "又及，我已经跟所有人两次三番地说过"：林泉寺文书 #1700。

056 给叔叔写了一封信：林泉寺文书#1711。

056 后来，她会说：林泉寺文书 #1716。

056 关川关卡：Vaporis, *Breaking Barriers*, 122–123; Asakura, "Kinsei ni okeru onna tegata no hatsugyō to Takada-han", 193; Shiba, *Kinsei onna no tabi nikki*, 102–104。关卡系统的逻辑及其历史，见Vaporis, *Breaking Barriers*, 99–134。

057 常野有充分的借口过关：到温泉疗养和拜访寺庙，是过关常用的两个理由：Vaporis, *Breaking Barriers*, 121; Asakura, "Kinsei ni okeru onna tegata", 193。

057 绕过武装守卫和哨卡……更容易：绕过这一关卡的经历，可见 Kanamori, *Sekisho nuke: Edo no onnatachi no bōken*, 89–97。

057 一道狗洞：Shiba, *Kinsei onna no tabi nikki*, 111。

057 几十枚铜板：Shiba, *Kinsei onna no tabi nikki*, 111–112; Vaporis, *Breaking Barriers*, 190–191。

058 "灰椋鸟"：Haga, *Edo jōhōbunkashi kenkyū*, 85, cited in Moriyama, *Crossing Boundaries in Tokugawa Society*, 23。

058 石臼：Kitahara, *Hyakuman toshi Edo no seikatsu*, 46–47。

058 "途中，智鉴说"：引自常野叔叔的信，林泉寺文书 #1697。

059 "不轨之意"；"毕竟"：林泉寺文书 #1710。

059 法律定义： 日语里叫gōkan或oshite fugi，均暗示暴力。Stanley, "Adultery, Punishment, and Reconciliation"。

060 一棵高大的中国朴树：Tōkyō-to Itabashi-ku, ed., *Itabashi kushi*, 368–372。

062 "幕府巡检并无文书可解首都疆界之疑问"："Shubiki-uchi" in *Kokushi daijiten*。又见"Edo no han'i", Tokyo Metropolitan Archives, http://www.soumu.metro.tokyo.jp/01soumu/archives/0712edo_hanni. htm。地图"Edo shubiki zu"（1818），现保存在东京都市档案馆。

062 足有三层高：见the illustration in Saitō, *Edo meisho zue*。关于驿站略显疲惫的氛围，见*Itabashi kushi*, 328–329。

063 设置了施粥厂······收殓尸体：*Itabashi kushi*, 366–67; Kiku-chi, *Nihon no rekishi saigai*, 147。

063 没有在江户的地图上标记出来：见Fujiya, *Bansei on-Edo ezu* [map], 1854，亦可见Nakasendō's path in Kodama, *Fukugen Ōedo jōhō chizu*, 16–17, 32–33, 46–47, 58。

063 住户也大多是农民：Yoshida调查了一个偏远町的人口登记册，发现大部分人是农民或农产品销售商。*Dentō toshi Edo*, 114。

064 辉煌的朱红大门：当时，这一宅邸有三道朱门。最大的一道修建于1827年，也就是后来的Tōdai Akamon，东京大学的主入口。Miyazaki, *Daimyō yashiki to Edo iseki*, 15。

064 名叫"老鼠"的小偷：Vaporis, *Tour of Duty*, 158；"Nezumi kozō"，*Kokushi daijiten*。

065 宅邸周边的房间：Miyazaki, *Daimyō yashiki to Edo iseki*, 19–20; Yoshida, *Toshi Edo ni ikiru*, 104。

066 小玩偶：见神流（1787—1870，前田齐宏之妻；前田齐宏，1782—1824）的藏品；Tsuneno's time, the Maeda dowager。神流的藏品保存在石川县金泽市兼六园成巽阁博物馆。

066 东西要花多少钱：Isoda, *Bushi no kakeibō*, 41–44。

066 本乡：Takeuchi, *Edo shakashi no kenkyū*, 62–74。

067 "乳香粉"：Groemer, *Street Performers and Society*, 276。

067 平民百姓涌上大街，敲锣打鼓，挥舞着横幅：Utagawa, *Kanda Matsuri dashizukushi* (1859)。

068 阳光明媚，路面干燥：此处及后文江户天气的信息，见*Saitō Gesshin nikki* or *Fujiokaya nikki*。

068 牛车车夫：Yoshida, *Toshi Edo ni ikiru*, 222–224。

068 一旦失火：火警文化见Wills, "Fires and Fights"。

069 常野到达江户的前一年：Chiyoda-ku, ed., *Chiyoda kushi*, vol. 1, 650–651。

069 商人们从：Shimizu, "Eating Edo", 54。

069　价格：*Fujiokaya nikki*, vol. 1, 114。

069　神田是批发市场：Shimizu, "Eating Edo"。

070　他们估计：Fujita, *Tōyama Kinshirō no jidai*, 152。

071　1843年："Shinban Ō-Edo mochimaru chōja kagami" (1846)。

071　高端衣商：天保十二年，幕府官员编撰的一份奢侈品经销商名单上，出现了这户人（市兵卫）的名字。*Shichū torishimari ruishū*, vol. 1, 280。

071　不起眼的店主：Nakagawa and Hanasaka, eds., *Edo kaimono hitori annai*, 44, 66, 127, 145, 204, 220。皆川町一丁目的另外两位奢侈品经销商，也出现在了天保十二年的名单上，一名地主叫Sōbei，另一个是租户 Kinbei。Tōkyō Daigaku Shiryō Hensanjo, ed., *Shichū torishimari ruishū*, vol. 1, 263, 292。

071　皆川町二丁目："Minagawa-chō" in *Nihon rekishi chimei taikei*。

072　弄混：林泉寺的通信里就是这样。见林泉寺文书#1697；林泉寺文书 #1698。

072　惣八：Yasugorō提到惣八的父亲在越后，林泉寺文书 #1698。常野写他经营着一家米铺，见林泉寺文书 #1711。

072　汗流浃背、有失威严的劳力活儿：米铺里的劳动，见Katakura, *Tenmei no Edo uchikowashi*, 115–116。

073　"天明大饥荒"：Katakura, *Tenmei no Edo uchikowashi*, 11, 14–15。

073　两年后的巴黎：Garrioch, "The Everyday Lives of Parisian Women and the October Days of 1789"。

073　平定骚乱后：Walthall, "fte Edo Riots", in McClain, Merriman, and Ugawa, eds., *Edo and Paris*, 417–419。

074　城市储蓄联会：Katō, "Governing Edo", in McClain, Merriman, and Ugawa, eds., *Edo and Paris*, 62–63。

074　江户的富裕平民：Fujita, *Tōyama Kinshirō no jidai*, 203。

074　租户停止支付租金："天保饥馑"期间发生过三轮大动荡，每一次都激发了精英商人的慈善捐款。见Yoshida, *Kinsei kyodai toshi no shakai kōzō*, 207–219。

074　幕府将军的手下马不停蹄：Yoshida, *Kinsei kyodai toshi no shakai kōzō*, 19–24。

074　三年时间里：常野到达江户后几个星期，事态恢复正常。*Edo machibure shūsei*, vol. 13, 325–326。

074　像惣八这样的小米店：Yoshida, *Kinsei kyodai toshi no shakai kōzō*, 208。

074　一个小贩一天的工作：*Fujiokaya nikki*, vol. 1, 114。江户人衡量大米价格，不是买固定量的大米会花多少钱，而是使用一种更为实际也更叫人沮丧的标准：一笔固定的钱能买多少大米。Mitamura Engyō估计，小贩一天能挣400文铜钱——见Mega, *Buke ni totsuida josei no tegami*, 163。

074　"我们也聊着市场上的米价"：*Fujiokaya nikki*, vol. 1, 118。

075　他很生气：林泉寺文书 #1697。

076　兵营里的男人们：这些活动的描述见Iwabuchi, "Edo kinban bushi ga mita 'Edo' to kunimoto"。

076　负责……的商人：Shimizu, "Eating Edo", 115–117。

076　著名作家斋藤月岑，也是神田町的町名主：*Saitō Gesshin nikki*, vol. 1, 189。

077　这个温暖的初冬：*Fujiokaya nikki*, vol. 1, 114。

077　"我挣扎甚苦"：林泉寺文书 #1716。

第四章　租屋风光

078　狭窄的道路：例如，可见《江户住宅事情》（*Edo jūtaku jijō*）里的街道图the diagrams of chō plots (*machiyashiki, kakaeyashiki*) in Katakura, *Edo jūtaku jijō*, 20, 23, and 27，这些图中显示了狭窄的小巷及垂直的转角，还有厕所和水井的位置。一幅图画的是皆川町四丁目，恰好是常野所住的街区，图中画出了24个出租单元的4间外屋，暗出：Fujioto, ed., *Tsukiji Betsuin-shi*, 206。

091 义融曾和庙主通过信：在知道常野拜访此地之后，义融又写信给圆胜寺。他写这封信并不是要介绍常野，相反，那似乎只是一轮通信的部分往来。林泉寺文书#1714。

091 孤零零的多风狭长地带："Jikkenchō", in *Nihon rekishi chimei taikei*, accessed through JapanKnowledge. https://japanknowledge.com/library/。

092 常野……前往姑丈文七的森田屋：林泉寺文书#1697。

092 "衣不遮体"：林泉寺文书#1697。

092 在几天后写给义融的信：林泉寺文书#1697。

092 三四个星期：常野10月10日写于皆川町的信，在4个星期后送达。我们知道这一情况，是因为义融在林泉寺文书#1726中提及自己收到了信，而这一封信的日期，落款是11月9日。

093 作家铃木牧之的报告：Suzuki, *Snow Country Tales*, 198. 我根据译本（译本中把日本历改为了西方历）调整了日期。

093 义融就已经着手安排：林泉寺文书 #1726。

093 信差，带来了常野写的一封信：林泉寺文书 #1700。

093 她附在信后的便笺：林泉寺文书 #1701。这解释了为什么常野写给其他人（包括幸笃和她叔叔九八郎）的信保留在了林泉寺文书当中。

093 详尽地描述：例如在林泉寺文书#2758中解释了自己的第一次婚姻，在林泉寺文书#939中讲述常野第二次离开越后。

094 "万万无法接受"：林泉寺文书#1714。

094 一份海鲷干作为贺礼：林泉寺文书#1674。

094 他是到场的宾客之一：林泉寺文书#1673。

094 母亲是林泉寺女眷会的骨干：林泉寺文书#1165。

094 通过传八，义融：林泉寺文书 #1726。几天后，传八派信差前往子安村的神惠院（Jienji in Koyasu Village）——智鉴说自己隶属的寺庙——去调查其背景。他必定发现智鉴的身份确如所说，因为身份问题此后再无人提及。

第五章　武士之冬

妻子Itō Maki付给女佣的也是此数： Mega, *Buke ni totsuida josei no tegami*, 50。

116　"工作艰难"：林泉寺文书#1716。

117　用人们会告诉主人：Tōkyō Daigaku Shiryō Hensanjo, ed., *Shichū torishimari ruishū*, vol. 1, 270。

117　曲亭马琴：Saitō, *Shōka no sekai, uradana no sekai*, 71。

117　健次郎：*Edo machibure shūsei*, vol. 13, 304–305。

118　大火：*Saitō Gesshin nikki*, 198; *Fujiokaya nikki*, vol. 2, 119。

第六章　城市生活的新装

119　第一天：江户新年不同习俗的描述来自Kishii, *Edo no higoyomi: jō*, 28–85。

120　崭新硬挺、一动起来甚至噼啪作响：Asaoka, *Furugi*, 49。

121　找到了一位新主人：林泉寺文书#1699。

122　出售与舞台相关的产品："Sumiyoshi-chō" in *Nihon rekishi chimei taikei*. 一些演员在其他街区也开有自己的店铺，见Taguchi, *Edo jidai no kabuki yakusha*, 233–238。

122　"江户最好的"：林泉寺文书#1699。

122　江户造币厂：常野的主人可能跟那里有一些联系；她称他为"来自银座的主人"，尽管"银座"也可能是指日本桥附近的街区。在常野的时代，铸币厂就在住吉町的旁边。有关大黑常是，见"Daikoku Jōze" in *Kokushi daijiten*。

122　偿还一些债务：林泉寺文书#1699。

123　高得吓人：林泉寺文书#2049。

123　一个枕头和一双鞋：林泉寺文书#1710。

123　尴尬：林泉寺文书#1699。

123　一个靠近舞台的包厢：Teeuwen and Nakai, eds., *Lust, Commerce, and Corruption*, 336。

123　一个月的报酬：10枚或20枚银币，介乎于一两的1/4到1/3。Taguchi, *Edo jidai no kabuki yakusha*, 67–69。

123　小戏院靠近舞台边：Shimazaki, *Edo Kabuki in Transition*, 89。

123　出演的甚至是同一批演员：Yoshida, *Mibunteki shūen to shakai*, 125。

123　"只要看过一次戏"：Teeuwen and Nakai, eds., *Lust, Commerce, and Corruption*, 336。

123　常野可以……逗留：这段话论述歌舞伎周边印刷文化，借鉴自 Shimazaki, *Edo Kabuki in Transition*。

124　五代目岩井半四郎：最近一代的半四郎，五代目半四郎的儿子，六代目半四郎，去世于1836年。半四郎及蛇蝎美人的形象，见Durham, "The Scandalous Love of Osome and Hisamitsu," 64–66。常野并未说明这里的"半四郎"指的是歌舞伎演员，但我根据半四郎家族在住吉町有产业这一事实建立了歌舞伎演员和半四郎之间的联系。八代目岩井半四郎1829年出生在那里。Nojima, *Kabuki jinmei jiten*, 143。

124　艺伎会从这个名字里：Tōkyō Daigaku Shiryō Hensanjo, ed., *Shichū torishimari ruishū*, vol. 1, 44。

124　"半四郎"的木屐："Hanshirō geta" in *Nihon kokugo daijiten*。

124　自豪地告诉家人：林泉寺文书#1699。

124　半四郎的儿子一直住在这里：Ihara, *Kinsei nihon engekishi*, 470。

125　江户的每一样东西都十分美味：林泉寺文书#1699。

125　江户的家守……数出：Yoshida, *Dentō toshi Edo*, 274–276。

125　人们对……争论不休：Terado Seiken, "An Account of the Prosperity of Edo" (*Edo hanjōki*), trans. Andrew Markus, in Jones, ed., *An Edo Anthology*, 491。

125　生鱼片手卷寿司：Nishiyama, *Edo Culture*, 171。

125　人们说……厨师：Nishiyama, *Edo Culture*, 167–169。

126　畅销的菜谱：Rath, *Food and Fantasy in Early Modern Japan*, 176–178; Nishiyama, *Edo Culture*, 150。

126　高度概念性艺术表演：Clark, "What is Ukiyo-e Painting?"

126　备茶：林泉寺文书#1699。

126　跟茶相关的基本知识：Corbett, *Cultivating Femininity*, 98–121。

126　做些跑腿工作：林泉寺文书#1699。

126　会做针线活儿的女佣：Ogawa Kendō, *Chirizuka dan* (1814), quoted in *Edo fūzoku shi*, 57。

127　已经把菜切好：Harada, *Edo no shoku seikatsu*, 27。

127　"过去"：Shiga Shinobu, "Sanseiroku kōhen" (1856), vol. 1, folio 13, in *Edo jidai josei bunkō*, vol. 52。

128　一些舞台画像已经开始创造时尚史：Kikuchi, *Edo oshare zue*, 102–103. Buyō Inshi提到了另外的例子，见Teeuwen and Nakai, eds., *Lust, Commerce, and Corruption*, 336。

128　五代目半四郎也有自己的纹样："Hanshirō kanoko" in *Nihon kokugo daijiten*。

128　一份印刷广告：广告的日期，不知名画家，见"Tsuji banzuke for Ume saku ya wakakiba Soga at the Kawarazaki fteater", Tenpō 11.1；广告本身，见Utagawa Kunisada, "Onoe Kikugorō no Omatsuri Sashichi, Onoe Eizaburō no Geisha Koito," Tenpō 11。有时会在事后增添场景，所以这幅印刷广告可能是在该剧第一次演出之后出现的。

128　哪怕是高级武士：见Isoda, *Bushi no kakeibō*, 63。

128　捡破烂的：Yoshida, *Dentō toshi no Edo*, 259–260。

129　富泽町："Tomizawa-chō" in *Nihon rekishi chimei taikei*; Sugimori, "Furugi no shōnin"。

129　服装贩子：Yoshida, *Dentō toshi no Edo*, 258–259。

129　"我其余的好东西都不需要"：林泉寺文书#1716。

129　还向母亲索要一条围裙：林泉寺文书#1699。

129　赞许过德行高尚的女儿：*Fujiokaya nikki*, vol. 2, 136; *Edo machibure shū*, vol. 13, 182。

129　体力劳动者：Teeuwen and Nakai, eds., *Lust, Commerce, and Corruption*, 303。

130　是他们地位低下的标志：Makihara, *Bunmeikoku o mezashite*, 14–16. 147 tattoos: on the shogun's practice of tattooing, Botsman, *Punishment and Power*, 27。

130　长袍，是用几十张厚纸做成的：Maruyama, *Edo no kimono to iseikatsu*, 65。

130　三位主角的戏服：Taguchi, *Edo jidai no kabuki yakusha*, 213–214; 见 the discussion of this incident in Yoshida, ed., *Edo kabuki hōrei shūsei*, 347–348。

131　从远处看起来显得豪华的戏服：Tōkyō Daigaku Shiryō Hensanjo, ed., *Shichū torishimari ruishū*, vol. 1, 229; Fujita, *Toyama Kinshirō no jidai*, 81. 另一份报告同样指出，歌舞伎剧院不会投资购买新的金银戏服，而是对旧戏服进行改造。*Shichū torishimari ruishū*, vol. 1, 220。

131　帐篷表演：Markus, "The Carnival of Edo"。

131　半是野人的孩子：Fukasawa, *Hatamoto fujin ga mita Edo no tasogare*, 64–66。

131　大型歌舞伎戏院的确努力想借鉴：Shimazaki, *Edo Kabuki in Transition*, 226–227。

131　"绝对已经触底"：*Juami hikki* c. 1840, quoted in Shimazaki, *Edo Kabuki in Transition*, 101。

132　歌舞伎剧《东海道四谷怪谈》里的女主角一样：相关论述见Shimazaki, *Edo Kabuki in Transition*, 111–119。

132　终于寄来了一个包裹：林泉寺文书#1698。

132　一个更好的包裹：常野在林泉寺文书#1710中提及。

132　妻子拿走了所有东西：林泉寺文书#1715。

132　回乡下去春收之前：林泉寺文书#1717。

132　"我想告诉他"：林泉寺文书#1699。

133 "我理解你们"：林泉寺文书#1710。

134 町奉行张贴……告示：*Edo machibure shū*, vol. 13, 329–337。

134 人群聚集：Fukasawa, *Hatamoto fujin ga mita Edo no tasogare*, 57–59。

134 两人在江户相遇之前：林泉寺文书#2049。

134 "你就像是他的弟弟"：林泉寺文书#2049。

135 等得到雇用，他便认为自己已经成了合格的武士：Botsman, *Punishment and Power*, 75–77。

135 他会像赶牲口一般驱赶工人：Yoshida, "Hitoyado"。

135 博辅对常野说想要娶她：林泉寺文书#2049。

136 "你现在很穷"：林泉寺文书#2049。

136 "你们都知道"：林泉寺文书#2049。

136 "留在你处"：林泉寺文书#1710。

136 "如果博辅和我答应试试看"：林泉寺文书#2049。

136 "就算我一辈子待在家乡"：林泉寺文书#2049。

137 义融这才知道：林泉寺文书#1722。

137 "你兴许知道"：林泉寺文书#1722。

137 那是不幸的一年：林泉寺文书 #1722。

138 一些传道的僧人说：Williams, *The Other Side of Zen*, 50–58, 125–128。

139 扮演双重角色：Utagawa Kunisada I, *Actors Sawamura Tosshō I as Takeda Katsuyori, Iwai Shijaku I as Emon no Mae, and Iwai Tojaku I as Streetwalker Okimi, and Ichiwa Ebizō V as Boatman Sangorō*; Utagawa Kuniyoshi, *Actors Ichikawa Ebizō V as Yokozō, Iwai Tojaku I as Kansuke's Mother Miyuki, and Sawamura Tosshō I as Jihizō*。

139 他把胡子刮得干干净净：此处对歌舞伎化装的描述，借鉴自Nagatani, *Kabuki no keshō*。

140 就连在纪念他的画像里：Utagawa Kunisada I, *Memorial Portrait of Actor Iwai Tojaku I, with Iwai Kumesaburō III*. 感谢Satoko Shimazaki在这一问题上的洞见。

140　生意失败的商人：Yoshida, *Nijūisseki no Edo*, 89–91。

141　义融认可：林泉寺文书#1723。同时，在他自己的记录里，他后来也
　　一直叫她常野。

第七章　家里的麻烦

142　有近40万人口：就江户时代大阪的人口规模，存在许多争论。见
　　Yabuta, *Bushi no machi Ōsaka*, 1–28。

142　大盐平八郎：Bolitho, "The Tempō Crisis", in *The Cambridge History
　　of Japan*, vol. 5: *The Nineteenth Century*, ed. Marius Jansen, 8–9; Jansen,
　　The Making of Modern Japan, 248–251; Najita, "Ōshio Heihachirō"。

143　町奉行采取了前所未有的举动：Fujita, *Tenpō no kaikaku*, 19–20。

144　广州：Platt, *Imperial Twilight*, xviii。

144　对中国有些模糊的认识：关于中国复杂的地域、中国的知识和"中国
　　的东西"，见Jansen, *China in the Tokugawa World*, and Suzuki, "The
　　Making of Tōjin"。

144　林则徐没收了：Platt, *Imperial Twilight*, 350–381。

144　没有一个日本人听说过：冲突的消息，在1840年才最终通过荷兰船只
　　传到日本。Fujita, *Tenpō no kaikaku*, 186。

145　中国的清政府一败涂地：Platt, *Imperial Twilight*, 412, 421–422。

145　日本的有识之士开始注意到此事：Fujita, *Tenpō no kaikaku*, 185–194。

145　也逐渐对此感同身受：Walthall, *The Weak Body of a Useless Woman*;
　　William Steele, *Alternative Narratives in Modern Japanese History*, 32–60。

146　退位的暴躁的幕府将军德川家齐躺在江户城堡奄奄一息：Fukasawa,
　　Hatamoto fujin ga mita Edo no tasogare, 168–169。

146　"普通人里有能活到"：Fukasawa, *Hatamoto fujin ga mita Edo no
　　tasogare*, 170。

146　不许剃须理发：Fukasawa, *Hatamoto fujin ga mita Edo no tasogare*, 170. 平民头领是七天，见Tōkyō komonjo-kan, ed., *Edo: 1838–1841*, 12。

146　常野的母亲……去世：林泉寺文书#2054。

146　义融写信：林泉寺文书#1723。

146　"关于我的女儿"：林泉寺文书#1723。

147　来自林泉寺信众的吊慰：林泉寺文书#2054。

147　"实为痛苦"：林泉寺文书#2064。

147　"我对支出用度"：林泉寺文书#1699。

147　"我会一直留在江户"：林泉寺文书#1712。

147　"这里的老仆"：林泉寺文书#1713。

148　平民不应穿戴：*Edo machibure shū*, vol. 13, 380。

148　八幡祭的灯笼：*Edo machibure shū*, vol. 13, 381。

148　竹草：*Fujiokaya nikki*, vol. 2, 200; *Edo machibure shū*, vol.14, 392。

148　神田祭……礼物：*Edo machibure shū*, vol. 14, 404。

148　水野的私德败坏至极：Bolitho, "fte Tempō Crisis", 40–41。

149　没人为他说过一句好话：*Fujiokaya nikki*, vol. 2, 193。

149　义仙搬到江户：林泉寺文书 #2047。

149　刺客佐野政言：Hall, *Tanuma Okitsugu*, 133–135。

150　写出"白痴"二字：林泉寺文书#2042。

150　义仙就曾受命……谈判：林泉寺文书 #1674。

150　生姜：林泉寺文书#2064。

150　"我知道博辅……的家人"：林泉寺文书 #2067。

150　秘密报告：*Shichū torishimari ruishū*, vol. 1, 215。

151　各种各样的人：Yoshida, ed., *Edo kabuki hōrei shūsei*, 356。

151　井关隆子：Fukasawa, *Hatamoto fujin ga mito Edo no tasogare*, 55。

152　简短地提了：*Fuikokaya nikki*, vol. 2, 216。

152　女性穿短上衣：Yoshida, ed., *Edo kabuki hōrei shūsei*, 354; *STR*, vol. 1, 239。

152　小额放债人：Yoshida, ed., *Edo kabuki hōrei shūsei*, 353。

152　在茶室里：Pflugfelder, *Cartographies of Desire*, 155–157。

152　町奉行传达了他的裁决：Yoshida, ed., *Edo kabuki hōrei shūsei*, 373–377。

153　人偶的高度不得超过20厘米：*Fujiokaya nikki*, vol. 2, 222–223。

153　女性不得……使用雨伞：*Fujiokaya nikki*, vol. 2, 228。

153　豆腐：*Edo machibure shū*, vol. 14, 30–31。

153　街区警卫室：*Edo machibure shū*, vol. 14, 71–72。

153　美发师：*Fujiokaya nikki*, vol. 2, 260。

153　批发商行会：Katakura, *Ōedo happyaku hatchō to machi nanushi*, 199–200。

154　女乐手：*Fujiokaya nikki*, vol. 2, 231。

154　起初，他们在经济动荡里还算过得宽裕：林泉寺文书#2059。

154　"如有突发危机"：林泉寺文书#2063。

154　常野换去了另一户武士家中侍奉……赎回了：林泉寺文书#2051。

155　"她甚至不曾为自己给人添麻烦表示歉意"：林泉寺文书#2051。

155　"至于我"：林泉寺文书#2051。

155　"乡下人"：林泉寺文书#2051。

155　"我有四个用人同侪"：林泉寺文书#2051。

155　当铺存货太多：*Shichū torishimari ruishū*, vol. 1, 306–307。

155　廉价发饰：*Shichū torishimari ruishū*, vol. 1, 318。

155　"博辅的脾气极为糟糕"：林泉寺文书 #2051。

156　"我已经对他说过许多次"：林泉寺文书#2051。

156　从技术上说，离婚必须由丈夫：Fuess, *Divorce in Japan*, 78–79。

156　幕府官员和关心国防的武士……用荷兰语指挥：Fujita, *Tenpō no kaikaku*, 197–201。

157　开火的命令：*Tenpō no kaikaku*, 207–210。

157　歌舞伎演员五代目市川海老藏：*Fujiokaya nikki*, vol. 2, 277–278。

157　"你不仅违背了幕府的律令"：Matsuoka, *Torii Yōzō*, 25–26。

157　町奉行将海老藏逐出：*Fujiokaya nikki*, vol. 2, 278。

157　清酒很贵：Fukasawa, *Hatamoto fujin ga mita Edo no tasogare*, 42。

158 "这是……重罚"：*Fujiokaya nikki*, vol. 2, 323。

158 "近来，越来越多的人"：*Edo machibure shū*, vol. 14, 321–325。

158 新宿是……聚集地：Yoshida, *Mibunteki shūen to shakai: bunka kōzō*, 453。

158 妓女：Yoshihara, *Naitō Shinjuku*, 95–101。

159 没人会忘记：Yoshihara, *Naitō Shinjuku*, 170–171。

159 投靠博辅的弟弟半左卫门：林泉寺文书 #2042。半左卫门是个常见的名字，无法确认这里的半左卫门跟常野的小叔子是不是同一个半左卫门，但很可能是。

159 餐馆的数量：Yoshida, *Dentō toshi Edo*, 276。

159 成日吵架：林泉寺文书 #2042。

159 幕府……发了一连串的通告：Bolitho, "The Tenpō Crisis", 39–40。

160 "私人名下不宜"：Bolitho, "The Tenpō Crisis", 40。

160 神田祭：Fujisawa, *Hatamoto fujin ga mita Edo no tasogare*, 56。

160 幕府终于迎来了爆发点：Bolitho, "The Tenpō Crisis"。

160 他罢免了水野……聚在一起看热闹：*Fujiokaya nikki*, vol. 2, 375。

161 击掌游戏：*Fujiokaya nikki*, vol. 2, 383–385。

161 常野拜访了……教证寺：林泉寺文书#2042。

162 "只要我让常野"：林泉寺文书#2042。

162 "真的"：林泉寺文书#2042。

162 义仙还是做了些安排：林泉寺文书#2041。

163 "来自北方的乡亲"：林泉寺文书#2041。

163 "至少"：林泉寺文书#2041。

163 "女性实在"：林泉寺文书#2041。

163 多余的被褥都没有：林泉寺文书 #2041。

163 回到越后，1729年：Sugano, *Edo jidai no kōkōmono*, 122–124。

164 常野发现了一条更好的出路：林泉寺文书#2034。

164 搬迁后的戏院区就在附近：林泉寺文书#2047。

164 "他势利无情"：林泉寺文书#2035。

168 "博辅理应是……"：林泉寺文书#2043。

168 他给雄藏回信：林泉寺文书#2004。

168 "常野上一次说她想回家"：林泉寺文书#2006。

168 博辅发现：林泉寺文书#2011。

168 他甚至告诉义融在江户城里的一个熟人：林泉寺文书#2127。

169 没错，他承认了……绕过哨卡呀？：林泉寺文书 #2011。

169 博辅……叫来了弟弟半左卫门：林泉寺文书#2014，林泉寺文书#2017。
五郎实际上是Takeda Yakara，也就是半左卫门。常野在林泉寺文书
#2009中叫他Yakara Gorō。

169 半左卫门招来常野……不告而别：林泉寺文书#2017。

169 1845年新年前夕，常野回到了林泉寺：林泉寺文书#2018。

169 为永春水：Shirane, *An Early Modern Anthology*, 388–392.

170 "谨慎之物"：Tōkyō Daigaku Shiryō Hensanjo, ed., *Shichū torishimari ruishū*, vol. 1, 492。

第八章　在町奉行所

171 俊野：林泉寺文书#2114，林泉寺文书#2111，林泉寺文书#2112。

172 辉白：林泉寺文书#1645。

172 女佣洗衣服时……跟这种蠢人争论没有用，他说：林泉寺文书#637。
这里的半大小毯子是"hanbuton"。

173 一名信差来到：林泉寺文书#637。

173 义融能否永远容忍她的存在：传八向义融提出，如果不去江户，常野
没有别的地方可以住。林泉寺文书#637。

174 詹姆斯·贝特尔：Long, *Sailor-Diplomat*, 209–216。

175 她说，她想去：林泉寺文书#637。

175 义融是个问题：林泉寺文书#637。

176　义融起草了文件：林泉寺文书#2026。

176　常野急切地想尽快离开：林泉寺文书 #637。

176　义融还不能完全接受这样的安排……甚至提到了最近发生的旧毯子事件：林泉寺文书#637。

177　常野最后一次从越后启程时：林泉寺文书#637。

177　她走过熟悉的山路……只用了13天：林泉寺文书#2025。

177　风雨交加：*Fujiokaya nikki*, vol. 3, 59–60。

177　相隔不到一公里：Okazaki, *Tōyama Kinshirō*, 143。

178　靠近江户城堡的数寄屋桥：Ishii, *Edo no machi bugyō*, 19。

178　"此人——此女"：Saitō, *Shichiyashi no kenkyū*, 181。

178　自己有责任：Fujita, *Tōyama Kinshirō no jidai*, 35–180。

178　他的父亲：Okazaki, *Tōyama Kinshirō*, 26–50。

179　但远山从来拿不准：Okazaki, *Tōyama Kinshirō*, 76–86。

179　远山年轻时不务正业的故事：Okazaki, *Tōyama Kinshirō*, 8–10; Fujita, *Tōyama Kinshirō no jidai*, 12–23。

179　患上了严重痔疮：Okazaki, *Tōyama Kinshirō*, 11–12。

180　在任上过世的：Beerens, "Interview with a Bakumatsu Official", 174; Minami, *Edo no machi bugyō*, 15。

180　赤面阔脸：Okazaki, *Tōyama Kinshirō*, 96。

180　他和妻子阿惠：Okazaki, ed., *Tōyama Kinshirō-ke nikki*, 11–13。

180　"津贴辅佐"：Teeuwen and Nakai, eds., *Lust, Commerce, and Corruption*, 53–55。

180　私人家丁：Minami, *Edo no machi bugyō*, 21。

180　必须住在：有关奉行的居住安排，见Okazaki, *Tōyama Kinshirō-ke nikki*, 8–9。博辅的信件也都以奉行所为地址，见林泉寺文书#1972。

181　它的正门都散发着不祥：Sasama, *Zusetsu Edo machi bugyōsho jiten*, 39–41。

181　不当值：我们知道是因为远山下个月才当值，见Okazaki, *Tōyama*

Kinshirō, 139。

181 仍在辛勤地工作：Minami, *Edo no machi bugyō*, 15。

181 大门就会打开：Ishii, *Edo no machi bugyō*, 19; Sasama, *Zusetsu Edo machi bugyōsho jiten*, 40–41。

181 右侧的小门：Minami, *Edo no machi bugyō*, 35–37; Sasama, *Zusetsu Edo machi bugyō jiten*, 40–41; Ishii, *Edo no machi bugyō*, 19–20。

181 左门：Sasama, *Zusetsu Edo machi bugyō jiten*, 40–41。

181 刑事案件中的被告：从逮捕到审判的过程，见Botsman, *Punishment and Power*, 35–38。

182 硕大的钥匙：Minami, *Edo no machi bugyō*, 36。

182 通常没时间回顾：Beerens, "Interview with a Bakumatsu Official" (2), 177。

182 每年都有数万件民事和刑事案件：Minami, *Edo no machi bugyō*, 40–41。

182 总是需要奉行大人在场：Beerens, "Interview with a Bakumatsu Official" (2), 180。

183 "着令此人"：Beerens, "Interview with a Bakumatsu Official" (2), 180。

183 小传马町的一处可怕建筑：关于监狱和刑讯，见Botsman, *Punishment and Power*, 35–38, 62–66。

183 一场广为人知的判决：*Tōyama Kinshirō*, 139–141; *Fujiokaya nikki*, vol. 3, 38. On Okada's job (as an oku bōzu), see Beerens, "Interview with a Bakumatsu Official," 389, 394。

183 行刑处决：有关斩首，见Botsman, *Punishment and Power*, 25–26, 53; Beerens, "Interview with a Bakumatsu Official" (2), 195。

184 山田浅右卫门：Botsman, *Punishment and Power*, 20。

184 胆囊：Ujiie, "Hitokiri no ie, onna no ie"。

184 数百人……会是二十甚至更多："Oshioki no setsu shusseki namae oboe-chō" (1844). 谢谢Daniel Botsman把这份文件和抄本寄给了我。

184 给一名犯人减了刑：*Fujiokaya nikki*, vol. 3, 89。

185 许多位置是世袭的……最好的保护莫过于此了：Minami, *Edo no machi*

bugyō, 202–207。

185　阻止民事诉讼：例子可见Saitō, *Shichiyashi no kenkyū*, 179, 188。

185　"这么解决挺好"：Saitō, *Shichiyashi no kenkyū*, 179。

186　受贿……增加收入：Minami, *Edo no machi bugyō*, 192–195。

186　跟时尚偶像相去甚远：Minami, *Edo no machi bugyō*, 120。

186　收集信息：见Miyachi, *Bakumatsu ishinki no bunka to jōhō*, 有关谣言的政治意义。

186　会说话的马：Minami, *Edo no machi bugyō*, 43。

186　女书法老师：Miyachi, *Bakumatsu ishinki no bunka to jōhō*, 54–56。

186　巨大的鲤鱼：*Fujiokaya nikki*, vol. 5, 241–243。

186　一些巡警在清晨和傍晚按规定路线巡逻：Minami, *Edo no machi bugyō*, 119。

186　可疑溺水：*Fujiokaya nikki*, vol. 3, 92, 157, 162–163, 170。

187　"冈引"：Minami, *Edo no machi bugyō*, 120; Botsman, *Punishment and Power*, 87, 94。

187　获得正式任命：例子可见Abe, *Meakashi Kinjūrō no shōgai*。

187　稳定的薪水：Tsukada, "Meakashi"。

187　对冈引感到恐惧……一位著名的儒学者：Minami, *Edo no machi bugyō*, 35–37。

188　抹下袖子：Fujita, *Tōyama Kinshirō no jidai*, 22。

188　"极为重要的职位"：林泉寺文书#637。

189　试图拜访义仙：林泉寺文书 #2090。

189　常野送去的礼物：林泉寺文书 #637。

189　送去了人偶：林泉寺文书#2084。

189　栩栩如生的怪梦：林泉寺文书 #2090。

189　"你弟弟跟我们断绝了关系"：林泉寺文书#2084。

189　常野不知道的是：林泉寺文书#943。

189　奉行大人全家正忙着：Okazaki, *Tōyama Kinshirō-ke nikki*, 72。

189　四天可怕的日子：林泉寺文书#2042。

189　常野发现义仙：林泉寺文书#2084。

189　一名僧人已经清点了义仙的物品……出面斡旋：林泉寺文书#943。

190　"葡萄，"义仙说：林泉寺文书#2084。

190　奉行大人受召去江户城堡：博辅所言在林泉寺文书#2088；常野提及此事是在林泉寺文书#2084。在远山家的日记上，是在 *Tōyama Kinshirō-ke nikki*, 73。

190　这种会晤很少举行：常野说每隔10年到11年才有一次，林泉寺文书#2084。On the kuji jōchō Sasama, *Zusetsu Edo machi bugyōsho jiten*, 99–102; Fujita, *Tōyama Kinshirō no jidai*, 29–30。

191　义仙过身的消息：林泉寺文书#2079。

191　拂晓，她赶到教证寺：林泉寺文书#2090。

191　"为他净身的时候"：林泉寺文书#2084。

191　后来，她为义仙穿上了：有关葬礼仪式，尤其是常野所属的教派，见 Hur, *Death and the Social Order*, 150, 161–162。

191　他们把义仙的灵柩抬到城市边缘小冢原刑场旁的一座寺庙：林泉寺文书#943。

191　他写信为未能前往道歉：他说自己如"骨血"已至，林泉寺文书#1972。

191　"我亲自为他身上泼水"：林泉寺文书#2084。

192　她也承认，义仙的法号必须：林泉寺文书#2090。

192　义仙死后：见林泉寺文书#2084及林泉寺文书#943中的长长讨论。

192　财物清单：林泉寺文书#2086, 林泉寺文书#943。

192　外加：林泉寺文书 #943。

192　还把一些遗物放进棺材：林泉寺文书#2084。

192　绑在火刑柱上烧死：远山下令烧死的案件，见 *Fujiokaya nikki*, vol. 3, 185。

192　他开始连续几个月告休：Okazaki, *Tōyama Kinshirō*, 150–152。

193　他们讨论过要收养孩子：林泉寺文书#1972。

193　义融……过世：林泉寺文书#1231。

第九章 尾声与后世

195　海军准将马休・卡尔布莱斯・佩里收到……电报：关于他掂量此事的完整叙述，见Morison，"Old Bruin"，261–275。

195　"学会不去干涉邻居的事情"：Morison，"Old Bruin"，273。

196　"上天的恩赐"：Morison，"Old Bruin"，268。

196　佩里要求得到保证：Morison，"Old Bruin"，273–275。

196　普林斯顿号：Pineu, ed., *The Japan Expedition 1852–1854*, 3, 29。

196　自己最喜欢的：Walworth, *Black Ships off Japan*, 21–22。

197　礼物：Walworth, *Black Ships off Japan*, 23。

197　信："Letter of the President of United States to the Emperor of Japan" reprinted in Pineu, ed., *The Personal Journal*, 220–221。

197　大羊皮纸：Pineu, ed., *The Personal Journal*, 98。

197　吃水比平时深了三尺：Walworth, *Black Ships off Japan*, 28。

197　如今侍奉的是另一位新主人：这可能是常野、博辅，或两人同时侍奉；信里写得不太清楚。林泉寺文书#2842。

197　仅有一街之隔：见the "Surugadai" map in *Edo kiriezu*。

198　常野病倒了：林泉寺文书#2842。这份文件当年并未收录，但我猜它是1853年，也就是常野过世的日子之后放进林泉寺文书#670的。

198　"风寒病"：shōkan；感谢广川和花解释了它的诊断及其现代对应病症。

198　"我不会好了"：林泉寺文书#2842。

198　"全靠我自己在照顾她"：林泉寺文书#2842。

198　"他现在一定很大了"：林泉寺文书#1725。

198　写了一封礼貌的回信：林泉寺文书#2027。"小金币"在这里指的是"朱"。

199　毛里求斯：Pineu, ed., *The Personal Journal*, 29–36。

199　"衣衫褴褛、几不遮体的可怜人""贫穷而肮脏"：Pineu, ed., *The*

Personal Journal, 54。

199　"中国人一定以为"：Speiden, *William Speiden Journals*, vol. 1。

199　江户的初夏：Kishii, *Edo no higoyomi: jō*, 186–214。

199　确切的日期：林泉寺文书#670。

201　"将会有一场"：Pineau, ed., *The Personal Journal*, 57–58。

201　一张小纸条：林泉寺文书#670。

202　朝贡国：有关这一复杂的关系，见Smits, *Visions of Ryukyu*。

202　"日本的属地"：Pineau, ed., *The Personal Journal*, 69。

202　"味道很淡"：Pineau, ed., *The Personal Journal*, 67。

202　"不说真话、不讲诚信"：Pineau, ed., *The Personal Journal*, 69。

202　更喜欢东边的小笠原群岛：Pineau, ed., *The Personal Journal*, 71–75。

202　他的手下喜欢：Heine, *With Perry to Japan*, 57–58。

202　潜水员深入水下：Sewall, *The Logbook of the Captain's Clerk*, 128。

202　常野的灵魂完全安息：Hur, *Death and the Social Order*, 170–171, 177。

202　浓雾：Heine, *With Perry*, 63–64。

203　立刻包围了佩里的舰队……"我们是怪人"：Speiden, *William Speiden Journals*, vol. 1。

203　船只抵达的消息立即传到了江户：Satō, *Bakumatsu ishin to minshū sekai*, 14。

203　城里的流言：*Fujiokaya nikki*, vol. 5, 318–325。

203　很快，更多的船：Speiden, *William Speiden Journals*, vol. 1。

203　100艘日本船：Speiden, *William Speiden Journals*, vol. 1。

203　拉响汽笛，刺耳的声音：Heine, *With Perry*, 68。

203　舢板上的一些人：Speiden, *William Speiden Journals*, vol. 1。

203　其他船则匆匆朝着岸边划去：Heine, *With Perry to Japan*, 68。

203　搭乘一艘驳船上岸：Pineau, ed., *The Personal Journal*, 98。

203　如同末日降临：Speiden, *William Speiden Journals*, vol. 1。

203　陪同下，佩里：Pineau, ed., *The Personal Journal*, 98。

203　非裔保镖：自美国海军成立以来，非裔美国人一直在海军中服役。截至1839年，美国禁止雇用受奴役的水手，所以这些人是自由民。Ramold, *Slaves, Sailors, Citizens*, 6–24。

204 在《扬基歌》的伴奏下：Heine, *With Perry to Japan*, 75。

204 "此地荒凉寂寞"：Satō, *Bakumatsu ishinki no minshū sekai*, 14。

204 城里的低层武士准备：Satō, *Bakumatsu ishinki no minshū sekai*, 14。

204 与此同时，幕府的高级官员：上述以及其他跟做出这一决定相关的复杂事件，其细节摘自Jansen, *The Making of Modern Japan*, 256–332。

204 江户的平民：Satō, *Bakumatsu ishinki no minshū sekai*, 16。

204 对无法亲眼看到：Dower, "Black Ships and Samurai: Commodore Perry and the Opening of Japan"。

205 江户的町名主都收到了警告：*Fujiokaya nikki*, vol. 5, 610–611。

205 菜单里：*Fujiokaya nikki*, vol. 5, 612–613。

205 佩里远征队的画家：Heine, *With Perry*, 125。

205 "很难说日本"：Sewall, *Logbook of the Captain's Clerk*, 125。

205 只有一件事让他大感失望：Heine, *With Perry to Japan*, 128–129。

205 佩里本来想在江户靠岸……接着便折返了：Pineau, ed., *The Personal Journal*, 198–200。

207 一场地震：*Shinpen Chiyoda kushi: tsūshihen*, 727–731。

208 身着消防服的藩主们：Kitahara, *Jishin no shakaishi*, 329–331。

208 江户人认为黑船和大地的晃动，是因果相关的灾难：Smits, "Shaking Up Japan"。

209 "别再聊什么没用的"：Smits, "Shaking Up Japan", 1065。

209 《安政条约》：Auslin, *Negotiating with Imperialism*, 1–2, 44。

209 被京都附近的龟山藩主收养：Ogawa, ed., *Kansei-fu ikō hatamoto-ke hyakka jiten*, vol. 5, 2574。

210 友三郎遭遇了最严重的危机：Totman, *The Collapse of the Tokugawa Bakufu*, 14–15, 68–72; Jansen, *The Making of Modern Japan*, 314–315。

210 这个英国人的一些同胞：E. H. House, *quoted in Black, Young Japan*,

Yokohama and Yedo, vol. 1, 132–134。

210　只有一两百人：Partner, *The Merchant's Tale*, Table Two。

210　生活成本上升了50%：Jansen, *The Making of Modern Japan*, 314。

210　直接流向横滨：Makihara, *Bunmeikoku o mezashite*, 30–31。

210　损失了一半的人口：Smith, "The Edo-Tokyo Transition," in Jansen and Rozman, eds., *Japan in Transition from Tokugawa to Meiji*, 347, 350。

211　最后一任德川幕府将军：Totman, *The Collapse of the Tokugawa Bakufu*, 436–443。

211　"严肃""节俭""从不浪费"：Katsu, *Musui's Story*, 2。

211　"越过西部……的使节们"：Whitman, "A Broadway Pageant" (1860)。

212　"如果你们决心用野蛮的武力威胁弱小的人民"：Steele, "Katsu Kaishū and the Historiography of the Meiji Restoration", 307。

212　躲过了毁于火海的命运：城堡投降时并未烧毁。但随后，叫胜海舟失望的是，幕府的一些军队发动叛乱，与天皇的军队作战，打输了一场战役，烧毁了江户北边的几个街区。Steele, "Against the Restoration"。

212　松尾多势子：Walthall, *The Weak Body of a Useless Woman*, 259–260。

213　从未见过富士山：Keene, *Emperor of Japan*, 5。

213　新政权的设计者：Kobayashi, *Meiji ishin to Kyōto*, 55–56。

213　筑地保互留馆：Coaldrake, *Architecture and Authority in Japan*, 216; 还可见Utagawa Hiroshige III, "Tsukiji hoterukan omotegake no zu" (1869)。

213　附近的一片草地：*Chūō kushi: chūkan*, 125。

213　直到20世纪：Bestor, *Tsukiji*, 112。

213　《黑暗东京》：Matsubara, *Saiankoku no Tōkyō*。

213　霍乱：Gramlich-Oka, "The Body Economic"。

214　住吉町：*Chūō kushi chūkan*, 193–194。

214 银座：Grunow, "Ginza Bricktown and the Myth of Meiji Modernization"；
Grunow, "Paving Power: Western Urban Planning and Imperial Space
from the Streets of Meiji Tokyo to Colonial Seoul"。

214 酿造清酒的许可：林泉寺文书#1597。

214 为一所公立小学的修建捐赠了14日元：林泉寺文书#1471。

215 每天有6趟列车：Ōbuchi, ed., *Kisha jikokuhyō*。

215 用一代人的时间活了几百年：引自下书副标题，Sugimoto, Daughter of
the Samurai。

220 《神奈川冲浪里》就是一个标志：Guth, *Hokusai's Great Wave*。